国外语言学译丛
经典著作

言语地理学
·
の
·
方法

语言地理学方法

〔日〕柴田武 著

崔蒙 译

张维佳 审订

2018年·北京

言語地理学の方法
柴田武　著

GENGO CHIRIGAKU NO HÔHÔ by Takeshi SHIBATA
Copyright © 1969 by Sada SHIBATA
First published in Japan in 1969 by CHIKUMASHOBO LTD.
Simplified Chinese translation rights arranged with CHIKUMASHOBO LTD.
through Japan Foreign-Rights Centre/Bardon-Chinese Media Agency

国外语言学译丛编委会

主　编：
沈家煊（中国社会科学院语言研究所）

编　委：
包智明（新加坡国立大学）
胡建华（中国社会科学院语言研究所）
李　兵（南开大学）
李行德（香港中文大学）
李亚非（美国威斯康星大学）
刘丹青（中国社会科学院语言研究所）
潘海华（香港中文大学）
陶红印（美国加州大学）
王洪君（北京大学）
吴福祥（中国社会科学院语言研究所）
袁毓林（北京大学）
张　敏（香港科技大学）
张洪明（美国威斯康星大学）
朱晓农（香港科技大学）

总　　序

商务印书馆要出版一个"国外语言学译丛",把当代主要在西方出版的一些好的语言学论著翻译引介到国内来,这是一件十分有意义的事情。

有人问,我国的语言研究有悠久的历史,有自己并不逊色的传统,为什么还要引介西方的著作呢？其实,世界范围内各种学术传统的碰撞、交流和交融是永恒的,大体而言东方语言学和西方语言学有差别这固然是事实,但是东方西方的语言学都是语言学,都属于人类探求语言本质和语言规律的共同努力,这更是事实。西方的语言学也是在吸收东方语言学家智慧的基础上发展起来的,比如现在新兴的、在国内也备受关注的"认知语言学",其中有很多思想和理念就跟东方的学术传统有千丝万缕的联系。

又有人问,一百余年来,我们从西方借鉴理论和方法一直没有停息,往往是西方流行的一种理论还没有很好掌握,还没来得及运用,人家已经换用新的理论、新的方法了,我们老是在赶潮流,老是跟不上,应该怎样来对待这种处境呢？毋庸讳言,近一二百年来西方语言学确实有大量成果代表了人类语言研究的最高水准,是人类共同的财富。我们需要的是历史发展的眼光、科学进步的观念,加上宽广平和的心态。一时的落后不等于永久的落后,要超过别人,就要先把人家的(其实也是属于全人类的)好的东西学到手,至少学到一个合格的程度。

还有人问,如何才能在借鉴之后有我们自己的创新呢?借鉴毕竟是手段,创新才是目的。近一二百年来西方语言学的视野的确比我们开阔,他们关心的语言数量和种类比我们多得多,但是也不可否认,他们的理论还多多少少带有一些"印欧语中心"的偏向。这虽然是不可完全避免的,但是我们在借鉴的时候必须要有清醒的认识,批判的眼光是不可缺少的。理论总要受事实的检验,我们所熟悉的语言(汉语和少数民族语言)在语言类型上有跟印欧语很不一样的特点。总之,学习人家的理论和方法,既要学进去,还要跳得出,这样才会有自己的创新。

希望广大读者能从这套译丛中得到收益。

沈家煊
2012 年 6 月

以语言史为研究目标的语言地理学
（中文版代序）

在东方的语言地理学发展中，日本学者一直走在前列。自 20 世纪 30 年代民俗学家柳田国男的《蜗牛考》出版以来，日本的语言地理学发展迅速，形成了以贺登崧（比利时籍）、柴田武、德川宗贤和岩田礼、平田昌司、太田斋、远藤光晓等两代学者为代表的研究群体。他们不仅深入田野，展开了近半个世纪的日本语言地理学和汉语方言地理学的调查研究，而且在理论方法上也有许多探索。柴田武《语言地理学方法》（《言語地理学の方法》）就是这一系列调查与研究后的有关语言地理学方法论的思考。

柴田武（Shibata Takeshi，1918—2007），日本著名语言学家。1942 年毕业于东京帝国大学文学部语言学专业，获文学博士学位。曾任日本国立国语研究所研究员（1949—1963）、东京外国语大学教授（1964—1967）、东京大学文学部教授（1968—1978）、埼玉大学教养学部教授（1979—1984）。2007 年 7 月 12 日于神奈川县横须贺市浦贺医院去世，享年 88 岁。

柴田武教授是一位将毕生精力贡献给语言地理学、社会语言学及词典编撰等研究领域的语言学家。他的著述很多，著作有《文字与语言》（刀江书院，1950）《日本的方言》（岩波新书，1958）、《活着的方言》（筑摩书房，1965）、《词语的社会学》（日本放送出版协会,1965)、《语言地理学方法》(筑摩书房,1969)、《社会语言学的课题》(三省堂,1978)、《柴田武日语随笔》(大修馆书店,1987)、《丝鱼川语言地图》(秋山书店,上卷:1988;中卷:1990;下卷:1995)、《词汇论の方法》(三省堂,1988)、《方言论》(平凡社,1988)等20多部。他曾与他人合作编撰了一些有价值的辞书,如:《新明解国语词典》(三省堂)、《世界的词语小事典》(大修馆书店,1993)、《世界谚语大事典》(大修馆书店,1995)、《明解物语》(武藤康史,三省堂,2001)、《类语大辞典》(山田进,讲谈社,2002),合著和译著也有10多部。他长期从事日本语教育工作,曾在NHK电视台主持并出演《日本语再发见》栏目,曾获NHK放送文化奖(1985),长期担任财团法人日本罗马字社理事长,是国字罗马字论的领军人物。

  关于语言地理学的研究柴田武主要有三部重要著作,一部是专著《语言地理学方法》(1969),一部是《丝鱼川语言地图》,另一部是与贺登崧合作翻译的《语言地理学入门》(科赛留著,1981)。前两部著作是作者基于田野调查的理论思考和方言地理研究。为了"验证早已进入日本并正式用于日语区的语言地理学方法的适用性,在此基础上进一步寻找新的研究方法"(柴田武),柴田武和贺登崧、德川宗贤、马濑良雄等曾于1957、1959和1961年在日本新潟县丝鱼川和青海地区进行语言地理学调查。由于丝鱼川和青海地区是日本著名的东西两大方言的接触地带,方言差异非常复杂,所以,调查筛选了存在明显地域差异的项目,其中语言内项目442个,语言外项目19个;后在调查中又舍弃了一些项目,共385个。他们深入最基层的社区,调查了约180个社区(地点)。在对丝鱼川和青海地区方言展开调查的过程中,柴田武对语言地理学理论、方法及具体做法做了深入思考,后来写成了《语言地理学方法》,于

1969年由日本筑摩书房出版。这是日本语言学界首次讨论语言地理学的研究方法，并以此尝试建构该区域的语言史。

2004年11月，时任北京语言大学教授的张维佳应邀访问日本金泽大学，岩田礼教授向他极力推荐柴田武先生这本《语言地理学方法》。几年以后，岩田教授的硕士学位研究生崔蒙考入张维佳门下，攻读汉语方言学与语音史方向的博士学位。在博士课程"语言地理学"上，张维佳教授推荐这本《语言地理学方法》作为她学习的重要参考书，并嘱其翻译成中文。这本书的翻译得到岩田礼、石汝杰等教授的支持和关心，岩田教授特别赠予了原著及相关图片，石汝杰教授提供了与作者有关的背景信息。如果没有这些先生的积极推动，柴田武教授的"以语言史为研究目标"的语言地理学思想与中国语言学仍有隔山隔水之远。

《语言地理学方法》是柴田先生在对日本语言地理深入调查基础上所做的理论思考。全书共有五章内容：第一章 语言地理学的目的和方法，第二章 建构语言史的线索，第三章 从语言地图到语言史，第四章 语言地理学建构的语言史的性质，第五章 今后的语言地理学。全书除了第三章是对丝鱼川和青海地区方言项目做个案研究外，其他各章基本是理论方法方面的探讨，对语言地理学的性质、基本理论、操作方法及其与相关学科的关系讲得非常清楚。

从现代语言学发展史来看，语言地理学是为了验证新语法学派的经典规则"语音演变无例外"的适应性而产生的语言学新理论。19世纪70年代，"新语法学派"对语音发展规律的研究取得了辉煌的成就，"语音演变无例外"的论断被奉为语言学界的圭臬。但是，人们还是发现，在标准语中还存在一些不规则的成分，而这些成分是异质语言混合而成的。正像布龙菲尔德在介绍语言地理学产生时所说的:历史比较法"假设母体语言的内部一致和突然的明确的分裂,同时又会揭露一批多余的形式,那是按照这个假设所不能解释的。比如,印欧语领域内许多错综的大规模的同语线,给我们显示了印欧语系的诸分支并不是由内部绝对一致的母体突然分裂而产生的。""我们不妨说,母体在分裂以前就有了方言的分化,或者说,分裂以后姊妹语群彼此间仍然保持接触互相往来;两种说法都等于说,在某些方面已经出现了分歧的各区域或各区域的不同部分可以仍然发生共同的变化。因此,继续不断的变化的结果就在整个领域上形成了错综的同言线网"①。要研究这些异质成分,需要把视角放在地处偏僻的乡村方言。继德国温克发现"莱茵扇"之后,法国的齐列龙也发现:所谓的"条件性音变"是以词的形式表现出一定的地理差异,从而提出"每个词都有自己的历史"这一语言地理学的著名论断,形成了与新语法学派对立的语言学理论。日本语言地理学步印欧语言地理学之后尘,从 20 世纪 50 年代起,开始了对日本语长达半个世纪的语言地理学的调查与研究,积累了一定的理论方法,其精华集中在柴田武的《语言地理学方法》一书中。

"语言地理学是研究语言史的方法之一,其目的在于阐明语言的历史。""语言地理学的任务就是从地理分布的空间走向语言史的时间"。这是柴田武反复强调的语言地理学的性质。这种方法不仅仅是画一幅幅语言地图,指出方言差异的地域变体就可以了,而是在对反映具体义项的语言形式做田野调查的基础上,通过地

---

① 布龙菲尔德《语言论》,袁家骅、赵世开、甘世福译,商务印书馆 1997 年,第 404 页。

图标注的方式,表达研究者对语言地域变体历时变化及其成因的基本判断。"根据地理分布建构语言史是语言地理学独有的工作,也是语言地理学方法所考察的核心问题"。语言史是语言地理学的终极目标,这也决定着,语言地图并非语言地理研究的工具,而是语言地理研究的本体。

在柴田武看来,语言地理学研究与历史比较语言学、结构主义语言学、文献语言学等的研究都有所不同。与历史语言学相比,(1)语言地理学关注具有地域差异的语言,哪怕是具有细微差异的反映在性别、年龄、居住经历、学历、职业等层面上的地域变体,以及主观内在条件(发音人自身主观判断)。而历史语言学关注某种语言相对标准的形式。(2)语言地理学的研究材料是现代口语,而历史语言学的研究材料既有现代的口语,又有过去的书面语。"口语和书面语是两种异质形式,因此我们可以说语言地理学研究的材料是同质的。"(3)语言地理学和历史比较语言学都关注语言演变的过程和历史,但前者除了研究者对语言地理差异的观察外,还要重视发音人对自己语言的"内省判断",语言地理学所构建的语言史,可以说是其与民众共建的语言史,"语言地理学正是从语言的个体使用方面去构建语言历史的",这与历史比较语言学纯"客观"的学者研究构筑的语言史形成鲜明对比。(4)语言地理学建构的语言史,分期细致、分化与融合关系清楚,其所构建的语言史大约在100年之间;历史比较语言学却不同,因有文献语言学的支持,它所构建的语言史可以在数百乃至数千年间。(5)语言地理学构建语言史的目的在于解释语言历时变化的过程与成因,而历史比较语言学的目的在于寻找原始祖语。从这点上看,前者以变化的起点往后看语言的发展,后者是从现代的语言差异探索原始语言的基本面貌,是往前看语言的形成。而这种原始祖语只是一种学者的假设,与历史上真正的原始语言可能会有一定距离。(6)语言地理学的工具是语言词(概念)的系统性差异,A 系列中 a-1、a-2、a-3、a-4、a-5、a-n 等的地域性差异是观察语言史的窗口;而历史语言学的武器是"语音法则",即语音对应的系统性。(7)语言地理学与历史比较语言学对语言的基本假设不同。前者认为,同一地域社会成员并不一定使用相同的语言,即使同一地域社会内部也存在空间阻隔,所以语言接触是其关注的重点;后者认为,地域社会的所有成员共有同一语言结构,语言的传播性是历史比较语言学关注的重点。当然,语言地理学也关注"传播",这种传播"是指语言同一化在地域中推进的过程"。(8)语言地理学认为"语言要素(语言形式)在地域上存在着有序的地理分布",通过这种地理分布构建语言的历史是语言地理学家的重要任务;历史比较语言学则认为,语言结构内要素之间存在着有序关系,结构的系统性是构建语言历史的重要线索。与结构主义语言学相比,语言地理学与结构主义语言学的不同在于二者持有不同的基本假说。结构主义语言学认为,同一地域社会的成员使用的是基本相同的语言,语言地理学却认为同一地域社会的成员并不一定使用相同的语言,因为空间地理的阻隔会破坏语言的统一性,语言差异也因此产生;结构主义语言学认为语言对地域成员交际的一致性具有强制要求,而在语言地理学看来,说话人会使用自己的语言与对方的语言同一化,而这种同一化的过程就是语言地理学所说的语言在地域中"传播"的过程;结构主义语言学认为语言要素之间存在着有序的关系,并将这些关系总称为结构(体系),语言地理学认为语言要素(语言形式)在地域上存在着有序的地理分布,这种空间有序是指可以凭借地理分布去建构历史的地域间关系。

正如上述,语言地理学是一种探索语言史的学问,其研究对象是现代口语的地域变体。词语的地理分布、词语变体在不同年龄层中的分布、系统内不同词语的地理分布、词语理解的地域差异、事和物的地理分布、发音人的判断和理解、同一地域社会中的年龄差异、语言形式的特征等是语言地理学研究语言史的八条重要线索。其中:观察词语的地理差异要根据"邻接分布"和"周圈分布"原则来推断语言史,要将与老年段相对的青年段或中年段的地理分布作为研究语言史的线索,要关注所有词语地理图中那些具有相似分布的地理区域(即在"每一个词都有自己的历史"区域中寻找不同词的地理共性),不仅要重视词语的使用形式,同时也要重视词语的可理解性(二者在地理上不一定完全对应),要关注不同地域发音人对新旧词语和词语来源的认识和解释(而不仅仅是专家的研究),要关注表示相同意义词的地域差异和年龄差异之间的关系。在日本语言地理学家看来,语言地理学既然是一种从地理分布建构历史的方法,那就必须将语言形式差异、词义差异、认知差异、年龄差异以及系统内不同词语之间差异的地理分布作为调查研究的头等重要的工作。否则,"作为语言史方法的语言地理学就会失去意义"。柴田武在日本丝鱼川市的三次语言地理学调查(1957,1959,1961),就是在上述理论指导下展开的。

至于日本语言地理学存在的问题及未来发展,柴田武在第五章"今后的语言地理学"中也有论及。首先,语言地理学是对历史比较语言学和文献语言学的补充和加强,而不是作为其对立面,它要解决历史比较语言学语言所着重探讨的一些问题,如:语言分化是怎么形成的,又是如何发展的,尤其是由 A 分化出 B 和 C 后,不同语言又是如何接触的。其次,如何处理语言结构的历史和单一词语的历史之间的关系。传统的语言地理学调查一般不关注音系学的方法,只关心词语形式的语音差别,并将此原封不动地标注在地图上加以解释。当代语言地理学应该将通过结构地理分布构建的历史与通过语言要素(如词)地理分布构建的历史结合起来,这样构建出的语言历史才是语言真正的历史。第三,如果将语言地理学只看作寻找语言分界线的方法,那就没有真正理解这个学问的性质。"语言地理学的目标是建构语言变迁的轨迹,探究变迁的成因。"因此,语言地理学必须在厘清语言地理区划基础上更进一步,探讨地理差异中所反映的语言历史秩序。

日本语言地理学发展有两个途径,一是以柳田国男为代表的日本民俗学,从对事和物的考察到对不同区域词的调查,从而形成建立在周圈分布和邻接分布两个分析原则之上的日本传统语言地理学;二是由贺登崧神父领衔的现代语言地理学,重视从词语空间差异来分析其历史发展。正是贺登崧神父将在中国大同和宣化两地的调查积累的经验带到了日本,才促使日本语言地理学的现代转型。而这第二个途径跟汉语方言地理学有关。21世纪初中国方言学界重新咀嚼贺登崧神父的语言地理学的时候,日本新一代语言地理学专家岩田礼、平田昌司、太田斋、远藤光晓等教授也将日本的语言地理学思想介绍到中国,他们有关汉语方言地理学的思路和做法很明显来自贺登崧、柴田武、德川宗贤等老一代专家。因此,柴田武教授这本《语言地理学方法》中译本的出版,对正在复兴的"以语言史为研究目标"的中国语言地理学的健康发展会产生积极的借鉴作用。

张维佳

2017年7月16日

目　　录

序言 ··· i
关于再版 ··· iii

1 语言地理学的目的和方法 ·· 1
　1.1 语言地理学:研究语言史的一种方法 ························ 3
　1.2 语言地理学的基本假说 ······································ 9
　1.3 地域社会的同质性和异质性 ································· 12
2 构建语言史的线索 ··· 20
　2.1 词语的地理分布 ··· 21
　2.2 不同年龄段的地理分布 ····································· 30
　2.3 其他词语的地理分布 ·· 32
　2.4 可理解词的地理分布 ·· 34
　2.5 事和物的地理分布 ·· 36
　2.6 发音人主观判断的地理分布 ································ 39
　2.7 同一区域的年龄差异分布 ·································· 47
　2.8 语言形式的特征 ··· 49
3 从语言地图到语言史 ·· 52
　3.1 语言地图 ··· 52
　3.2 丝鱼川调查 ·· 56

3.3 "こけこっこう"的分布图 …………………………… 69
3.4 "きのこ"的分布图 ………………………………… 74
3.5 "肩車"的分布图 …………………………………… 76
3.6 "糠"的分布图 ……………………………………… 90
3.7 "額""おでこの人"的分布图 ……………………… 92
3.8 "薄氷""氷""氷柱"的分布图 …………………… 97
3.9 "おたまじゃくし"的分布图 ……………………… 104
3.10 "モンペ"的分布图 ………………………………… 113
3.11 "旋毛""蟻地獄""蝸牛"的分布图 …………… 126
3.12 "ガ行鼻音"的分布图 ……………………………… 132
3.13 "拾った""払った"的分布图 …………………… 144
3.14 "高く""白く"和"暗く""黒く"的分布图 ……… 149
3.15 "捨てる"等动词群的分布图 …………………… 152
4 语言地理学构建的语言史的性质 …………………………… 156
　4.1 语言地理学构建的语言史 …………………………… 156
　4.2 与文献语言史学的成果相结合 …………………… 166
5 今后的语言地理学 ……………………………………… 181
　5.1 对比较语言学、文献语言史学的贡献 …………… 181
　5.2 结构的历史还是词语的历史 ……………………… 183
　5.3 历时形态还是共时形态 …………………………… 187
　5.4 语言变化的规则性和不规则性 …………………… 189
　5.5 语言地理学的领域 ………………………………… 190

参考文献 ………………………………………………………… 194

目　　录

副编·地图册……………………………………… 199

调查词日汉对照表……………………………… 289

译后记…………………………………………… 292

序　　言

　　从 1957 年开始,我就一直在做新潟县丝鱼川地区的语言地理学调查。在整理调查材料的过程中,又尝试思考语言地理学的方法在普通语言学上的意义,从而形成了本书的内容。

　　尽管语言地理学的方法是语言学史上一种比较传统的方法,但我认为,正是这种方法把我们从片面理解语言本质的危机中解救了出来。自从语言学分为历时语言学和共时语言学以来,二者中的任何一种方法,都无法避免对语言学本质的认识产生片面的理解,作为共时语言学的结构主义语言学也不例外。

　　语言既是一种静态的结构,也是历史的产物。但是作为一种科学的方法,语言地理学方法正是为了能够在分析问题的同时对语言的共时结构和历时发展这两方面做出调和。

　　从语言学史上看,语言地理学是作为比较语言学的"救援"方法登场的。这样看来,这种方法似乎带有一定的被动性。但语言地理学又是一种探寻某地民众在语言上的个性和创造力、从语言方面探究人与人关系的主动性方法。关于这一点,如果以后有机会我们再详细讨论。

　　除了丝鱼川地区的调查之外,从始于 1949 年、持续了 15 年多的全国实地调查中,我得到了以下几点心得:第一,那些久居当地默默无闻的老人们所说的语言里有十分深刻的含义。现在对我来说,他们并不是作为试验对象的发音人,而是跟我同在一个社区共同经营语言生活的亲切邻居。第二,我确信,不管来自中央政府的压力有多么强大,方言绝不会有消失的一天。现在中央政府推行的日语标准化工作开展得越多,代表个别性的方言也就越发闪耀着光辉。

在语言地理学的方法上,为我开拓眼界的是贺登崧神父。虽然大学一年级时(1938),我在小仓进平先生的语言学研讨课上读过多扎的《语言地理学》,已经学习了语言地理学及其相关知识,但是将这些知识转化为现实经验,还是从与贺登崧神父一起做丝鱼川调查开始的。

除贺登崧神父之外,参加丝鱼川调查的还有德川宗贤和马濑良雄两位合作研究者。本书中约四分之三的资料是由这二位先生收集的。

丝鱼川调查所得到的材料现在还在整理中,我正努力让这些材料能够尽快面世,届时将会是一本含有700多幅地图的《丝鱼川语言图卷》。本书也可以说是这本语言图卷的中期报告。但是本书的理论和阐释都来自我个人。同时还要提前说明的是,从整体来看,本书不是对国外已有学说的继承,只是我个人思考的产物。

本书草稿写成之后,恩师服部四郎先生通读了全稿,这让我感到非常荣幸。服部先生还就草稿与我讨论了好几个小时,我们讨论的成果也体现在本书之中。

如果没有贺登崧神父这样的前辈学者,我大概不会开始语言地理学研究;如果没有两位合作研究者,我手中也许不会有丰富的研究材料可供思考。另外,如果没有幸得服部四郎先生这样的批评者,这本书可能不会是现在的样子。对如此种种,我的心中只有深深的感谢。

柴田武

1969年5月5日赴纽约前日于东京

关于再版

初版发行 8 年之后，本书又迎来了再版的日子。在本书售罄之后的很长一段时间里，东京大学的同学们多次提出再版的要求，其他大学的老师们也提出了强烈的诉求，因为他们不得不让学生们购买贵得瞠目的旧书。我还从美国的几所大学收到了近乎抗议的信件，询问为何不再版？但这并不是作者可以随意安排的事情。这一次出版社盛情与我联系，决心再版此书，可以回应各方面请求再版的呼吁，这让我非常高兴，同时也松了一口气。

本书既有已被同行专家学者视作常识的部分，也有受到批评、需要重新思考的部分。还有，就在本书完成后不久，支持这项研究的哲学理论又有了更进一步的发展。但此次再版时，我对上述内容没有修改，也觉得不应修改。只是纠正了极少的几处印刷错误。

丝鱼川调查的资料是本书的研究材料，虽然我在序言里说过，希望这些材料能以《丝鱼川语言图卷》的形式尽早出版，可至今未能实现。不过出版所需的地图已经全部做好，也得出了结论，现在正在添加英文翻译并进行再次讨论和编辑。这种"与公众的约定"，即使时间过去很久，我也一定会兑现的。

柴田武
1977 年 4 月 9 日

1 语言地理学的目的和方法

过去,在我看来,语言学就是索绪尔所说的共时语言学,要在静态下研究语言的本质。方言也如此,研究方言结构简直就像研究人的脑组织一样,非常有趣。但是不管哪种方言都存在着例外现象,一些结构主义语言学者会把这些例外牵强地硬塞进某种系统的框架中。我对这种做法一直感到不满。[1]

二战后,我在研究方言区中标准语究竟占多大优势[2],这需要要调查方言区的每一位成员,看标准语的普及取得了多大程度的成功。因为此项调查是关于语言现时状态的,按照索绪尔的分类,应该属于共时语言学的范畴。但是,标准语化这个问题本身就是一种历史性的变化。在一个方言区内部,青年段掌握标准语的程度当然要高于老年段。我们可以直接把这种由年龄差造成的语言差异看作语言的历时变迁。尽管我们要看的只是现在的语言状况,可是却从现在中看到了语言的过去。我们还应铭记,现在也会很快变成过去,最终也要走向未来。

此外,为了说明标准语化的进程,我们需要设定性别、年龄、居住地、居住经历(这一点里也包含了历史)、学历、职业等语言之外的因素。结构主义研究只要关注语言形式之间的内部结构关系就可以了,甚至可以说,排除语言外因素的影响正是结构主义语言学的一部分。但是这样一来,我们就无法解释语言的变迁了。

知道过去存在于现在之中后,我对过去的兴趣便大大增加,也就走入了语言地理学。语言地理学并不仅仅要阐明语言变化的过程,还要解释变化产生的原因。这些原因就是我们在标准语化调查过程中提出的语言之外的因素。这些因素不仅包括性别、年龄、居住地等客观条件,也包括了语言使用者的意识这种主观、内在的条件。比如调查时,发音人做出回答,在两种语言形式中做出新旧判断或者对词语的来源做出解释。

前面所提到例外现象,结构主义研究无法解释,但在语言地理学看来,或者是过去变迁留下的痕迹,或者是将要产生的变化的萌芽。如此一来,语言地理学就可以弥补结构主义语言学的不足。

但是,这并不是说我们可以无需对方言结构展开研究了。结构主义语言学产生于语言地理学之前,如果结构研究没有达到一定的高度,语言地理学也就不会产生。而且也有一些问题是只能用结构研究来加以解释的。

注

(1) 曾任美国新英格兰语言地理学调查主任的 H. Kurath 在其与 I. McDavid 合写的 "The Pronunciation of English in the Atlantic States" (1961,第 3 页)中对结构主义语言学的偏颇做了如下叙述。(以下内容引自长谷川松治的译文《英语的语言地理学研究》,文化 26-1,昭和 37 年,p. 131)。"语言不仅是社会交流的手段,从本质上来说更是一种系统。但是不能片面地认为语言是遵从某种原理一举建立的、静止不动的系统,由于语言是历史的产物,因此肯定会存在无法纳入系统之中的变则现象。一些结构主义学者把变则现象也视为系统的一部分,他们那些激动的解释越是巧妙,却越是令人怀疑。"

(2)《八丈岛语言调查》,国立国语研究所,昭和 25 年;《语言生活的实态——白河市及其附近农村》,同,昭和 26 年;《地域社会的语言生活——鹤冈的实态调查》,同,昭和 28 年。

1.1　语言地理学:研究语言史的一种方法

　　语言地理学是研究语言史的方法之一,目的在于阐明语言的历史。为了实现这一目的,首先要选择某一特定的义项,调查出表达这一义项的语言形式有怎样的地域变体,然后把这些地域变体绘成地图以观察其地理分布。以这种做法为主,再结合其他的线索,就可以断定地域变体的历时变化以及其成因。

　　所谓某一特定的义项,是指一个对应着客观事物的抽象概念。当然绝非只选取一个义项,我们也会选择具有系统关系的其他义项,观察它与地理分布之间的关系,还要观察形成该义项系统本身的地理分布。在语言地理学中,仅仅观察义项系统是不够的,一定要观察组成系统的每一个义项。因为语言地理学所要构建的历史是极为精密的。

　　表达某一个特定义项的语言形式一般是词。准确来讲,应该说是"以词的形式来处理"。比如说,处理 p 这个音时,一定是将它视为某个词中的音,而不是一个单独的音。语言变化一般以词为最小单位进行的,因此语音的变化也是在一个词一个词中发生的。这种变化依据的或者是语言形式的集合,或者是系统的形式,或者是这二者的结合。即便是句法,如果能够作为形式加以分类,也可以比照义项系统的情况来处理。

　　将地域变体标入地图是语言地理学独有的方法。地域变体无序罗列、按五十音或英文字母顺序排列,或者按任意标准分类,都不是语言地理学的方法。语言地理学认为,所有的地域变体都存在于特定的地理位置中,在一个地理空间的对应位置上标出语言变体形式,就形成了语言变体的关系图。作为地图至少属于二维世界,地图中的城市、村庄,虽然看起来只是小小的一点,但在这点上生活着众多的居民,也会由年龄等因素而存在不同的层叠结构,因此语言地图被视作三维或以上的世界。语言地理学还把居民的直观意识作为构建语言历史的线索,因此,标记地域变体的地图又是一个四维以上的世界。

仅仅将地域变体标入地图是无法发现语言的地理分布的,但这是发现语言地理分布的方法和手段。把有差异性的地域变体不加区别、全部直接记录的地图,只是一幅资料展示图,并不是能够构建语言历史的地图。对地域变体进行各种分类,从不同分类所画出的多幅地图中选出唯一一幅对构建语言历史有意义的地图,这幅图才是能够解释语言史的地图,它所显示的分布是整齐有序的语言地理分布。这就是发现语言地理分布的方法。

根据地理分布来构建语言史是语言地理学者所要做的工作,而语言地理学方法的核心问题也在于此。构建语言史需要设立若干假说并结合众多线索,这部分的具体内容我们在第二章再讨论。

语言地理学既然是研究语言史的方法之一,当然就要跟语言史研究的其他方法进行比较,其中的一种方法就是比较语言学。比较语言学的研究材料既有现代口语,也有过去的书面语,但语言地理学的研究材料只有现代口语。与比较语言学的两种材料相比,语言地理学的研究材料只有一种。口语和书面语是两种异质的形式,由此可以说语言地理学的材料是同质的。以现代口语作为研究材料的优点在于能够对发音人进行多次提问。通过提问，让发音人做出主观判断，并将其判断作为研究材料。构建语言史时也会使用发音人的主观判断，因此我们也可以说，语言地理学是跟发音人一起构建语言史。这与比较语言学的纯粹"客观的"、仅仅由学者构建的语言史形成了鲜明的对比。因此，语言地理学的方法其实与重视听记的民俗学方法有相近的一面。当然，对发音人叙述的历史例如对两种语言形式的新旧判断，语言地理学者也不会直接相信。不过，当邻接地域其他社区的发音人对不同调查者说出同样的历史，那就非常可信了。而且社区的数量越多，可信程度就越高。实际上，在绝大多数情况下，发音人对语言形式新旧的判断是一致的。即使有分歧，通常每种判断也都有其特有的地域分布。语言地理学就是利用发音人的主观判断，构建与之一致的语言史。

比较语言学构建的语言史所呈现的是语言之间粗疏的分化关系，而语言地理学要构建的则是尽可能细化为各个阶段的分化和融合关系。因此这是一种言语的历史[1]。什么地方的什么人在什么时间做出了怎样的回答，这些都是直接材料，无需加以解释使之抽象化。语言地理学坚持研究的是最具体、最个别的事物。不过，如果说语言地理学构建的是言语的历史，很容易让人产生误解。实际上更为贴切的说法应该是，语言地理学没有必要设立语言系统这种假说性的抽象的语言。我们在处理其地理分布时也要明确言语系统表达义项系统，那是个体的言语体系（idiolect），而不是地域社会的语言系统。语言系统针对语言社会性的一面，而言语系统针对语言个体性的一面。语言地理学正是从语言的个体使用方面去构建语言历史的。

比较语言学所构建的语言史中，位于时间顶端的是原始共同语（祖语）。原始共同语经过分化产生了许多亲属语言，可以说原始共同语是唯一的终极语言。然而，无论过去还是现在，它都没有真正存在过，只是一种基于推测的假想物。对语言地理学来说，这种假设并不是绝对必要的，至少对原始共同语的探究并不是语言地理学的研究目的。

比较语言学的理论武器是"语音法则"。不同语言的语音在同一条件下会呈现系统的对应关系。以语音对应的系统性（或规律性）为线索，推测语言形式之间的历史关系，从而建立唯一的终极原始共同语。但是，语音对应的系统性只是比较语言学的假说，而假说就有必要验证。在语言学史上曾有一位学者尝试着去验证"语音法则"，他就是开创语言地理学的温克（G. Wenker）。温克是青年语法学派的一员，也坚持"音变无例外"的主张。所谓"音变无例外"，是指语音对应的系统性方面不会出现偏差。也就是说，语音在一定的条件下会实现相同的变化。如果真是这样，那么反映语音变化的方言在分布上也应该是规律的。所有的同言线都应该重合在一起，变成一条线。温克的调查问卷中，设计了很多针对语音特征的项目，他通过通信调查得到了研究材料，但结果却是，每个单词的同言线都不一样，没有一条是重合的，这令青年语法学派大失所望。本来想要证明语音法则的系统性，可实际上却出现了语音法则的非系统性。正是从这件事中产生了语言地理学这种崭新的方法。

在比较语言学中，研究的对象是多种语言，通过语言之间比较的方法构拟某一种语言（一般只是文化中心的语言）的历史。以日语的"国语史学"为例，国语史是指京都的、后来是江户（东京）语言的历史。因为这种方法主要处理文献中的语言，这里就暂且称之为"文献语言史学"。无论是与文献语言史学相比较，还是与比较语言学相比较，得出的语言地理学的特征都是基本一致的。不过，文献语言史学也不推测原始共同语，这方面和语言地理学是一样的。

另外，还有一种方法是比较不同的方言，明确各方言之间的分化关系，推测一种语言的祖语。这种比较同一语言内部不同方言的历史语言学，与前面提过的比较语言学别无二致。如果日语和朝鲜语是不同的两种语言，那么，青森市方言和鹿儿岛方言也是不同的两种语言，新潟县丝鱼川市的汤川内方言和梶屋敷方言也是两种语言。不过，现在我们是将语言（国语）和方言放在不同的层次来考虑的，因此暂时把这种方法称为"比较方言学"。可见，比较方言学与语言地理学之间的区别，和比较语言学与语言地理学之间的区别是平行的。不过比较方言学也考虑地域的因素，这点与语言地理学是一致的。但是，比较方言学视角中的地域，即使相隔很远，也可以认为它们使用同一种语言。比如，日本的中国地区[①]的大部和关东地区的局部从重音来看属于同一语言，都是从更古老阶段的关西方言分化而来的。

至此，我们可以把语言地理学和与之比较的其他三种方法的特征总结为下表：

[①] 中国地区、关东地区，日本行政区划单位，前者包括鸟取县、岛根县、冈山县、广岛县和山口县，后者包括东京都、茨城县、栃木县、群马县、埼玉县、千叶县和神奈川县。本书脚注均为译者添加，以下不再一一说明。

方法＼特征	以书面语为材料	处理多个地域社会的语言	总结言语的历史	总结地域差别
语言地理学	－	＋	＋	＋
比较语言学	＋	＋	－	－
文献语言史学	＋	－	－	－
比较方言学	∓	＋	－	＋

为能更明确地说明语言地理学的目的和方法，我们再来比较一下语言地理学和结构主义语言学。

首先，语言地理学所要探究的是过去的语言变化所留下的痕迹和产生变化的原因，而结构主义语言学要研究的是现在的语言的结构。也可以说，前者研究的是时间问题，而后者研究的是空间问题。其次，前者研究的是多个地域社会中相对少数的语言要素，要明确的是语言要素和语言外要素之间的关系；后者则研究一种语言，即一个地域社会中所有语言要素，要探明它们之间的相互关系。可以说，语言地理学研究的是原因，结构主义语言学研究的是关系。

注

(1) K. Jaberg und J. Jud: Der Sprachatlas als Forschungsinstrument. Halle a. d. s. 1928. p. 214. "Wir geben Sprechen wieder, nicht Sprache."

I. Iordan: Einführung in die Geschichte und Methoden der Romanischen Sprachwissenschaft, ins Deutsche übertragen, ergänzt und teilweise neubearbeitet von W. Bahner. Berlin, 1962. (Kapitel 3. Sprachgeographie) p. 219, p. 200 n. 2, p. 223.

(2) Iordan. p. 174.

1.2　语言地理学的基本假说

语言地理学与结构主义语言学的对立在于二者持有不同的基本假说。语言地理学认为同一地域社会的成员并不一定使用相同的语言；而结构主义语言学的假说则认为，同一地域社会的成员使用的是基本相同的语言。地域社会的所有成员共有同一语言结构，这一假说对说明语言具有可传播性是十分必要的。

但是，结构主义语言学的这个假说若要成立，就必须认为语言对地域成员交际的一致性具有强制要求。与之相对，语言地理学则认为只要存在空间阻隔，语言的统一性就会遭到破坏。同一地域社会内部之间就存在空间阻隔，即使是说话人和听话人之间也存在着空间阻隔，这就是产生地域差异的最初萌芽。然而，这么一来不就无法用语言交流了吗？并非如此，说话人在说话时会使自己的语言与对方的语言同一化，而这种同一化在人与人之间进行，正是我们所说的交流（共同化），语言地理学所说的"传播"，是指语言同一化在地域中推进的过程。

虽然认可同一化，但由于重视成员之间的语言差异，所以我们不能认为说话人和听话人的语言是完全同一化的。当然，如果在语言理解的层面，不实现完全同一化就无法进行正常交流，但是在语言使用的层面，我们要承认个人的创意。听话人要对说话人说出的话语进行类推、同化、混合等二次处理。语言地理学不考虑纯粹的语音变化也正与此有关。以 p>ϕ 音变为例，它的变化过程和岩石风化碎裂的过程并不一样，是说话者的意愿将词语中的 p 发成 ϕ。语音并不是变化，而是被改变。这个过程中正体现了说话者的创意。

在基本假说上的对立还有:结构主义语言学认为语言要素之间存在着有序的关系,并将这些关系总称为结构(体系),语言地理学认为语言要素(语言形式)在地域上存在着有序的地理分布,这种空间有序是指可以凭借地理分布去构建历史的地域间关系。说到地理分布,有种假说认为它总是在叙述着历史。要理解这一说法,我们必须要建立"地理分布是历史的投影"这一假说之前的"原理"。语言要素的地理分布是历史的投影,这种地理分布又是有序的。因此,我们可以利用地理分布构建出有序的历史。

那么实际上,语言的地理分布真的有毫无例外的严整秩序吗?是否存在无序的语言地图呢?所谓无序的语言地图,是指几种语言形式(词)在地域上呈现出混杂状态,每种形式都没有自己的特定分布区域。如果存在这样的地图,我们应该做如下思考:

1. 混杂的语言形式中可能有全国标准语(书面语)的形式。这种情况下,把标准语形式从地图中摘除后,分布秩序就会显现出来。标准语和方言从地理分布上看也是异质的。因为如果说方言是沿着地面传播的,那标准语就是"从天而降"再传播开去。

2. 混杂的语言形式中可能有新阶段的形式。这种情况下,我们要利用发音人的新旧判断,仅抽取古老的语言形式来描绘地图,分布秩序就会显现出来。新旧两种语言层次画在同一平面上,是不会有秩序可言的。

3. 语言形式的混杂可能是由于发音人中混杂着异质因素。举例来说,在这种情况下,如果去掉特别年轻的发音人使发音人年龄一致,可能就会发现分布秩序。此外,居住经历、性别等因素也是如此。

4. 语言形式的混杂也可能是因为没有对语言形式做出恰当的分类。如果有大量的语言形式,就可能有好几种分类方法。选择其中的一种,就会呈现出有秩序的分布。这就是恰当的分类,这种情况下,它也是唯一正确的分类。

5. 混杂的语言形式中,可能有表示其他意义的语言形式。比如询问"ぬかるみ"①这一土语,从一个地方问来的是"雨后的泥泞",而从另一个地方问到的却是"雪后的泥泞",分布图当然会变得混杂。如果不了解当地区分"雨后的泥泞"和"雪后的泥泞"的话,就会产生这样的问题。

如果遵从语言地理学的基本假说,并将其推至极端,就不得不将个人作为一个地点来绘制分布图。也就是说,要以个人为单位,把某一地域的成员全部调查一遍。不过,这种语言地图实际上是无法绘制的。因此,我们至少要以大字、小字②作为最小地域社会的单位做全部调查。就是说,要从最小地域社会中选取一人进行调查。这里我们假设在这个最小地域社会中,所有成员使用的语言都是相同的。此时语言地理学借用了结构主义语言学的假说。当然,从一个地域社会中选取一个人时,需要限定性别、年龄、居住经历等要素,从符合条件的群体中挑选。不过尽管做了种种限定,我们依然假定该群体成员使用的语言是相同的。

---

① ぬかるみ,nukarumi,泥泞。书中的调查词和短语都按原日文形式出现,在脚注中用日文罗马字标注读音并释义。以下不一一标注。
② 大字、小字,日本町或村内的区划的名称。大字面积较大,包括数个小字。

1.3 地域社会的同质性和异质性

由于语言地理学在某个阶段不得不遵循结构主义语言学的假说,因此我们需要检验该假说在多大程度上与现实相吻合。我们要问下面的问题:

1. 一个地域社会的成员真的使用同一语言吗?即使语言并不完全相同,其一致程度又有多少?虽然预料到不同年龄段存在语言差异,但同一年龄段的人就使用同一语言吗?

2. 如果改选其他发音人,分布图会出现不同吗?比如说,如果都是同一年龄段的男性,那么即使改变发音人,从整体来看分布图应该也不会存在差异吗?

要验证问题1,我们可以调查某一地域社会的全部成员。下面的例子来自新潟县西颈城郡青海町的横地(5611.9256)[1]社区。1961年这里只有16户,共80人。无论哪个社区,都有土生土长的本地人(natives)和非本地人。这里只是对本地人群体的分析结果。虽然实际调查时也调查了非本地人,但由于后面还要用此数据来检验地理分布是否可以推定历史,因此这里把非本地人数据从统计中去掉了。当然,本地人与非本地人之间的接触是语言变化的条件之一,对非本地人的研究也是十分必要的。这一点到第三章解释具体的语言地图时再做详细说明。

首先,我们来看"火事"[①]一词的词首音节。[2]

[①] 火事,kaji,火灾。

火事	—1910年生	1915—1934	1935—1955
kwa-	*6人	7	0
ka-	0	3	24

计算总数得到,

kwa-　　13人

ka-　　27人

很明显,这个社区的语言并不是统一的,但如果分成三个年龄段,就可以很快发现老年段和青年段分别统一为 kwa-和 ka-。即使是同一类音节,也会由于词语不同和音节在词中的不同位置而出现如下差异:

水瓜①	老	中	青
-kwa	*3	1	1
-ka	4	9	23

外国②	老	中	青
gwa-	*2	2	0
ga-	5	8	20

煉瓦③	老	中	青
-gwa	3	0	0
-ga	*4	9	22

---

① 水瓜,suika,西瓜。
② 外国,gaikoku,外国。
③ 煉瓦,renga,砖。

在音调⁽³⁾方面,"足が"①所有人的调型都是 ⌢ ,"男が"②所有人的调型都是 ⌣ ,这是两个完全一致的例子,不过同样的调型也会出现下面的情况。

波が③	老	中	青
⌢	2	0	0
⌣	*5	7	21

舟が④	老	中	青
⌢	1	0	0
⌣	*5	7	11

つるべが⑤	老	中	青
⌢	*6	4	10
⌣	0	3	9
⌢	0	0	3
⌣	0	0	1

动词的活用形式也是如此,在同一年龄段内部也并不一致。

買った⑥	老	中	青
ka:ta	*6	4	14
katta	1	6	10

---

① 足が,ashi ga,腿(主语)。
② 男が,otoko ga,男人(主语)。
③ 波が,nami ga,波浪(主语)。
④ 舟が,fune ga,船(主语)。
⑤ つるべが,tsurube ga,吊桶(主语)。
⑥ 買った,katta,买了。

払った①	老	中	青
harata,等	*6	2	7
haratta	1	8	17

思った②	老	中	青
omota,等	*5	3	4
omotta	2	7	22

同样地，词语里也有像下面两例这样，在同一年龄段内呈现程度较高的一致性。

雪搔き道具③	老	中	青
koisuki,等	*7	6	1
ʃaberu,等	0	1	3
sukoppu	0	2	0
suki	0	1	1
semba	0	0	1

おたまじゃくし④	老	中	青
memezakko	*6	6	1
otamaʒakuʃi	1	8	23

当然，也有下面这样的例子。

---

① 払った，haratta，付钱了。
② 思った，omotta，想了。
③ 雪搔き道具，yukikakidougu，除雪工具。
④ おたまじゃくし，otamajyakushi，蝌蚪。

葉指①	老	中	青
biũsaʃi, bintsuke	3	0	0
kusurijubi	*5	9	19
其他	0	0	2

一昨日②	老	中	青
ototoina, ototsuina	*3	0	0
ototoi, ototsui	4	10	23

酸い③	老	中	青
sui	*5	1	2
suppai	*3	9	22

特别要说明的是最后一个例子。因为有的发音人用 sui 和 suppai 对酸味的程度加以区别，所以出现这样的统计数字。调查时，这个社区的发音人（1886 年生，渡边觉治）回答了两种形式，并解释道 suppai 表示酸味弱一些。

此外，还有其他 19 个调查项目，结果与上述表格基本一致。

从上述结果可以看出，虽然地域社会内部的成员差异十分显著，但是一致性程度还是相当高的。

上面表格中，有的数字前面标有 * 号，表示其中包含了渡边觉治的数据。虽然 * 号数据基本上代表了老年段的多数派，但并非所有的调查项目都是如此。渡边觉治代表老年段的大多数，说明调查时我们选取的发音人很好地代表了该地域社会的老年段人

---

① 葉指，kusuriyubi，无名指。
② 一昨日，ototoi，前天。
③ 酸い，sui，酸的。

群。不过,既然不是所有的项目都如此,就产生了一个疑问,如果改变发音人,该地域的整体分布状况是不是也会发生变化呢?也就是前面提出的第 2 个问题。

我们分别在 1957 年、1959 年和 1960 年,用同一调查表对同一社区做了 3 次调查。由于发音人的平均年龄为 70 岁,所以相隔 2 年之后,有些调查点不得不改变发音人。

1957 年与 1959 年相比:

相同发音人　　133 人(72.3%)

不同发音人　　51 人(27.7%)

亡故·生病　　24 人

外出　　　　　23 人

不适合　　　　4 人

1959 年与 1961 年相比:

相同发音人　　150 人(81.6%)

不同发音人　　34 人(18.4%)

亡故·生病　　21 人

外出　　　　　10 人

不适合　　　　3 人

可以看出,2 年间大概有 20%~30% 的变动。此外,"不适合"是指由于种种原因不适合再做发音人,因此改换了其他人选。

再来看相隔 4 年,1957 年与 1961 年相比:

相同发音人　　112 人(62.1%)

不同发音人　　69(37.9%)

不过,不管间隔 2 年还是 4 年,发音人的变动上都不存在地域差别。参见地图 1.3-1、1.3-2、1.3-3。

虽然改变了发音人,不过从整体来看并不是人为的刻意更改,基本上都是不得不更换人选。而且发音人的改变还涉及了时间因素。但我们要观察改换发音人会对每一个调查项目的分布产生什么样的影响。

比较一下"くすりゆび"的 1957 年分布图(图 1.3-4)和 1959 年分布图(图 1.3-5),可以发现:ben(i)-的分布地域和 ben(i)-tsuke(jubi) 的分布地域高度一致。其他的 kusuriyubi、dʒidzo:jubi、iʃajubi、kusojubi 等形式的地域分布也都如此。接着我们再用分布图来比较每一个地点的语言形式是否保持一致,如图 1.3-6 所示,依然高度一致。在大约 170 个地点中有 17 个地点(约 10%)不一致。值得注意的是,这些不一致的地点都集中分布在丝鱼川市区附近,我们认为这是因为在该地区附近,全国标准语形式 kusurijubi 的分布十分显著的缘故。

在第一次(1957)、第二次(1959)调查中,我们的调查地点和调查人的关系没有变化,第三次调查(1961),增加了 1 名调查人员,所以调查地点和调查人的关系也有变化。接下来的"おたまじゃくし"分布图,就是 1959 年和 1961 年的比较。尽管又增加了不同的调查人,分布还是极其相似的,9 项词语的分布地域几乎完全一致,参见图 1.3-7 和图 1.3-8。我们再来看每一个地点的语言形式是否保持一致,只有 14 个地点(不到 10%)出现不一致。在分布上,不一样的语言形式并没有出现地域上的集中,参见图 1.3-9。另外,这些地点语言形式发生变化的原因到底是由于发音人的改变还是由于调查人的改变所引起的呢?我们虽然做了分析(参见图 1.3-9),但依然难以判断。

由上面两个例子可见,从地域的整体分布来看,只要在每个社区里选择能够很好代表社区(的老年段)语言的发音人,就可以获得高度一致的结果。这也意味着地域社会内部成员的语言是十分一致的。不过虽然地域社会的语言在其成员间高度一致,但并不是完全一致的。语言地理学正是把这种不一致作为语言变化的现象来加以关注。

注

(1) 这种 8 位数字编号叫作地点编号,表示社区的地理位置,用于地图上检索和材料整理。地点编号系统将在第三章详细介绍,后面也会只使用地点编号来代指地名。

(2) 下表中的数字表示本地人(5 岁之前进入社区)中 6 岁以上的人口。分析对象共 42 人。如果一个人回答出两种以上的答案,每种答案分别按 1 人计算。

(3) 音调方面,我们去掉了贺登崧神父负责调查的社区。因为他还不能准确听出音调。

2 构建语言史的线索

语言地理学是语言史的一种方法,以现代口语的地域变体为材料来推定和构建语言史。那么它的具体线索有哪些呢?为了使推定和构建过程更具科学性,我们首先列举出所有的线索,共有如下 8 类 10 项。

1) 词语的地理分布

    a) 邻接分布原则

    b) 周边分布原则

2) 不同年龄段的地理分布

3) 其他词语的地理分布

4) 可理解词的地理分布

5) 事和物的地理分布

6) 发音人主观报告的地理分布

    a) 新旧判断

    b) 词源解释

7) 同一地域社会中的年龄差异分布

8) 语言形式的特征

利用上面的线索来构建语言史都要运用比较的方法。第 1 条是与其他地域(地点)的比较,第 2 条和第 7 条是与其他年龄段的比较,第 3 条和第 6 条是与其他词、第 4 条是与其他类词的比较,第

5条是与事和物的比较,第8条是与其他语言形式的比较。

下面我们分别解释这 8 条线索,最后再说明它们之间的相互关系。

2.1 词语的地理分布

词语的地理分布是指:表示某一特定含义的词的地域变体在地理上如何分布,可以通过将地域变体标注在地图上来发现。前面提出了构建历史的 8 条线索,在这 8 条线索中,第 1 条是最基础的。即使具备了第 2 条以下的全部线索,如果没有第 1 条,也不可能构建历史。相对于第 1 条而言,第 2 到第 8 条都是附属的、补充性的线索。

从地理分布能够推定历史的唯一依据是词语是沿着地面传播的。那么词语是否总是沿着地面传播呢? 就我们的经验而言并非如此。一种情况是该语言的使用者改变了居住地(搬家、迁移)。能够详细说明这种情况的例子是新潟县丝鱼川和青海地域的一个名为木地屋[①](5621.7363)的社区。和当地地名一样,那是一个木器匠人的社区,村中有说法认为他们是从近江[②]搬迁过来的。虽然并非所有词都是如此,但该社区常有呈现孤立分布的词语,而这些词大都可以用富山县以西的关西方言来解释,可见他们的确是从使用关西方言的地区搬迁过来的。

另一种情况是词语自身像火星飞溅一样扩散开来。比较普遍

---

① 木地屋,日语中指使用旋床(辘轳机)制造木碗、木盆等木质器皿的手艺人。
② 近江,日本古地名,领域大概相当于今滋贺县,位于日本中部。

的是，词语从较大的中心地向较小的中心地扩散，直接越过了中途社区。现代全国标准语的普及就是一个很好的例子。但不管是上述二者中的哪种情况，一旦词语在某个社区里固定下来，就会像星火燎原一样，慢慢地从该社区向周边扩散。

需要注意的是，社区处于社会孤立的状态。在我们调查的地域里有3个受歧视部落①。这些社区不仅日常沟通与外界孤立，婚姻关系也是封闭的。村民的妻子大多来自富山县，这种由婚姻缔造的地域关系相对稳固，并且持续数代。成为母亲以后，妻子的语言就传给家里的孩子，而孩子没有什么机会在外面使用这种语言（方言也是这种语言），也得不到纠正，就这样继续传给下一代。虽然在自然地理上与周边没有阻隔，但这样的社区就宛如大海中的一座孤岛。我们解释分布图的时候，只好忽略它们的存在。

但问题是，不是所有的词都这样。对有的词来说，这些社区承担着将其传播至邻近社区的"渡桥"功能，这方面它们和普通社区的功能没有区别。无论受歧视部落在社会层面怎样孤立，在语言方面依然和邻接社区有所接触。因此我们没有把这些社区从分布图上去掉。这一点在构建语言史时特别注意即可。

由于词语在原则上是沿着地面传播的，因此邻接的社区在语言上是紧密接连的。所以在地理上相邻的社区，词语间应该存在着历史关系。我们把这种地理分布与历史间的关系称为"邻接分布原则"。

假设有A、B、C三个社区，它们在自然地理上的邻接关系如下：

---

① 受歧视部落，近世以来，以在封建身份制度下处于最底层的人们为中心形成的仍以各种形式受到歧视的地域。

$$A—B—C$$

如果三个社区分别有 a、b、c 这三个词,那么三个词的时间先后关系(历史顺序)可能是下列二者之一:

$$a \rightarrow b \rightarrow c$$
$$c \rightarrow b \rightarrow a$$

但绝不可能是

$$a \rightarrow c \rightarrow b$$
$$b \rightarrow a \rightarrow c$$
$$b \rightarrow c \rightarrow a$$
$$c \rightarrow a \rightarrow b$$

之中的任何一种。比如,有一处没有出口的狭长河谷,其间也没有任何通往邻接河谷的道路,河谷尽头使用词 a,中游是 b,下游是 c。文化中心地在离河口不远的地方,如果那里使用的词也是 c,那么很可能在历史上最古老的时候,文化中心地使用的是 a,并且传播至河谷的深处。后来在文化中心地,b 代替了 a,且也向河谷深处扩散。最后,文化中心地又出现了 c,而 c 也向河谷深处的方向传播。文化中心地的 a→b→c 的词语变化的历史顺序,就以河谷上游到下游的 a—b—c 的地域分布顺序呈现出来。

不过,即使以 a—b—c 的形式分布,b 也有可能是比 a 甚至比 c 更新的词语。这是由于在 c 向 a 的分布地域传播时,a 和 c 在冲突之下产生了 b 这种新形式。这时 A 社区只用 a、B 社区只用 b、C 社区只用 c 的可能性非常小,大多数情况是 B 社区同时使用 a、b 和 c。而且 a 与 b 或者 b 与 c 也很有可能在语言形式上十分相似,但这种情况下,在 a、b、c 三个词当中,至少会有两个被当作生活中使用的词,语言使用者也能够判断其中哪个更为古老。

邻接分布原则主要基于这样的事实:相同形式的词分布在数量相当多的彼此邻接的社区之中。无论哪个词的地理分布都不是"点"而是"面"。甚至可以说,每个词都有自己固有的分布地域。这样想来,前面所说的"假设三个社区有 A—B—C 这样的邻接关系",实在是把问题极度单纯化了。在现实中,A 社区本身应该就有很多邻接社区。

语言地理学认为地理分布是有序的,支持这一假说的例证之一就是每个词都有其固有的分布地域。如果在一片较为广阔的地域上,每个社区中都分布着几种各不相同的词,就算只有 2 种词,但只要它们在地域上呈现出混杂的分布状态,我们就不能称其为是有序的分布。所谓秩序,是要在某种程度上具有统一性的。而地理分布具有统一性,就是指每个词都有其固有的分布地域。

刚才我们先从自然地理角度解释了"邻接"的意思。但是语言地理学所说的"邻接"并不仅仅指自然地理。如果 A、B、C 三个社区在自然地理上有这样的分布关系,

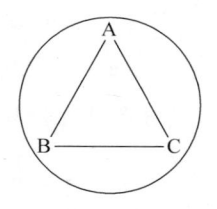

那么与社区 A 相邻接的是 B 还是 C,主要取决于 A 与 B、A 与 C 之间是否存在交流。如果 AC 间有道路连接、而 AB 间没有,交流主要存在于 AC 之间,A 与 B 的交流必须要通过 C 才能实现,那么即使 AC 间的距离大于 AB 间的距离,A 的邻接社区也是 C。因为在没有道路的情况下还能交流是很难想象的。当然,这

里的道路不仅指陆路,也包括了海路。要将邻接原则作为构建历史的线索,就一定要掌握该地域的陆路和海路等交通史信息。对语言地理学来说,与交通有关的信息都是极为重要的。

周边分布原则,既是柳田国男方言周圈论的原则[1],也包含了"古老的词语保留在边境地区"这一命题。这个原则具体是指,如果社区(群)按

$$A—B—C$$

的形式排列,各个社区的词 a、b,按

$$a—b—a$$

的形式分布,那么可以推定一代之前的分布形式为

$$a—a—a$$

至于 B 社区(群),可以认为从前的 a 后来变成了 b。

可是相反的,如果现在的

$$a—b—a$$

在一个时代之前的分布形式是

$$b—b—b$$

那我们可以认为社区 A 和社区 C 分别独立产生了词语 a。不过前提是,a 并不是 b 与其他词语形式(假设是 c)混杂而产生的词。像这样相互独立产生新词形的情况,虽然不是绝对没有可能,但也的确十分少见。特别是,如果出现如下的地理分布:

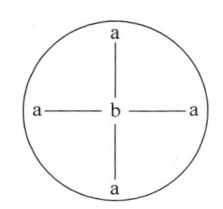

那 a 比 b 更新的可能性就更加小了。

这个原则同样可以用在植物和动物的分布上。美国植物学家阿萨·格雷(Asa Gray)在 19 世纪 40 年代就注意到了这一点。他对从日本采集到的植物分类时发现,有 580 种植物虽然在美洲西北部的数量极少,甚至还要少于欧洲的分布数量,但是在美洲东北部的数量却比美洲西北部和欧洲的数量都要多。该现象可以这样解释:在第三纪时期[1],从亚洲经白令海峡到整个美洲大陆的气候十分温暖,同一种开花植物遍布了整个北半球。不过随后到来的冰河时代使这片植物带向南收缩,因此原本连续分布的植物带断裂开来,该植物只残存于东亚和美洲东北部地区。

东亚和美洲东北部大量分布着同一种植物,而中间的美洲西北部分布数量却很少,面对这一现象,阿萨·格雷的解释是从前连续的植物带被切断了。中间地域的植物是冰河时代结束后出现的新植物。但是在当时,东亚和美洲东北部分别各自生长着同一种植物的解释更为有力[2]。

在动物方面,对南美科隆群岛动物分布的解释也是一个例子。科隆群岛是距厄瓜多尔海岸约 1000 千米的岛屿,可岛上却生活着企鹅、加州海狮、海豹和象龟等动物,这让生物学家感到十分不解。人们对此现象做出了种种解释,其中最古老也最有力的是"大陆连接说"。

科隆群岛上既有象龟这样十分特殊的动物,也有与墨西哥、哥斯达黎加、巴拿马、秘鲁北部和厄瓜多尔等中南美洲国家共有的动物种类,或者说岛上来自中南美洲的动物很多。如果科隆群岛是

---

[1] 第三纪,把新生代分为两个纪时的前面的一个纪,距今约 6500 至 170 万年前。

海底火山喷发形成的岛屿,就说明这些动物是跨越了1000千米渡海而来的。对世界各地的火山岛来说,这是一个既定假设,因此科隆群岛也可能不是例外。不过,我们很难想象像象龟和巨蜥这样体长超过1米的大型陆地动物,能够随着风和洋流漂流到海岛上。与这种解释相比,大陆连接说似乎更为合理,该学说认为科隆群岛过去曾经处于从中美洲或南美洲伸向太平洋的半岛中,后来由于半岛的一部分发生沉降而变成了海岛。这一学说最早由鲍尔(G. Bauer)发表于1891年[3]。

无论是阿萨·格雷还是鲍尔的推论方法,都和语言地理学的方法如出一辙。从三者的发表时间可以看出,语言地理学的方法要晚得多。柳田国男晚年时曾说,方言周圈论的灵感来自于冯·图恩(J. H. von Thünen)的农业经济学著作《孤立状态》(Der isolierte Staat)[4]。

此外,前面提到

$$a—b—a$$

在一代之前的分布形式可以推定为

$$a—a—a$$

其实按更精确的说法,应该是

$$x—a—x$$

我们可以认为,在B社区是a的时代,A社区和C社区之一或二者都是比a形式更古老的词,亦即x。应该说,这个x在两个社区都是a反而是十分特殊的情况。

语言地理学中常常会简略地说"a比b更'古老'",这个说法实际上略去了"在文化中心地"。在刚才的例子里,我们实际上说的是在文化中心地以外的地方"x比a古老"。新、旧本来是只能就某一特定地点（地域）而言的。但是以后，尤其是没有特别说明的时候，说到"a 比 b 更古老"时，都指的是在文化中心地。

周边分布原则中包含了"古老的词语保留在边远地区"这一命题。严格来讲，这个命题是指"古老词语的大多数保留在边远地区"。因此，所有的古老词语都保留在边远地区，边远地区的所有词语都是古老词语的残留，都是错误的说法。我们常常可以看到"因为这里地处边远，所以这里的 a 是古老词语"，这种推论就属于上述的第 2 种错误。此外，第一，边远是一个相对的概念，指和某地相比更为偏远。而所谓偏远，是指与其他地方相比距离文化中心地更远。而文化中心地同样也是一个相对的概念，从日本全境来讲，京都是过去的文化中心地。因此京都以外的地方都是不同程度的边远地区。而且该边境也有自己的文化中心地。在丝鱼川和青海地域，丝鱼川的市区(5611.7447,.7452,.7453,.7454,.7464)是该地域的文化中心地。但是选取更为狭小的地域，比如早川谷，那里也有自己的文化中心地，即新町(5611,8703)。

如果 A、B、C 三个社区的词语分布是

$$a—a—a \text{ 或 } x—a—x$$

并由此产生了

$$a—b—a$$

这种分布形式，那么相对于 A、C 两社区，B 社区属于文化中心地。

正如前面所说，邻接分布原则和周边分布原则不仅有重叠的部分，二者的关系更是如果前者不成立，后者也就无法成立。甚至可以说后者是前者的特殊情况。如果前者的历史顺序是下列 2 种之一

$$l \to m \to n \cdots\cdots\cdots\cdots (1)$$

2 构建语言史的线索

$$l \leftarrow m \leftarrow n \cdots\cdots(2)$$

那么后者的历史顺序就是

$$l \leftarrow m \rightarrow n \cdots\cdots(3)$$

因为(3)是(1)的右半部分和(2)的左半部分同时成立的结果。此外,如果将上述公式以极端形式表示出来,就会得到如下结果。

如果 $l \neq m \neq n$

$$l \rightleftarrows m \rightleftarrows n$$

如果 $l = n \neq m$

$$l \leftarrow m \rightarrow n$$

注意:l、m、n 是按此顺序相邻的社区(群)L、M、N 各自使用的词。

→ 表示历史顺序。

当然,这两个原则只是操作原则,而并非永远正确的"定理"。以不符合周边分布原则的情况来做例子,就有

$$a—b—a$$

其中 a 是两地分别独立产生的这种极为少见的情况。另外还有像

$$a—b$$

这样只有两种词的情况。这时只有邻接地域原则才适用。a 和 b 的新旧关系是

$$a \rightleftarrows b$$

是完全没有意义的。这种情况下用不到周边分布原则。不管怎么说,如果

$$a—b—a$$

我们应该首先尝试周边分布原则。

注

(1) 柳田国男,《蜗牛考》,刀江书院,昭和 5 年。

(2) A. Hunter Dupree:Asa Gray. 1810-1888. Cambridge,Massachusetts. 1959. p. 249-250.

(3) 伊藤秀三,《科隆群岛》,中央公论社。昭和 41 年,p. 110-113;G. Bauer:On the Origin of the Galapagos Islands. "American Naturalist 24". p. 217-229,307-326。

(4) 柳田国男,"我的方言研究",《方言学讲座第 1 卷》,东京堂,昭和 36 年,p. 313。

2.2 不同年龄段的地理分布

这是将与老年段相对的青年段或中年段的地理分布作为研究线索。如果老年段的分布与青年段的分布存在差异,这差异就是语言的变迁。

问题是,这种分布差异是不是只反映了 50 年左右的历史呢?假设某地域里有 A、B、C 三个社区(群),它们在地理上呈

$$A—B—C$$

相邻分布,每个社区的词在老年段为

$$a—b—c$$

青年段为

$$a—a—c$$

那么我们只能认为 50 年或更短时间之内,B 社区的确产生了

$$b \rightarrow a$$

这样的变迁。但是根据这两张分布图并遵循邻接分布原则可以推

定，B 社区(群)在最古老的时候曾是 c。此外也可以认为在 A 社区(群)发生了

$$c \to b \to a$$

的变迁。这样一来，A 社区(群)从过去的 c 变为现在的 a，所用时间岂止 50 年，至少也要数百年。因此对比老年段与青年段，可以让我们探究到相当古老的时代。

此外，如果从老年段到青年段的变迁过程中存在着得到认可的普遍倾向，那么由青年段上推老年段或由老年段再上推至一代之前就很容易做到了。例如，老年段是〔ɸ〕，青年段是〔h〕，如果承认这种"双唇调音的弱化"倾向已经普遍化，那么我们可以推定老年段的上一代是〔p〕(〔p〕→〔ɸ〕→〔h〕)。因此如果边远某地有〔p〕，则可以认为它是该地域的最古老阶段。

实际情况是，青年段的语言存在着各种各样的问题。这也许是日本的特有原因，由于全国标准语得到了很好的普及，青年段在回答调查问题时，只用标准语作答的倾向十分突出。如果青年段在我们所说的"放松的时候"也只使用标准语，倒也只好作罢，但是在调查时，他们反而会出于不好意思等原因而过度隐藏方言。而老年段既知道全国标准语和方言的区别，也能对二者区别使用，而且感到不必遵循必须用标准语说话这条社会规则，因此能够很好地答出调查人员所希望的方言。日本的方言不仅仅是存在着地域差别的语言，也是在放松的时候无意识地说出的语言。我们要调查的正是这种语言，也正是要理清这种语言(方言)中存在的有序的地理分布。

更为实际的问题是，老年段发音人尚能够在当地人的推荐下找到相当合适的人选。这位发音人通常是在很长时间里得到众人

公认的适合发音的人。因此,正如我们已经在第一章所说,他的语言能够很好地代表该社区老年段的语言。但是青年段的发音人还无法获得这种评价。因此一般来说,在推荐来的人选中,青年段发音人并不合适的可能性很大。此外,由于青年段承担着维持生计的职业,一般比较忙碌。甚至有些地方青年段的几乎所有人都外出工作了。所以与老年段相比,青年段发音人的质量要差很多。这也是调查中无法避免的问题。

相对于只调查老年段,同时调查老年段和青年段需要付出近2倍的劳动。如果付出同样的劳动,可以调查2个社区(2人)的老年段了。到底哪种调查方法对构建语言史更为有利,还要参考其他条件才能做出决定。

因此,很多情况下我们不采用第2条线索。丝鱼川调查中就只调查了老年段。

2.3 其他词语的地理分布

吉列龙有一句名言,"每个词都有自己的历史"[1],意思是说每个词的地理分布都不相同。严格来说,只要词义不同,表示该意义的词的地理分布就会不同。这样一来,其他词义的词有怎样的地理分布,对我们解释调查词的地理分布应该起不到什么作用。

但是我们认为,对这个命题不应该按照字面意思全盘接受,而应该把这句话放回吉列龙的时代,在欧洲语言学界的环境和语言地理学产生时的背景中加以理解。语言地理学诞生于对青年语法学派"音变无例外"观点的批判。如果音变法则毫无例外,那么同一条件下的语音应该呈现出同样的分布,可事实并非如此。吉列龙是站在"音变法则并不存在"的立场上，对青年语法学派进行批判的。

的确，每一张语言地图呈现的分布都是不同的。如果对地图的细微之处进行研究，我们甚至可以说分布图千差万别，没有一张是一样的。那么吉列龙的观点确实有一定的道理。但是如果调查项目数量众多，仔细观察所有的分布图，就会发现有些项目具有相似的分布。甚至词性相同的词几乎都共有同一个分布地域。从这点来看，对吉列龙的观点就有再审视的必要了。

在我们调查的丝鱼川和青海地域，不少动词终止形[①]都呈现出同样的分布。而即使包括了词汇在内，其传播的方向和倾向也没有多到无法整理的地步。经过我们的调查，可以总结为 3 种类型。

① 从信州[②]开始朝日本海北上。还有停止北上、折返向南的。
② 从西部的富山县开始沿海岸线进入深处。
③ 从丝鱼川的市区向周边传播。

要整理出上面的倾向，必须尝试解释大量调查项目的分布图。因此，实际上这条线索不大用得上，甚至可以说不依靠这条线索才是明智的。

注

(1) Iordan. p. 215 其他。

---

① 动词终止形，日语动词活用形之一，作为结束句子的形式，常用于句子的末尾。
② 信州，日本信浓国旧称，相当于现在的长野县。

2.4 可理解词的地理分布

一般来说,我们从发音人那里得到的资料都是"表示某个含义的'使用的'语言形式",而不是"表示某个含义的虽不使用却'能够理解'的语言形式"。如果将前者称为使用词,那么后者就可以叫作可理解词。观察个人的语言就会发现,这二者绝不相同。因为使用词包含在可理解词之中,所以区分二者是有意义的。在地理分布上,二者也不是必然一致,因此语言地理学也要对这两个概念做出区分。

如果我们做某位作家所有作品的用语索引,就是做该作家"使用过"的词的总目录。但除此之外,还有该作家以后可能使用的词,如果作家已经谢世,还有他生前可能使用过的词。这并不是虽听得懂但自己不使用、也感觉不想使用的词,而是"可能使用"的词。这样的词也只能称作使用词。我们所说的使用词既包括了"用过的词",也包括了"可能使用的词"。严格来说,就是发音人认为"用过或会用"的词。

就可理解词询问发音人时,要把它作为表示某一含义的语言形式的地理变体之一。我们一般会问"用这个词吗?明白吗?"这时常会得到3种回答。

甲.用

乙.不用但是知道

丙.不知道

三者中甲和乙可以一起处理。因为二者的分布图往往一致。可是如果问"这个怎么说?",这时答案的分布图的差异就很大[1]。

可理解词是上述的甲和乙,而使用词是询问"这个怎么说"所得到的回答。

虽然现在看来使用词和可理解词能分得很清楚,但实际上也有混淆不清之处。可理解词可以是以后可能会使用的词。特别是若该词是文化中心地刚刚开始流行的词,那么以后很可能会使用。这样一来,对个人来说,使用词就变成了旧词,而可理解词变成了新词。相反地,现在不用,但因为过去用过而能够理解的词当然属于可理解词。这种情况下,可理解词是旧词,而使用词是新词。因此,可理解词和使用词的不同并不仅仅是共时状态下的区别。

可理解词的分布图要写入 Yes/No。从这样的分布图我们无法直接判断该词今后会传播至新的地域还是现在即将衰退。简单地说,如果可理解词的 Yes 分布地域中有文化中心地,那就属于前者,如果没有则属于后者。如果以极端的形式表现,就如下所示。

可理解词发展时为:

	L	M	N		L	M	N		L	M	N
1.	+	+	+	3.	+	+	+	6.	+	+	+
2.	+	+	−	4.	+	+	−	7.	−	+	+
				5.	−	+	+				

可理解词衰退时为:

	L	M	N		L	M	N		L	M	N
8.	−	+	+	10.	+	−	−	12.	+	+	−
9.	−	−	+	11.	−	−	+	13.	+	−	−

L、M、N 是以此顺序相邻的社区。左侧社群中,L 是文化中心

地,中央社群是 M,右侧社群是 N。知道可理解词时标"＋"号,不知道标记"－"号。

实际情况是,要获得可理解词的信息仅靠一次调查是不可能的。因为一般来说,我们很难使用同一份调查问卷、用同样的调查项目从使用词和可理解词这两方面调查。如果事先知道可能会出现的词语,把它从调查问卷上的使用词中去掉,调查并非无法做到。但我们的原则是,通过第一次调查明确该词的分布地域,第二次的调查问卷再主要针对可理解词。

因此这条线索并不适合所有的分布图,而只适用于特别选出的分布图。

注

(1) 德川宗贤《理解的同言线》,国语学 64. 昭和 41 年。

2.5 事和物的地理分布

这里的"事和物"不仅指人们能够感受到的物质性的事物,也包括了抽象的思想。提炼事和物要素,调查其地理分布并将分布图和表示该要素(或具有该要素含义)的词的分布图重叠,通过这种方法,我们就可以把事和物的地理分布作为构建历史的线索。

能够成为地理分布图的事和物要素有:

1. 可以与任意调查项目的分布图重叠或重叠后有意义的事物。

比如行政区划(包括过去的藩制[①])、学区、通婚圈、购物圈等。

---

① 藩,日本江户时代大名统治领地及统治机构的总称。

2. 只能与作为研究对象的调查项目的分布图重叠或与该调查项目重叠后有意义的事物。

例如调查项目"めだか"①,不产青鳉地域的地图就属于此类。一般来说,没有某种事和物的地域,比起从邻接地域借用词语,更可能采用全国标准语的说法,因此没有该事物地域的地图很有意义。

上面说到的是本身没有固定分布地域的事物,与之相反的是

3. 事和物要素本身有分布地域。此类与土语基本是同一种处理方法,所不同的仅仅是一方是事和物,而一方是语言而已。比如,某一地域有 2 种"モンペ"②,某一地域只有一种,还有一个地域中并没有モンペ这种物品。而且,如果三个地域呈现如下分布

2 种—1 种—无

那么这三者之间的历史关系绝对不会是下面几种之一

2 种→无→1 种
1 种→2 种→无
无→2 种→1 种

而是下面的某一种情况

2 种⇄1 种⇄无

至于是哪种情况,可以通过モンペ在社区中出现的时间来推定。如果 2 种的社区是明治③以前出现モンペ,1 种的社区是大正④以后出现的,那么可以推定,这三个地域中的モンペ的变迁方式如下

---

① めだか,medaka,青鳉,一种日本产淡水鱼。
② モンペ,monpe,扎腿式女子劳动裤。
③ 明治,日本明治天皇时代的年号(1868 年 9 月 8 日至 1912 年 7 月 30 日)。
④ 大正,日本大正天皇时代的年号(1912 年 7 月 30 日至 1926 年 12 月 25 日)。

2 种→1 种→无

这种推定方法与我们之前在 2.1 里对土语的解释一样。像这样将事和物要素自身的分布图与语言要素——词的分布图进行重叠，上述 1、2 两点并没有不同。

至于第 3 点，也就是所谓"词与事物"(Wörter und Sachen)的方法，很早就引入了语言地理学。语言的历史与事和物的历史密不可分。不分离人类活动的这两个方面，就应该可以接近真实。语言的历史应该与文化的历史并行前进。倡导这种想法的是梅林格教授(R. Meringer,格拉茨大学教授)，他于 1909 年创立了 Wörter und Sachen 杂志，1933 年该杂志停刊。梅林格认为思想也在"事物"(Sachen)的概念中。

> 正如语言的革新会传播一样，思想(无论是政治性的、宗教性的，还是技术性的)也会传播。当然，物质文化中的物体、农机器具、家、家具也同样会传播。如果语言有传播的波浪，事物也会有同样的波浪，二者都可以称作"文化之波"。因为不管何种革新或传播，都是作为文化的波动而进行的[1]。

此时，我们便不再区别语言的历史和语言之外事物的历史了。如果语言也是文化的一部分，那么完全可以以此二者来构建文化史。因此我们可以说"语言史就是文化史。"至此，语言地理学就与民族学、民俗学有了极为密切的关系，与此二学科共同构建文化史。正因如此，语言地理学的最终目标应该是综合文化科学或"语言人类学"。

注

(1) R. Meringer: Wörter und Sachen. Indogermanische Forschungen XVI. 1904. p. 101.

2.6 发音人主观判断的地理分布

发音人的主观判断是指,发音人回忆自己过去的语言行为,对两种语言形式做出新旧的说明,即"新旧判断",也包括发音人对现在使用的语言形式所做出的"词源解释"。

我们首先来看新旧判断,"无名无识"的发音人说哪个词更为古老,可信度恐怕并不高,这样的想法在学者之中应该相当普遍。的确,仅是某一社区的一个发音人做出的新旧判断,当然并不可信。构建语言史时,我们一定要注意不能仅使用一个地点的调查报告。但是如果从众多且相邻接的社区都得到同样的报告呢?我们既没有把所有的发音人都聚集到同一个地方询问,也没有派同一个调查员对所有的社区进行调查。在这种情况下,如果各社区相互独立地做出了同样的报告,那么我们可以完全相信此结果反映了语言史上的某一阶段。假设只有三个社区提供了报告,这三个社区的三位发音人同时犯同一个错误,从概率上来说应该是极为少见的。而实际上,几个社区的报告往往呈现出相当程度的一致性。因此我们没有理由不以此作为构建语言史的线索。

此外,我们还要注意,新旧判断本身存在着地理分布。一种情况是,存在着有主观判断报告的地域和没有主观判断报告的地域。有主观判断报告的地域,是因为当地并存、使用着两种以上的词。当然,并不是说从这样地域的所有社区(发音人)都能获得主观判断报告。另一种情况则是在某一地域中,报告本身具有地域差异。例如,A 地域的报告认为词 a 比词 b 古老,而相邻的 B 地域则报告词 b 比词 a 古老。这种带有地理分布的主观判断报告,在推定语言史时是极为珍贵的材料。

构建语言史的几条线索中,第 2 条到 5 条中的哪一条都不是必须具备的,而是可以偶然使用的线索。但是如果在发音人答出两个以上的词时,不忘记追问词语的新旧,那么无论从哪个社区都可以获得"新旧判断"。调查项目也是如此,从所有的项目上都能得到新旧判断。因此,当靠第 1 条线索——词语的地理分布仍然无法断定新旧时,发音人的新旧判断就能发挥相当大的作用。

新旧判断也存在着个人差异。但是这个差异并没有我们之后要谈到的"词源解释"那么显著。优秀发音人能够轻松地提供这样的判断。

不过,即使发音人的新旧判断完全值得相信,新旧形式在时间上的间隔应该是极小的。对发音人来说,如果 a 是儿童时期的词语,b 是成人以后开始使用的词,那么就算不知道词 a 可以追溯到多久之前,词 b 的使用时间最多也只有 50 多年。这在构建语言史上能起到多大的作用呢? 同样的问题已经在解释不同年龄段的地理分布时接触到了。假设社区(群)A、B、C 有如下的邻接关系

$$A—B—C$$

A 社区和 C 社区都并存着 2 个词,各社区的发音人对词的新旧判断为

$$a \to b \quad b \quad b \to c$$

那么可以推断,C 社区词语的变形过程为

$$a \to b \to c$$

即便词c、A社区的词b也一样,从出现至今只经过了短短50多年,也应该可以认为b→c、a→b各自的发展时间都在50年以上。这样我们就可以凭借社区的情况追溯到相当古老的时代。

与新旧判断相比,词源的解释就只能寄希望于严选出的发音人了。一般来说,语言地理学中合格的发音人只要符合一定的性别、年龄、居住经历等条件即可,不需要做更严格的条件限制。但是询问词源解释时,这些发音人中有很多都并不适合。民俗学者在寻找被调查人时往往要花相当大的功夫,如果我们不付出同样的辛苦,就无法找到能够答出词源解释的发音人。由于民俗学研究需要对发音人进行听记,因此他们寻找的是十分了解过去,即所谓"见多识广"的人;而为了询问词源解释,语言地理学需要的是精挑细选的"识词"之人。

正因如此,实际上我们在词源解释方面问得并不多。从某一地域的几个社区中问得同样的词源解释是极其罕见的。因此在词源解释方面,仅仅来自一个社区的报告也弥足珍贵,当然使用该材料时也需要十分小心。

这种词源解释作为构建语言史的线索是十分重要的。因为词源解释是民众为使词语合理化而做出的解释,如果能知道哪些词语是如何合理化的,在推定地理上邻接的两个词的新旧时,将发挥极大的作用。

来自民众的词源叫作通俗词源(folk etymology),通常被语言学家视作"错误词源""无价值词源",是"病态的"和"危险的"。例如:《国语学词典》的"词源俗解"条目(金田一京助执笔)中有这样一句说明,"但是,虽然有时学者打算做出正确的词源解释,却还是陷入俗解之中",从中可以看出著者认为通俗词源是错误的。此外,东条操的《国语学新讲·新修订版》(p.107)中有,"整理江户时期词源或词语本义的研究发现,最早的研究是宽文年间①松永贞德所作的'和句解',但其内容不过是猫为爱鼠之略称、鼠为睡眠清净之意②这种水平的所谓通俗词源说而已",这句话将通俗词源视为不足研究之物。索绪尔的《普通语言学教程》也是如此,虽然从第二版(1922. p.214)之后已经删掉了,但是初版(1916. p.214)中有"通俗词源是病态的现象"这一叙述。通俗词源还是被看作非正常的事物[1]。就连语言地理学者多扎(A. Dauzat)[2]也说"用通俗词源和类推来解释这种不规律的词更加危险[3]"(上述引用部分的着重号为笔者所加)。

那么通俗词源果真如此吗?我认为通俗词源才是能创造新事物的、"活生生的"词源,对民众来说,与它相对的"科学的""学者词源"却是什么都无法创造的、"死了的"词源。第一次提出通俗词源一词的是弗斯特曼(E. Förstemann),他说"关于词语的来源,这种(没受过教育的民众的)意识,在词语的产生十分清楚时,即使并不依靠科学,也很可能是正确的[4]。"

与通俗词源相比,所谓学者词源,是能与过去文献中的语言形式或现代全国标准语(也可能是书面语)的某种语言形式相联系加以说明的,可能把这种词语解释为由历史文献的词语发展而来,或者是现代标准语的变体。与此相对的,通俗词源与文献和书面语没有关系,只是对存在于口语的词做以合理化解释或赋予意义。

---

① 宽文,后西、灵元天皇时代的年号(1661年4月25日至1673年9月21日)。
② 猫为爱鼠之略称,日语中猫发音为 neko,爱鼠是 nezumi wo konomu,取词首发音即与猫同音;鼠为睡眠清净之意,老鼠发音为 nezumi,睡眠清净为 ne zumu,其名词形为 ne zumi,与老鼠同音。

八丈岛将"朝"①叫作"トンメテ"（tonmete），把这个词解释为"東明天"（toumeiten）的通俗词源在岛民中间根深蒂固。根据岛民的说法，这个词来自过去流放到岛上的学者们使用的汉语词"東明天"。"朝に"②叫作"トンメテン"（tonmeten），在形式上和"トーメイテン"（toumeiten）更为接近。很明显，这个词能解释为古词"つとめて"③的演变，因此"東明天"说是通俗词源。不过，这项通俗词源可能在"ツトメテ"（tsutomete）变为"トンメテ"中起到了推动作用。另外我们还应该关注这项词源力量今后可能会使"トンメテン"变为"トンメーテン"。

虽然通俗词源和学者词源是对立的，但二者并不相互排斥。有的词源可以解释为通俗词源，有的解释为学者词源，二者也可能是一致的。总而言之，民众自发给土语以合理化的解释就是通俗词源。

通俗词源有两种力量。一种是将词与词联系在一起的力量。冯·瓦特伯格（W. von Wartburg）将其称为"语言体系内的词源联系"[5]。词语之间存在联系，组成一个词汇系统，是结构主义语言学的一个重要假说，而连结词与词的作用力之一就是通俗词源。通俗词源赋予词汇以一定的系统秩序。

不过，通俗词源的第二种力量能使词语产生变化。一旦人们不清楚一个词的词源，通俗词源就会追求具有合理化解释的新词语形式。对词汇系统而言这种词的变化是秩序的破坏。

通俗词源拥有的这两种力量看起来好像相互矛盾，不过从根

---

① 朝，asa，早晨。
② 朝に，asa ni，在早上。
③ つとめて，tsutomete，（较早的）早晨。

本上看二者属于同一种力量。将词与词联系在一起的力量将词联系在一起并使之稳定下来。而要实现这一点，就有改变词语的需要。因此这种力量同时也能使词语变化。

下面我们用一个具体的例子来说明。丝鱼川和青海地区的一个地方把初冬时田地和路面上结的薄冰叫作 gasa，作为文化中心地的丝鱼川市区也在该地区。在该地区的边缘地带，土语词 gasu 呈点状分布。参见图 2.6-1。从这种分布可以推定，在丝鱼川市区曾有 gasu→gasa 的变化。虽然没能从当地人那里问得 gasu 的词源，现在姑且假定给这个词加上 kasu"滓"（渣滓）这一"学者词源"，当"滓"这个词源不为人们所知时，即在词汇系统中这个词的位置变得不稳定了，人们就为该词加了新的解释："干燥的[①]东西"，也就使词语形式变为了 gasa。另外，我们从 gasa 分布区域中的一个地方社区(6511.9556)得到了一种词源解释："因为像薄玻璃[②]一样，所以叫 gasa"，而与该地社区近邻的另一个地方社区回答的是 garasu。从 gasu→garasu 的变化，正是"像玻璃一样"的合理化解释所起的作用。

因此，通俗词源是探究语言变迁方向和原因的重要线索。我们再来看一个例子，上面例子所在的地区还有ものもらい[③]的土语词。包括丝鱼川市区在内的广大地区都把ものもらい叫作 meppari，与该地域相接的南部地区则叫作 meppa。根据邻接分布的原则，这两个词的时间先后顺序应该是下面的一种。

$$\text{meppari} \rightleftarrows \text{meppa}$$

---

① 干燥的，日语为がさがさ，读作 gasagasa。
② 玻璃，日语为ガラス，读作 garasu。
③ ものもらい，monomorai，麦粒肿。

但是，我们在说 meppa 地区的最北端，也就是 meppa 地区离 meppari 地区最近的一个地点社区，得到了这样的报告，"meppari，应该是眼睛肿起来①吧，不知为什么，我们那儿都说 meppa"原来这里正处于

$$\text{meppari} \leftarrow \text{meppa}$$

变化之前的阶段。通俗词源就是这样作为原动力促使语言形式产生变化。

通俗词源正在作用的语言形式和其作用完成的语言形式之间，在语音、语义或这两个方面都有某些共通之处。因此，有时很难区别通俗词源和词语混合。多扎就曾说过"词语混合又被称作通俗词源"[6]。上面所举的 gasu→gasa 的变化，也可以看作是 gasu 和 gasagasa 的混合形式。不过，词语混合只能解释已经完成的变化，而通俗词源却能预测即将发生的变化，二者的区别就在于此。

语言形式与意义的结合是任意的（arbitrary），这是语言学的重要前提。有人将这个前提进一步扩展，指出一个体系中语言符号集合之间的关系也是任意的[7]。通俗词源也可以看作是对语言符号任意性的"反动"[8]。

语言符号的任意性是从比较语言学中诞生并支撑比较语言学研究方法的重要原理。语言形式和意义是时间层面中的偶然结合。不同语言间的相同语言符号也是如此，如果语言形式和意义之间存在着必然的联系，那么这两种语言当然是分别独立产生了同一语言符号，这语言符号一致的事实也就无法成为语言间存在

---

① 眼睛，日语为め，读作 me；肿起来，日语为つっぱる，读作 tsupparu。

历史关系的证明。

但是在空间层面上,语言形式和意义的结合却不是偶然的。对语言使用者来说,二者之间是完全必然的关系。他们认为把ものもらい叫作 meppa,是有一定原因的。其证据就是,当该原因不为人所知时,即二者间的必然性变得不清楚时,人们就会做出改变使原因变得更清楚明白。语言使用者就是这样为语言符号增添了合理化解释,为语言形式和意义的结合赋予了必然性。

注

(1) Iordan. p. 204. n. 1. 此处所引《教程》初版的文字如下所示:"L'étymologie populare est un phenomena pathologique; elle n'agit que dans des conditions particulières et n'atteint que les mots rares, techniques ou étrangers, que les sujets s'assimilent imparfaitement."(p. 247)

(2) 因为这本译著他在日本具有很高的知名度,但作为一位语言地理学者,他似乎得不到较高的评价。由于他最初站在反对语言地理学的立场、想要与吉列龙论战,我们甚至怀疑他是否真的承认语言地理学的意义。Iordan 通过介绍不同学者来叙述语言地理学的发展史,但给多扎的篇幅是最少的。参见 Iordan. p. 245-246。

(3) A. Dauzat: La géographie linguistique. Paris 1992. p. 29. 松原秀治、横山纪伊子译《多扎·法国语言地理学》,大学书林,昭和 33 年。不过,这个译文根据的是原著的修改版,这里引用的来自日译本(p. 33)。

(4) E. Förstemann: Über deutsche Volksetymologie. Zeitschrift für vergleichende Sprachforschung. I. 1852. p. 3. 另,这是来自 E. Buyssens: Linguistique historique. Bruxelles. 1965 的引用。

(5) W. von Wartburg: Einführung in Problematik und Methodik der Sprachwissenschaft. Halle. 1943. p. 112.

(6) Dauzat. 参见日译本 p. 91.

(7) E. A. Nida：Toward a Science of Translating. Leiden. 1964. p. 47.

(8) J. Vendryes：Sur la denomination. Bulletin de la Société de Linguistique de Paris. 1953. p. 8.

2.7 同一区域的年龄差异分布

要掌握同一区域内的年龄差异分布，就必须要调查该区域的所有成员。如果要掌握整个调查区域的这方面情况，就要把整个调查区域的所有人都调查一遍。虽然这是语言地理学追求的理论上的理想状态，但实际上却既不可能做到，也没有意义。从区域差别较为显著的地方中选择一个地点社区，调查其全体成员，才是比较现实的做法。

如果所选的区域太小就不大容易出现年龄差别，可太大同样也是问题，因为区域过大就会加大调查所需要的人力，因此要选择一个大小适中的区域。但即便如此，我们也不得不将调查项目限定为极少的几项。其实调查项目本来就限定为存在地域差别、只关注词语新旧即可的项目，可实际上比较常见的是，还要再将这些项目严选至最小数目。

因此，这条线索只是偶尔条件合适才能使用，并非随时都适用的。但是如果了解同一个区域的年龄差异分布，就能像第 2 条线索一样，以简明的形式构建语言史。

表示相同含义的词的地域差别和年龄差别，它们二者的关系大致可以通过下图表现出来。

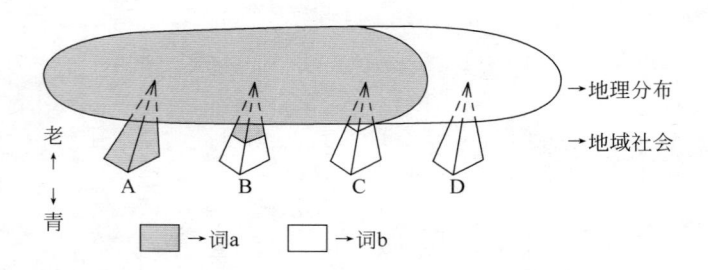

```
          ↗↗↗    ↗↗↗    ↗↗↗    ↗↗↗         →地理分布
老                                           →地域社会
↑
↓
青        A      B      C      D
          ■ →词a      □ →词b
```

A、B、C、D 都是区域社会，以此顺序相邻。A 区域从老年段到青年段的全体成员都使用词 a。B 从老年段到中年段使用词 a，青年段使用词 b。区域 C，只有老年段使用词 a，而在区域 D 就连老年段也不使用词 a。但是，若只看老年段的地理分布，能得到区域社区 A、B、C 是 a，D 是 b。如果仅凭地理分布或其他线索，推断出区域 D 社区曾有过

$$a \rightarrow b$$

的变化，那么这条结论就会被区域 B 或 C 存在的

　　　老年段　　　　　　　　a
　　　中年段 和(或)青年段　　b

这种年龄差异所证实。或者说可以通过年龄差异去验证之前的推定。

这里的青年段也表现出了过度答出全国标准语的倾向，比起分析土语 a、b 间的消长，分析土语 a、b 和全国标准语之间消长的机会更多。因此，如果有足够的人力去调查几个区域的全体成员，那么倒不如用这人力去更加详细、广泛地调查词语的地理分布，这样对构建语言史应该更有益处。

2.8 语言形式的特征

　　这条线索是比较语言学、文献语言史学和比较方言学开创的，主要来自语音变化是否容易产生这一学者的判断。比如，〔p〕变为〔ɸ〕比较容易，而直接变为〔k〕就比较难。现在我们来思考一下〔p、ɸ、k〕这三个音的特征，

　　　　〔p〕唇音
　　　　〔ɸ〕唇音
　　　　〔k〕与唇位置相对的软腭音

这样分析之后，就会得到结论，〔p〕变为〔ɸ〕比变为〔k〕更容易。刚才主要看了调音部位的差异，我们再来看看调音方法上的不同，

　　　　〔p〕瞬音
　　　　〔ɸ〕持续音
　　　　〔k〕瞬音

从这条来看，〔p〕变为〔k〕反而比变为〔ɸ〕更容易。因此刚才给出的、比起变为〔k〕、〔p〕更容易变为〔ɸ〕的判断是比较普遍的常识。即便知道世界上的语言，从过去到现在的所有语言都是这样，我们也很难将此看作 p→k 变化的决定性依据。

　　来看更实际的例子，〔p〕和〔ɸ〕两个音，

　　　　〔p〕→〔ɸ〕
　　　　〔ɸ〕→〔p〕

这两种变化哪个更容易产生呢？这个问题是无法仅靠这两个音解决的。比较语言学会看与其并行的语音变化，比如，若能够确定

　　　　〔t〕→〔θ〕

那么就能够断定,唇辅音的变化一定是

$$[p] \to [\phi]$$

上面的例子是从一个音变为另一个音,但也有一个音分化为两个音或两个音合并为一个音的情况。比较语言学会以后者更易产生为前提加以解释,但值得注意的是,这个前提往往是很危险的。从词汇来看,现实情况是既有合并也有分化,不能仅以一方面为前提去构建语言史。

语言地理学构建的历史,不仅不与通过其他种种线索推出的历史相矛盾,也不与从语言形式的特征得出的稳妥推断相冲突。不过大多数情况下,第8条线索只能对其他线索起到一定的支持作用。

上述8条线索在处理对象方面各具特色。现在将其特色一览表展示如下。"+"表示处理该对象,"−"表示不做处理,空格表示不涉及此问题。

线索 \ 处理对象	语言外要素	客观材料	地理分布	发音人的语言差异	同一年代	使用词	相同含义的词
1	−	+	+	+	+	+	+
2	−	+	+	+	−	+	+
3	−	+	+	+	+	+	−
4	−	+	+	+	+	−	
5	+	+	+				
6	+	−	+		+	+	+
7	−	+	−	+	+	+	+
8	−	+	−	−	+	+	+

从作为线索使用这方面来看上述8条,除第1和第5条外,都具有相互验证的关系。它们的关系是,利用某一条线索得出的结

论要用其他线索来验证,也可以作为彼此结论的旁证。当然,所有线索得出的结论都不能相互矛盾。但是在这 8 条线索之中,第 1 条——词语的地理分布是绝对不可或缺的。这并不是说要把第 1 条当作其他线索得到的推断的验证或旁证。语言地理学既然是一种从地理分布构建历史的方法,那么如果不交代地理分布并加以二次利用,作为方法的语言地理学就会失去意义。

3 从语言地图到语言史

3.1 语言地图

把调查资料全部记下,稍有差别就标记为不同的符号,这样的地图是精确的网罗性的地图,但是作为我们接下来要介绍的"语言地图"却并不合适。这种地图和按五十音[①]或 abc 顺序排列的词表没什么区别,前面就曾说过,那不过是一幅资料展示图而已。语言地图是用于构建历史的,因此其本身就必须能够诉说历史。为实现这一点,就要对调查得到的语言形式做各种各样的分类,每种分类都画一幅地图,应该能够从中找到唯一一种有意义的分类。这个过程正像化学家的化合工作,经过一次次的尝试最终发现苦苦寻找的元素。这个工作实际上只是试行错误的不断积累而已。现在我们已经能够用电脑绘制语言地图了[(1)],因此这个工作今后都可以由电脑来完成。

绘制语言地图并不仅仅是分类而已。我们要剔除只存在于某一地点社区的孤立土语,还要剔除全国标准语形式,换句话说,我们需要做清理工作。实际上,如果把所有的信息都记录到语言地

---

① 五十音,也叫五十音图,日语假名以元音、辅音为分类依据排列的图表。

图上反而是轻松的。不过,正如一幅普通地形地图的有用与否,取决于该地图清理(舍弃)掉多少无用信息,一幅语言地图是否成功,也在于清理了多少信息和怎样清理这些信息。绘制语言地图时,有时1个调查项目的材料要分画为2幅以上的地图才是有用的。整理工作的关键在于要让地图能够讲诉历史。但这也并不意味着清理掉的材料就从此不见天日了,我们也可以将其列为材料表,或者在解释地图时先介绍一下没有用到的材料。这种材料中除了不具备特定分布地域的全国标准语之外,大多数是听错、答错的材料。

由于语言地图的这种性质,它的身上早已经附加了制图者(研究者)的判断。也就是说,语言地图是已经经过主观处理的。此外,如果没有研究者事先构建好的历史,就无法决定地图要用什么方式去突显哪个词。相比起表现画在地图上的历史,问题的关键在于怎样把构建出的历史呈现在地图上。因此即便语料相同,不同的制图者绘制出的语言地图也会有很大差别。即便他们选用的分类方法一致也是如此,因为只要历史关键点的位置不一样,地图就会不同。而即使历史关键点的位置也一样,也会存在表现上的差别。符号(记号)的选择和绘制方法都是因人而异的。正如同一片景色在不同画家笔下不尽相同一样,到了这个阶段,语言地图的表现形式就主要取决于制图者(研究者)的"美术品味"了。

绘制语言地图的一个方法是为每种不同的语言形式安排一种符号[2]。比如,p 是 ○、ɸ 是 ◎、h 是 ●,或者 p 是 —、ɸ 是 ╋、h 是 ×。根据 p、ɸ、h 三者间的关系,这种分类可能是十分合适、能够准确描述历史的;但也有可能是毫无意义的,甚至会让呈现在地图上的历史消失无踪。例如,p、ɸ、h 作为一个整体,与具有完全不同词根的词语形成地理上的对立。那么这时，我们可以用○表示 p、ɸ、h，用●表示具有对立词根的词语。可是如果 p 和 ɸ 在分布地域上没有区分，而 h 具有固有的分布地域，那么我们可以用○表示 p，用◎表示 ɸ，而 h 则要用形状、大小、亮度和颜色都不同的符号[3]更醒目地标记出来。p、ɸ、h 怎样分类，如何表现，都必须取决于它们的分布地图，绝不能脱离地图随意决定。

因此，我们不能在所有调查项目的地图上都用固定的符号表示某一区域的特有词语，这种做法是没有意义的。不同的地图要有不同的画法。

符号方面，一旦我们用○来表示某个词语，接下来选择其他词语的符号时，因为已经用了○，选择范围自然就被限定了。选择不同的符号将会导致地图在突显方式上存在差别。因此，如果某一区域的特有词语总是用固定的符号表示，就会使地图的画法毫无意义，也可能会让地图整体陷入混沌。

描绘地图的诀窍除了符号的对立与协调之外，就是要给出方向。如果我们断定某一词语自西向东传播，那么该词的标记就应该选择方向性的符号(➡、🐟)，并让它们朝向东方。这种方法再次表明，语言地图是描绘已构建的历史的工具。

决定分类、整理材料、构建历史，再将其有效地绘制到一张地图上，这个过程不是能够一蹴而就的。要有效地表现构建好的历史，需要经过无数个阶段，因此并不存在"最后一张地图"。

我们自 3.3 节起所举出的地图，都是为了具体解释第 2 章提到过的构建历史的线索。因此，解释的部分自然是重点。

此外，现实中任何一个词语的历史，都不是仅靠那 8 种共 10 条线索中的单独一条构建出来的，而是几条线索同时使用的结果，但我们在解释时尽量把这些线索分开做逐一说明。

下面要例举的基本都是丝鱼川市和青海町的语言地图。用同一区域的语言地图,因为我们要解释我们能解释的所有问题。展示地图之前,我们先介绍丝鱼川市和青海町的地理环境和语言材料的搜集方法。

注

(1) 国立国语研究所地方语言研究室做了这方面的尝试。德川宗贤、山本武,《试用电子计算机制作语言地图》,计量国语学 40,昭和 37 年,p.27-30。

(2) 这方面的一个很好的例子是列德(F. Wrede)用温克的调查材料绘制的德国语言地图,即 Deutscher Sprachatlas auf Grund des von Georg Wenker beründeten Sprachatlas des Deutschen Reichs mit Einschluss von Luxemburg in vereinfachten Form bearbeitet bei der Zentralstelle für den Sprachatlas des Deutschen Reichs und deutschen Mundartenforschung unter Leitung von Ferdinand Wrede. 1 Lieferung (Nr. 1-8). Marburg(Lahn). 1926。到 1956 年发行到第 23 分册。此外,该地图的名称添加过 3 次部分修改。这里我们选取第 3 分册文本中第 16 图"heiss"的部分符号,展示如下。

ǀ heet, hēt	⋛ hēat	⌣ heite
ꓶ het	⋚ huäit	(heïte
ꓭ häät, hät	⋀ hit	) haite
ꓱ hät	⋎ hät, hat	⟩ häite
⊥ hiit, hīt	⋏ häut	⟨ hiete
⊥ höt, hȫt	⋚ heäit	⟨ häte

(3) H. Harmjanz und E. Röhr: Volkstumsgeographische Forschungen in Verbindung mit dem Atlas der deutschen Volkskunde. Leipzig. 1939. p. 21. 区别符号的要素有形状特征(线、面、图形)、大小与方向、亮度(例如,◐圆,中间直线、左白右黑)和颜色等。

3.2 丝鱼川调查

这里所说的"丝鱼川调查"是指 1957、1959 和 1961 年共三次在新潟县丝鱼川地区进行的语言地理学调查。"丝鱼川地区"指丝鱼川市全境和青海町(西颈城郡)全境、与它们相邻接的西颈城郡能生町的 3 个地点社区、长野县北安云郡旧小谷村全境和富山县下新川郡的 1 个地点社区。1955 年这片地域的总人口约为 61,000 人。

(1) 目的与计划

本调查的目的是,验证早已进入日本并正式用于日语区的语言地理学[1]方法的适用性,在此基础上进一步寻找新的研究方法。当然,为了实现这一目的,必须构建该区域的语言史,同时首次讨论语言地理学的研究方法。

从调查目的来看,实际上把调查区域定在哪里都是可以的。但是,由于语言地理学的方法要极为细致地探究语言变迁的过程和原因,因此最好选择相对狭小的地域、做尽可能详细的调查。正由于这个原因,我们一个不漏地调查了丝鱼川和青海地区的约 180 个地点社区(能称为大字、小字的)。

选择丝鱼川和青海地区的原因只有一个,就是其区域差异十分明显。丝鱼川和青海地区是著名的东西两大方言的接触地带。区域差异显著对语言地理学的调查来说非常重要,如果完全不存在区域差异,也就无法构建历史了。不过,虽然是东西两大方言的接触地带,但地理分布实际上并不像我们预期的那样显著。虽然亲不知海岸[①]附近,声调的"等调线"确实有几条重合,但它的以东和以南的地区都没有找到显著程度不亚于此处的分布区域。换句话说,不管在哪片区域,地理分布都是能够找到的。不过,区域不同会使方言差异和方言量[②]两个方面存在十分显著的差异。跟下北半岛[③]相比,这片区域的方言差异和方言量都很大。这并不是因为该地域为东西方言的接触地带,而是由地势造成的。该地域山势险峻,山谷之间、甚至是相邻的山谷之间也几乎没有交流。可能正是这种险峻的地势让把日本分为东西两半的语言界线从此处穿过。不过,被语言界线分开的东西两种方言并不是对立静止的,一直以来,西部方言都不断地试图向东入侵,现在也依然如此。

此外,如果非要给出选择这一区域的另一个原因,那就是该区域方言相对较接近东京方言,在语音上几乎不会出现难以听辨的"讹音"现象。如果语音听辨和记录占去过多的时间,整个调查的效率就会下降。没有语音特征,词汇和语法上的特征就值得期待了。

(2) 地势与交通

这片区域包括国土地理院五万分之一地形图中"丝鱼川"和"小泷"的绝大部分、"妙高山"和"高田西部"的很小一部分及"泊"东半部的绝大部分。

[①] 亲不知海岸,新潟县西南端,青海町市振和外波之间的海岸,自古以来就是北陆道的最险要之处。

[②] 方言量,日语指表示同一事物的词存在地域差异时,其说法不同的词的数量。因汉语方言学中没有对应术语,我们直接采用日语形式。

[③] 下北半岛,青森县东北部,北临津轻海峡。

该区域是一片发展不久的平原,三面被与北阿尔卑斯山脉[①]相连的群山围绕,一面临接大海。该区域的两大中心地丝鱼川市区(5611.7447,.7452,.7453,.7454,.7464)和青海町市区(5611.8179),分别为是丝鱼川市政厅和青海町公所的所在地,也是过去的丝鱼川町和青海町。平原上有8条河,从南部山地向北流入日本海,自东起分别是:早川、海川、姬川、田海川、青海川、歌川、外波川和上路川(下游称镜川)。姬川的支流有左岸的大所川、小泷川、虫川和右岸的根知川。这些河流中,特别是早川、海川、姬川、青海川、上路川、大所川、小泷川、根知川和虫川都没有深谷,社区主要沿山谷的斜面发展。有小路越过山口把这些山谷连接起来,山谷深处有通向相邻山谷的道路。但是只有早川山谷和田海川,虽不能说完全没有通向相邻山谷的道路,只是道路无法走通。早川的山谷特别深,因此在方言传播方面上值得格外注意。

连接该区域和相邻区域的陆地交通线只有2条。一条是沿日本海、贯通东西的旧北陆街道。过去又可分为三条路:一条是通过亲不知海岸险处的沿海道路,叫作 jurumitʃi(缓道)。一条是沿着山峰、经过外波(5620.0912)、歌(5610.9987)通往青海(5611.8179)的路,叫作 dzendo:(善道?)。还有一条路,从镜川进入上路川、穿过上路川上游的上路(5621.1076)、过坂田峠到青海川上游的桥立(5621.1076)、再由青海川向下,在青海(5611.8179)与沿日本海的旧北陆道汇合。北陆道在稍靠上游的地方越过桥梁较少[(3)]的姬川,从旧大野村(5611.9571,5621.0531,.0551)起通过海川山谷的水保(5611.9556),过真光

---

① 日本阿尔卑斯山,位于本州中部、与中央高地南北相连的飞两大弹、木曾、赤石山脉的总称,这三个山脉又分别称为北阿尔卑斯、中央阿尔卑斯和南阿尔卑斯。

3　从语言地图到语言史

寺越到达早川山谷的日光寺(5611.8735)，从这进入能生谷，沿着高仓、杉的浅流到达名立。从平安时代到明治初期，沿日本海的陆路一直是这样的。

连接该区域和相邻区域的另一条陆路是沿姬川走的，连接着丝鱼川市区和松本。旧时称之为"根知口"或"信州街道"，明治25年(1892年)作为"县道松本线"开通。丝鱼川一侧曾将这条路叫作"松本街道"，而信州一侧则称之为"丝鱼川街道"。也是现在的2级国道大町丝鱼川线。[4] 我们的发音人多称它为"松本街道"，因此后面都使用这个名称。松本街道也有两条，通过姬川右岸的叫"松本外街道"，通过左岸的叫"松本内街道"。

姬川发源于向南50公里外日本阿尔卑斯山白马岳的山麓，是一条经常泛滥的急流。两岸陡峭的山崖阻碍了人们的往来。除了上游和河口附近，便再没有连接两岸的桥了。河口附近越过旧北陆道的姬川桥还是在明治29年(1896年)才建成的，因此在这之前的江户时代，人们都划船渡河。明治29年时，我们的发音人不过5、6岁左右。

姬川右岸的松本外街道，从丝鱼川市区起经过旧大野村到根知谷这一段，和过去相比没有变化。但从此处往南，既可以从根知谷尽头的大久保(5621.6486)或山口(5621.3682)出发到横川(5621.6645)，越过地藏峠进入旧小谷村的深原，也可以从横川出发经过大网(5621.6572)到平岩(5621.6486)，在这里与内街道合流。后来开通了一条从根知谷的山口越过大网峠直接到大网的道路，交通往来十分繁盛。不过明治21年(1888年)时，还开通了一条路，从根知的西山(5621.4500)到大前(5621.3464)，在旧小泷村与内街道合流，接着从夏中(5621.4460)开始过大峰峠到山坊(5621.6421)再到平岩，这条路被称作 niʃimitʃi（西道），之前的三条路叫作 ʃiŋaʃimitʃi（东道）。在明治 22 年(1889 年)绘制、明治27 年(1894 年)修改的陆地测量部的地图上，这条 niʃimitʃi 被画作一条非常主要的道路，但人们其实更多走 ʃiŋaʃimitʃi。因为根知谷多养牛运输业者，他们习惯当天往返丝鱼川市区、先把货物运回自己家里，第二天再运往信州路。因此根知谷以外的养牛运输业者都早上从丝鱼川市区出发走 niʃimitʃi，到山坊的牛棚住一宿。

内街道从丝鱼川市区出发，跨过姬川、经过旧今井村、越过虫川(5621.1412)的关卡①到旧小泷村的夏中(5621.4460)与外街道的 niʃimitʃi 合流。

据说松本街道就是战国时代②上杉谦信给敌人武田信玄送盐时走的路。此后、特别是德川时代③后半段，运送濑户内海的尾道和能登送来的盐，以及海岸的押上(5611.7522)、寺岛(5611.7369)、大和川(5611.6599)、寺地(5611.8264)等地出产的盐也都走这条路。除了盐之外，鱼类和富山的药材、轮岛的漆器运往信州，信州的麻、大豆、生药、棉花、木材和烟草等运往丝鱼川也都经由此路。其中麻、生药和棉花等物还会再运向越中。

这条路自古以来就是一条重要的经济产业道路。信州和田峠的黑曜石顺山谷而下运至丝鱼川，小泷川和姬川下游出产的翡翠也沿山谷运至日本各地。此外在军事方面，平安末期木曾义仲起兵自信州沿北陆道前往京都，其军队的一部分就从松本平出发到

---

① 关卡，江户时代设在交通要道进行监视和征税等的场所。
② 战国时代，日本史上群雄割据、各地战乱持续不断的时代，一般指应仁之乱(1467—1477)至 1568 年这段时间。
③ 德川时代，即江户时代。

大町顺姬川而下。现在旧今井村(5621.0414,.0424)还有木曾义仲的部将今井四郎兼平的城池。此后在承久之乱[①]时,此路也用于军事。到战国时代的上杉、武田对峙时期,这条路更是一条军事要道。

海上交通方面,虽然有连接丝鱼川市区、直江津和越中伏木的航路,但冬季风浪极大、海上交通完全断绝。

以上有关交通的介绍,除了来自注(2)(3)(4)所引文献和《西颈城郡志》(新潟县西颈城郡教育会,昭和5年)之外,都得自调查时发音人的介绍。交通史对方言的地理分布有决定性的意义。虽然不是说只要有道路,沿路就一定分布着同样的词,但是同样的词的分布地域往往与道路一致。例如,分布地域与松本内街道一致的土语不在少数,还有土语的分布地域自上路川到青海川上游。沿海川分布的词也分布在早川中游的几个集落,这主要是沿自釜泽(5611.9699)经日光寺(5611.8735)、谷根(5611.8880)到西塚(5611.8887)的道路传播的。

(3) 调查方法

主要采用现场调查的方法。我们的原则是前往社区,到每一个发音人的家中调查,而不是把几个社区的发音人集中到村子的公民馆做统一调查。此外,我们还尽力让一位调查者和一位发音人有不受打扰的调查空间。这么做主要是为了能够在相同的条件下收集真实的方言信息。

我们选择的发音人都是在该社区出生、成长,且没有离开过社区 5 年以上的。也可以把这样的发音人称为"土生土长的发音

---

① 承久之乱,发生于 1221 年。

人"。原则上主要选择男性，因为女性大多是从其他社区嫁过来的，不大符合"土生土长"的标准。而且老年女性在提供回答之外、比较喜欢闲谈，容易影响调查效率。发音人的年龄一般限定为70岁上下。我们的3次调查前后共有约540位发音人，平均年龄为70岁。我们请丝鱼川市和青海町的教育委员会帮助推荐发音人。但并不是说推荐人选就一定会成为发音人。如有外出或不符合"土生土长"条件等情况，我们会自行在该社区寻找发音人。

调查人员方面，1957年和1959年为柴田武、德川宗贤和贺登崧（W. A. Grootaers）三人。柴田的母语是名古屋方言，德川是东京方言，贺登崧的母语为荷兰语和法语两种语言。1961年增加了以松本方言为母语的马濑良雄。贺登崧是以外语为母语的人，他任调查者从一方面来说破坏了材料的均一性。首先，我们不得不弃用他记录的声调。柴田和德川听记为〔çi-〕的音，他常常记作〔ʃi-〕。可能因为荷兰语中没有〔-ŋŋ-〕这种组合方式吧，他还常把〔-ŋŋ-〕记作〔-ŋg-〕。不过，这样的误差在柴田和德川之间也多多少少存在。柴田自己的方言里没有〔-ŋ-〕，因此倾向于把该记作〔g〕～〔γ〕的地方记为〔-ŋ-〕。德川则正相反，由于他的方言里有〔-ŋ-〕，所以可能会把该记作〔-ŋ-〕的地方听记为〔g〕～〔γ〕。这种语音听记方面的个人差异，不管怎样努力也无法全部消除。美国新英格兰的语言地理学调查中，6位调查者在调查开始之前接受了为期6周的统一训练，但从调查结果来看，他们在元音听记方面依然存在很大的个人差异[5]。

但另一方面，贺登崧作为外国人又可以帮助我们确认材料的可信性。一般来说，人们总倾向于对外国人说全国标准语。我们的发音人时常忘掉调查目的，想要教外国人"好的语言（好的日语）"。

因为对他们来说,方言是不好的语言,甚至可以说是"国家的耻辱"。因此如果在某一地域,柴田和德川都只听得了土语词 a,而贺登崧听来了词 b,那么可以推测词 b 是全国标准语形式。即便不是,也能推断词 b 可能是比词 a 更新的土语词。帮助确认材料的可信性指的就是这方面。

但是,无论柴田还是德川,和当地出身的调查者相比都更容易听得全国标准语形式或更新的土语形式。因为当时这二位的职衔是国立国语研究所研究员,也就是"文部省的官员",他们说的也都是全国标准语。如果加入了当地出身的调查员,他们一定会听来更地道的土语。而且当地出身者还能站在发音人的立场上,做出新旧判断和词源解释。这在解释地图方面有绝对的优势。

更为实际的一点是,外国人调查员虽然会给一部分发音人带来冲击感,但持续时间大多较短,面对能说日语的外国人,发音人反而会更积极地配合调查。如果前往连教育委员会都没告诉我们的未开化部落,外国人反而更容易融入。

虽然始终无法消除调查者的个人差异,但为了尽可能使之降至最小,我们在分配调查地点方面下了不少功夫。尽量使同一片地域中由同一调查者负责的地点分散开来,避免地理分布顺序和调查员的负责顺序一致。

此外,为了防止印象上的惰性,我们不仅避免同一调查员连续几天调查同一地域,还考虑到调查员单独调查时的顺序问题。制定调查计划时,我们采用了 S. Pop 的"锯齿调查法"(enquête en zigzag)[6],例如今天调查 A 山谷,明天调查 B 山谷,后天调查 C 山谷,或者今天调查 A 山谷和 C 山谷,明天调查 B 山谷和 C 山谷。

（4）调查问卷

语言地理学调查中最为重要的就是调查问卷。问卷中安排哪些调查项目将决定调查的成功与否。不过，无论什么样的调查问卷，都不能指望其无需修改、保持原样。调查问卷应随着调查的进行逐渐调整，一直到调查结束时才最终完成。对调查来说，调查问卷就如同计测器械一样，随意改变计测器械当然是不行的，但也不要一味坚守必然没有结果的项目，还是应该尽早舍弃。当我们终于完成一份最好的调查问卷之时，也是调查结束之时。

我们的丝鱼川调查也是这样，第一次基于下面论述的观点选择了调查项目，第二次调查时不仅去掉了第一次调查中失败的项目，还根据第一次调查获得的信息，添加了可能存在地域差异的项目。第三次也做了同样的修改。所以，调查问卷也是在调查过程中完善起来的。

调查问卷中的问题主要有：

1. 调查项目的内容
2. 询问方法
3. 调查项目的排列方法

首先，在调查项目的内容方面，要选取可能存在地域差异的项目。选择调查项目的方法有：事先已经通过文献研究掌握了该项目的历史，或是选择明显存在问题的词。这两个方法都是做日本全国规模的调查时才能使用的方法，也是应该使用的方法。此外还可以整体调查在语义上能形成体系的项目，比如，把所有与衣服有关的词汇总起来进行调查。

不过，我们只选择了可能存在地域差异的项目。要找到这样的项目，理想的做法是从调查地域的两端各选择至少一个社区，对

3 从语言地图到语言史

其做彻底的描述性的研究，再从存在差异的词语中选择调查项目。由于我们没有足够的时间，所以只能利用过去的文献。我们利用东条操编写的《标准语引分类方言词典》(东京堂，昭和29年)，把该书中的全国范围内方言量多的项目列为候补项目，因为在这片狭窄的地域中，其方言量也应该是相对较多的。换言之，很可能存在地域差异。我们使用的另一文献是福泽武一的《信州方言风物志》3卷(昭和31—33年)，该书收集了邻接的长野县的方言，我们也从中寻找了可能存在地域差异的词。

在可能存在地域差异的词中，我们不得不舍弃了较难询问的那部分。我们最喜欢的是能用图画或照片展示的项目。很难用"这个叫什么？"这种猜谜式问题询问的项目，就以"用这个词吗？(知道这个词吗?)"的问题来调查可理解词。舍弃较难询问的项目，主要是出于时间和经费的考虑。理由是权宜性的，因为我们想在相对较短的时间内调查尽可能多的地点。对难以询问的项目，要在事先做的描述性研究中彻底分析其含义，也有必要掌握重点词的核心词义。

在调查项目的排序方面要注意，应从词义具有关联性和指称具体事物、发音人容易回答的项目开始，然后再安排较难回答的项目。

根据上述方法，我们调查项目的数量为

	语言项目	语言外项目[7]	
第1次	94	9	
第2次	210	6	
第3次	138	4	
共　计	442	19	共461

再减去中间舍弃的，我们共调查了385个项目。

(5) 调查规模和结构

和国内外的同类调查相比,丝鱼川调查的人口地点密度(每 10 万人的调查地点数)和面积地点密度(每 1000 平方公里的调查地点数)都是相当高的。这是因为我们采取的调查方法是以社区为单位,调查所有的社区。而相比之下,地点数和项目数就明显偏少。我们把丝鱼川调查与国内外的语言地图做个比较,按人口地点密度顺序排列为下表[8]。

地图集(简称)	主编	地点数	人口地点密度	面积地点密度	项目数
丝鱼川语言地图(LAJ)	贺登崧、柴田、德川、马濑	183	300.0	265.6	385
瑞士德语地区语言地图(SDS)	Hotzenköcherle	573	14.3	27.0	2600
荷兰、比利时语言地图(NDA)	Blancquaert	2000	13.3	38.5	141 文
比利时南部语言地图(ALW)	Remacle	300	8.5	17.5	4150
瑞士全国民俗地图(ASV)	Weiss	387	7.0	9.3	150
新英格兰语言地图(LANE)	Kurath	431	4.0	1.8	814
日本语地图(LAJ)	国立国语研究所	2400	2.5	6.5	285
加泰罗尼亚语言地图(ALCAT)	Griera	101	2.5	1.7	2886
罗马尼亚语言地图(ALR)	Pop	388	1.9	1.3	2160
法国语言地图(ALF)	Gilliéron	639	1.5	1.2	1920
西班牙、葡萄牙语言地图(API)	Navarro	528	1.5	0.9	2000
意大利、比利时语言地图(AIS)	Jaberg & Jud	407	1.0	1.3	2000

调查结构方面，我们不仅调查了183个地点的地理分布，还对2个社区的全体成员做了调查，也调查了根知中学的全体师生。做全员调查的两个社区分别是根知谷的梨之木(5621.2653)和田海川的横木(5611.9256)。不过还没上小学的儿童不在调查之列。虽调查了非本地土生土长者，但没有列入统计数据中。调查根知中学时把学生集中在教室，讲解之后让他们写下自己的方言。

（6）地点编号

为方便整理调查地点材料、编写地图，我们需要一套全国规模的系统的地点编号。本文中经常使用的代指地名的8位数字就是地点编号，沿袭了国立国语研究所的编号系统。

以前的地点编号是仅为调查地点编号，但是如果再添加新地点的材料，在编写地图时就会破坏地点编号的连续性。比如调查所有社区时，山谷深处到河口按顺序编号，但是调查新社区或对某一社区做分区调查时，都会破坏编号的连续性。地点编号应该能够标注地表上的所有位置。

理想的地点编号系统应该是，仅从编号就能了解大概地理位置和地点间的地理关系。

从这个想法出发，建立有序的编号系统要利用五万分之一的地形图。把地形图横竖10等分，给分好的格子添加从00到99的编号，接下来再同样把每块小地域分成100份，也添加从00到99的编号。这样得到从0000到9999的数字就是地点编号分隔点之后的4位数。分隔点之前的4位数是五万分之一地形图的地点编号，把100张五万分之一地形图连在一起，就是最前面2位数字所表示的区域。用这种方法，先把日语区域分成100等份，每一份再分成100等份，之后再重复两次就得到最小区域，也就是我们的调查地点(严格来说是发音人的居住地)。想要更精密表示地点时,还可使用10位数字,不过实际上8位数就已经足够了。因此我们用8位数字来指代调查地点。有时也会出现用6位数指代的地域,因为没有最后的两位数字,表示的是较为宽广的地域。详细内容参见《昭和32年度国立国语研究所年报》(1958),第56—61页。

注

(1)最早介绍这种方法的主要是上田万年,方言调查与历史地理学,《历史地理》,明治41年1月;保科孝一,关于语言地理学,《国学院杂志》,大正2年11月等,进入昭和年代之后开始出现译著。

吉町义雄,语言史与语言地理学,《方言》,昭和7年1月、3月。

江实,语言地理学及其对普通语言学的贡献,《方言》,昭和9年6月、9月、11月、12月。

多扎著、松原秀治译,《语言地理学》(富山房百科文库37),昭和13年10月。

松原秀治、横山纪伊子译,《多扎·法国语言地理学》,大学书林,昭和33年6月。

此时也出现了日本学者的成果。

柳田国男,《蜗牛考》(语言志丛),刀江书院,昭和5年7月。

江实,《语言地理学》(国语科学讲座),昭和10年3月。

土川正男,《语言地理学》,あしかび书房,昭和23年(?)。

小林好日,《方言词汇学的研究》,岩波书店,昭和25年11月。

但这些著作中,真正把语言地理学分析应用于具体材料的只有《蜗牛考》和《方言词汇学的研究》。但这两本书也没有利用地图构建语言史。从这一点来看,语言地理学方法真正植根于日本,是始于战后的昭和32年。这一年,国立国语研究所开始了"日本语言地图调查",丝鱼川调查也开始于同一年。

(2) 丝鱼川市西颈城郡教育振兴会,《社会科巡检资料》,昭和 40 年, p. 14。

(3) 明治 11 年(1878)明治天皇巡幸此地,此时首次改为舟桥。11 艘 dobune 在河中连成一排,上铺木板,天皇从其上渡河。在这之前过河要靠渡船或"卷绳渡",更早之前还有"双绳渡"。青海町役场,《青海——生活与发展》,昭和 41 年,p.507-518,p.775-778。

(4) 佐藤智雄编,《地方都市——丝鱼川市的实态》,东京大学出版会,昭和 36 年,p. 6。

(5) H. Kurath: Handbook of Linguistic Geography of New England. 1954², p. 50-53. (Differences between field workers in phonetic recording).

(6) S. Pop: La dialectologie. Aperçu historique et méthodes d'enquêtes linguistiques. Louvain. 1950. p. 1153.

(7) 家号、调查开始时刻、男女、出生年、诞生地、小学毕业之前的生长地、小学校名、工作经历、公职经历、兵役经历、居住经历、祖父出生地、祖母出生地、父亲出生地、母亲出生地、妻子出生地、调查结束时刻。

(8)《昭和 39 年度国立国语研究所年报 16》,1965,p. 28。

3.3 "こけこっこう"[①]的分布图

丝鱼川·青海地区共有 29 种表示鸡叫声的土语形式,其中并不包括用促音[②]和长音表达的形式。如果把促音和长音差异也考虑在内,则还要增加 20 余种。不过,我们认为,在地理分布上促音和长音形成的词形差异没有意义。

---

① こけこっこう,kokekokkou,表示鸡叫声的拟声词。
② 促音,日语单词中清塞音 t、p、k 和清擦音 s 前出现的时长一音拍的暂停。

keke:
kekekekko:
ke(k)ke(k)ko:
ke(k)kero:
ke(k)kero(k)ko(:)
kekero:o:
kekerukko
kekko:
koke(k)ko:
kokekokko
ko(k)kerokko(:)
okekokko
totekko
to:keŋko:
to:teŋko

kekekoka
keke(k)kokko:
kekerekko:
tottekekko:
totteko:
to(t)tekokko:
totteko:ko:
tottekorokko:
totokekkero
totokekko
to(t)toko:
totokokke:
to(t)tokokko(:)
tottokonoko:

  我们首先对这些语言形式进行分类。先按照单词音节数分为 2 音节词 (如 keke:) 、3 音节词 (如 kekkero:) 、5 音节词 (如 totokekkero:) 这 3 种类型。按照这种分类绘制语言地图，如图 3.3-1 所示，没有得到有序分布。接下来我们关注词尾形式，按第 3 音节分类，得到 5 种类型，但用这种分类绘制地图，如图 3.3-2 所示，分布同样无序。再把目光转向词首形式，按第 1 音节分类得到 5 种形式，绘图后得到图 3.3-3，可以稍微看出分布秩序了。to-连续分布在海岸线和最东边的山谷 (早川谷)。而再按第 2 音节分类描绘地图，分布秩序就清晰地呈现了，如图 3.3-4 所示。我们可以发现，-to-在海岸线至早川谷连续分布，-te-主要分布在早川谷，-ke-遍布整个区域。这里我们把显示分布的第 1 音节和第 2 音节结合起来，绘制为地

图 3.3-5。

虽然有 7 种组合方式，但不是每种都有其固有分布区域。首先 oke-、keko-和 toke-只出现在 1 个地点。koke-分散在各地。剩下的 keke-、toto-和 tote-这 3 种形式有固有分布区域。keke-分布在全境，toto-从海岸地带到早川谷，而除信州 1 地点之外，tote-分别分布在早川深处和河口附近。

现在的问题是 keke-和 toto-哪个更"古老"？这其实是在考察丝鱼川市区(5611.7447,.7452,.7453,.7454,.7464)是 keke-更古老还是 toto-更古老？在地点 5611、7454 两种形式并存，但遗憾的是，发音人没能提供新旧判断。前面我们也说过，这个分布图的材料全部来自老年段，没有可供比较的其他年龄段材料。也没有表示相近词义(若有会是什么啊！)的其他词的材料。我们也没有调查可理解词的机会，因为这个项目是 1961 年最后一次调查时使用的。此外，在此区域内部鸡叫声不可能存在差异，也不会有不存在鸡的地域。这个项目也不是全员调查的项目。因此这里能使用的构建历史线索，就只有词的地理分布和语言形式的特征了。

接下来我们就以这两条线索来判断 keke-和 toto-哪个更古老。我们先假定 toto-是古老形式，如果成功最好，若不成功就可以认为 keke-更古老。

如果 toto-是古老形式，就无法解释丝鱼川市区包含在其分布区域之中。一般来说，丝鱼川市区应该处于新潮流的中心地位。如果认为 keke-是丝鱼川市区产生的新词形，那么在它传至早川谷深处的这段时间里，为什么更古老的 toto-没有消失呢？即便把 keke-当作从信州北上的词，也无法解释为何丝鱼川市区仍保留古

老的 toto-。我们也很难认为新旧两种词形分摊不同的词义范围，因为こけこっこう并不存在 2 种形式。

既然 toto-不可能是古老形式，那就来看 keke-是否更古老。我们可以这样解释，一代之前这个区域只有 keke-，后来 toto 从西边的越中①侵入，沿海岸东进占领丝鱼川市区，并乘势进一步东进至早川谷上游。之所以未能在姬川以东全部替代 keke-，是因为 toto-的东进发生得较晚。

不过，在 toto-自越中侵入的过程中伴随着一个合理化解释，正是因为人们接受了这项合理化解释，侵入才得以成功。这项解释是"toto-的意思是'東天紅'②"。我们在早川谷的 5611.8835 得到了这个解释，也在田海川河口的 5611.8247 得到 to:teŋko: 这个词。虽然看起来并不是对日常口语深入思考以后提供的解释，只是给出了一个书面语。不过并非如此，其根据就是我们从答出 to:teŋko: 的社区毗邻地点得到了 to:keŋko: 这种变体。toto-的来源恐怕和表示"鸡"的词语或唤鸡的声音有关。不过这只是我们想出的"学者词源"，这个区域的民众认为 toto-的来源和"東天紅"一词有关。

那么 tote-该怎么解释呢？它分别分布在早川的上游和下游，这个现象值得注意。也许可以这样看，过去这片地域都是 toto-，后来位于中部的小中心地新町（5611.8703）产生了新的词形，就把上游和下游隔断开了。这样一来在早川 tote-是比 keke-更古老的形

---

① 越中，日本旧国名，今富山县全境。
② 東天紅，toutenkou，报晓鸡，亦指其啼鸣声。

式,而新町附近之前是 tote-,后来 keke-侵入,再后来更新的 toto-也进入了。但是同一区域中发生

$$tote- \rightarrow keke- \rightarrow toto-$$

的变化是很不自然的。我们可以把这个变化过程抽象为

$$CVCV' \rightarrow C'V'C'V' \rightarrow CVCV$$

语言形式上的同一特征在间隔之后再次出现,还是相当不自然的。

如果不用周边分布原则,把 tote-当作早川谷上下游独立产生的形式会怎样呢?那么 toto-侵入 keke-地区,产生了两种形式混合的 tote-,即

$$toto- \times keke- \rightarrow tote-$$

这个变化过程是较为可能的。新町附近的变化则是

$$keke- \rightarrow toto- \rightarrow tote-$$

$$(CVCV \rightarrow C'V'C'V' \rightarrow C'V'C'V)$$

语言形式上的变化也自然了。

此外 tote-还孤立存在于南部的 5621.7363(木地屋)。这是近江的木器匠人移居形成的村落,自成立起就是孤立的。因此不能用周边分布原则把早川谷和木地屋联系到一起。这里的 tote-很可能是他们故乡近江的方言,或者是近江方言与丝鱼川和青海地区土语(keke-)冲突的产物。

koke-零散分散在各处,大概因为它是全国标准形式。因为从天而降扩散开去,所以还没有获得固有分布地域。

3.4 "きのこ"①的分布图

发音人对两个土语形式做出新旧判断,这种内省报告是发现分布秩序的有力线索。"きのこ"的分布图就是一个例子。

きのこ的土语只有 koke 和 kinoko 两种形式。绘制成地图后发现,二者的分布混杂在一起,完全没有秩序可言。但值得注意的是,同时答出 koke 和 kinoko 两种形式的发音人极多。其中当然有人提供了词语的新旧判断,有的认为 koke 更古老,有的认为 kinoko 更古老,分布也很混乱。

这里我们先关注 koke,可以将发音人的判断分为以下 3 种
仅答出 koke··(1)
答出 koke 和 kinoko,认为 koke 更古老··············(2)
答出 koke 和 kinoko,认为 kinoko 更古老··········(3)

如图 3.4-1 所示,其地理分布为:(1)集中分布于海岸沿线,(3)集中分布于早川深处和根知谷以南的山地,重要的是(3)没有在信州出现。从这个地理分布可以看出,koke 是以丝鱼川市区为中心向周围放射的。

下面来看 kinoko,同样有 3 种判断
仅答出 kinoko··(1')
答出 kinoko 和 koke,认为 kinoko 更古老············(2')
答出 kinoko 和 koke,认为 koke 更古老··············(3')

如图 3.4-2 所示,其地理分布为:(1')集中分布于从信州到根知

---

① きのこ,kinoko,蘑菇。

谷和早川深处等,据丝鱼川市区较远的地区。(3')多分布在沿海地区。重要的是,(3')也没有在丝鱼川市区和亲不知海岸以西出现。从这个地理分布来看,kinoko 是一代之前的古老土语形式。

我们再来思考一下丝鱼川市区的语言发展轨迹。这里曾是 kinoko 的分布地域,后来新形式 koke 侵入,不过仅凭地图无法判断 koke 的侵入是从东西哪个方向开始的。不过 koke 自丝鱼川市区放射出去,一下就侵入到信州 kinoko 分布地域的中心。

全国标准语形式 kinoko 恰巧和古老土语 kinoko 语言形式一致,也就在这个发展过程中扩展到整个地域。

在丝鱼川市区的 5611.7454,koke 是古老形式,kinoko 是新兴形式,也是全国标准语形式。青海川上游的 2 个社区(5621.1057,.1076)也是如此。

如图 3.4-2 所示,海岸附近 3 个社区(5611.6680,.8463,.9509)的发音人都只提供了 kinoko 一种回答。从分布图整体来看,是扰乱了分布秩序的。不过这里的 kinoko 恐怕是全国标准语形式,因为追问之下发音人也答出了 koke。因此这几个社区也划归(3'),分布再次有序了。果不其然,负责调查这 3 个社区的是贺登崧神父,他得到的回答只会是全国标准语吧。但反过来说,正因为他是外国人,我们才能断定这里的 kinoko 是全国标准语形式。

现在,kinoko 冲击 koke 引起混乱的就只有早川深处和根知谷了。在根知谷的 5621.3566,我们从一户人家得到了以下三个层次的回答:

65 岁的发音人	ki ⌐no⌐ ko
40 多岁的儿子	koke
10 多岁的孙子	ki⌐ noko

发音人和他的孙子在音调上有区别,这可以说明发音人的 ki ⌐no⌐ ko 是古老的土语,而孙子的 ki⌐ noko 是全国标准语。据此我们也能推测出根知谷语言发展的不同阶段。

我们对根知谷的梨之木(5621.2653)做了全员调查,调查项目中也包括了きのこ。不过调查结果无法确认我们上面的推断

土语 \ 发音人年龄	1882—1905	1909—1937	1942—1953
kinoko	4 29%	14 54	3 25
koke	10 71	12 46	9 75

这里的 kinoko 包括了古老土语的 kinoko 和全国标准语的 kinoko,现在还无法把二者区分开来。值得注意的是 koke 在青年段比较强势,这让人感到意外。即使同样在根知谷,刚才提到的 5621.3566 和这里(5621.2653)分处河的右岸和左岸,直线距离不过 3 公里。koke 和 kinoko 的同言线应该在两地之间。

3.5 "肩車"[①]的分布图

我们共收集到 91 个"肩車"的土语词,现在按照 abc 顺序排列如下

---

① 肩車,kataguruma,骑脖颈。

ɕjoːɕjoko	kaikondo
deŋuruma	kakkakatsu
deŋurumai	kakkando
dommai	kakkara
dondendoɴ	kakkarakatsu
dondeŋkaka	kakkarakatsudondendoː
dondeŋkakka(ː)	kakkarakaːsu
dondeŋkakkaraka	kakkarakak
dondeŋko	kakkarakase
kakkarakatʃi	otʃiŋosaɴ
katadoɴ	sarubui
katadondoɴ	ʃiʃika(k)ka
kataŋuruma	takamma
katajaŋura	takaotoko
katendo(ː)	takataka
katendondo	teŋgoro
katodoɴ	teŋgoromai
katondo(ː)	teŋgurimai
kattadondo	teŋgurumai
kattandondoɴ	teŋŋara
kattendoɴ	teŋŋaraʃo
kattendondoɴ	teŋŋo(asobi)
kattondoː	teŋŋoɴ
kattondoɴ	teŋŋorumai
kattondondo	teŋŋu
kattondondoko	teŋŋurubaː
kattondondoɴ	teŋŋuruma(-ŋg-)
kattondondzuku	teŋŋurumai(-ŋg-)

ki:ku
kikku
kubinose
nonosaŋkadzuki
okago
okaiko
okkæĕko
otʃiŋobui
otʃiŋohaN
tʃikkaka
tʃikkarakatsu
tʃindokodo
tʃindokodondeN
tʃindokodondoN
tʃiŋrurumai
tʃiŋŋonomai
tʃiŋobui
tʃiŋokadzuki

teŋko
teŋkurumai
teŋuruma
teŋurumai
temma
temmaru
teũʒokumai
tonnomai
tʃi:kaga
tʃiŋomai
tʃiŋoromai
tʃiŋosama
tʃiŋurumai(-e)
tʃindokoko
tʃindokodondeN
tʃindokodondoN
tʃo:mori

  因为无法给这些土语排出历史顺序，所以仅仅排列出来是没有意义的。我们把这 91 个土语词大致分为 9 类，描绘其区域分布得到图 3.5-1。

  不同于"こけこっこう"，这个调查项目既能用到可理解词的地理分布、发音人主观报告的地理分布，也能使用同一区域的年龄差异分布。我们将其作为线索和验证方法。

  在分布图上，最先引起我们注意的是，teŋŋuruma 类分别分布在早川上游、从根知到信州和富山县这 3 块区域中。把 teŋŋuruma

类和与它同类的 temma 类结合起来看，根知谷的分布就扩大为包括了小泷谷并到达信州的一片广大地区。富山县的分布区域也变成从上路川经青海川到田海川的更大地区。早川深处和根知谷几乎没有交流，去过根知谷的人极少，也几乎没有婚姻关系。换句话说，这两个山谷是彼此隔绝的，早川深处和富山县的关系就更不必说了。这样相互隔绝的几个区域使用同一种土语的现象，从概率上也不太可能用独立产生的理由来解释。那么就只能认为过去 teŋŋuruma 类的分布区域是连在一起的。丝鱼川市区现在只使用 otʃiɲosaN，但过去用的应该是 teŋŋuruma 类的土语。就是说丝鱼川市区最古老的土语是 teŋŋuruma 类。

比 teŋŋuruma 类更靠近海岸的地方有 ʃiʃikaka 类。早川没有出现这种形式，而是分别点状分布在根知、虫川上游和青海川。可以认为这些地方过去也连成一片，丝鱼川市区也曾使用 ʃiʃikaka。不过这个土语似乎没有向早川谷传播。在丝鱼川市区，ʃiʃikaka 应该是排在 teŋŋuruma 类之后第二古老的土语。5621.2430 的 tʃikkarakatsu 中的 tʃi- 应该是受 5621.1412 的 tʃi:kaga（tʃikkaga）中 tʃi- 的影响。比 ʃiʃikaka 类更靠近海岸的地方分布着 kakkarakatsu 类，和上面一样，按照周边分布原则，可以认为其分布地域过去曾连成一片。因此丝鱼川市区第三古老的土语是 kakkarakatsu 类。接下来是新的土语 kattendondoN，然后是丝鱼川市区的现代方言 otʃiɲosaN。

这些土语可以大概整合为 5 种，在丝鱼川市区，它们的历史关系可以总结为：

teŋŋuruma→ʃiʃikaka→kakkarakatsu→kattendondoN→otʃiɲosaN，kakkarakatsu 和 kattendondoN 在语言演变过程中相邻，从语言形

式的变化上也是有据可循的。kakkarakatsu 词首的 k-传给了 kattendondoɴ 的词首。而同一语言内部发生如下变化则是不可能的：

teŋŋuruma→kakkarakatsu→ʃiʃikaka→kattendondoɴ

语言地理学不仅仅满足于为语言演变排出顺序，还要追寻放弃 teŋŋuruma 改说 ʃiʃikaka 的理由。先来听听发音人给出的解释。5621.2653 的发音人认为"是指祭典的狮子[①]（ʃiʃi）咔咔（kakka）地张嘴"，5611.9177 的发音人认为"过去鸟之舞（越后狮子）把小孩背在肩上，因为是狮子背，所以把小孩背到肩上就叫 ʃiʃikaka"。这就是从 teŋŋuruma 变为 ʃiʃikaka 的原因了。

teŋŋuruma 和祭典没有直接关系，我们在后面再详细考察。ʃiʃikaka 之后的几种形式则都和祭典有关。

我们也向发音人询问了从 ʃiʃikaka 变成 kakkarakatsu 的原因。5611.7637 的发音人回答了 kakkarakatsu，并解释道那是"太鼓的声音"，5611.8800 的发音人回答了 kakkarakatsu 和 kakkarakatsudondendo:，也解释为"太鼓的声音"。5611.8322 的发音人回答了 tʃiɲɲonomai、tʃiɲonomai，我们把 kakkarakatsu 作为可理解词向同一位发音人提问，他认为是"敲打太鼓边缘的声音"，而 tʃindokodondoɴ 是"敲打太鼓鼓皮的声音"。但是 5611.9927 的发音人给出的解释是"祭典时的杂子[②]"，5611.9453 的发音人则认为"也是祭典时杂子的曲名"。柳田国男在《肩车考[(1)]》中也认为"这是猿舞杂子的声音吧"。还有一种解释同样来自 5611.9453 的

[①] 狮子，狮子舞的简称，类似中国的舞狮。
[②] 杂子，在日本的文艺活动中为伴奏或营造气氛而以乐器（主要是笛子和打击乐器）或人声演奏的音乐。

发音人,"也指为了观看杂子的动作"。大概是表示多次把孩子高举(舁くkaku)的意思吧。

现在 kakkarakatsu 有了三种词源,要断定哪种为其真正来源是比较困难的。不过,5611.9927 的发音人提供了词源解释,虽然他回答的"肩车"土语是 teŋŋuruma,但主动提供了解释。而 5611.9453 的发音人自己的"肩车"土语就是 kakkarakatsu。换句话说,一位发音人把 kakkarakatsu 当作新的形式,以后想要使用,一位发音人已经把 kakkarakatsu 当作自己的语言,正在使用,他们提供的解释是不一样的。后者很有可能是在使用之后才添加了合理化解释。而且作为 kakkarakatsu 分布区域最边缘的一个社区,应该是为了阻止 kakkarakatsu 转变为 kattendondoN 而衍生出的新词源解释。从 kakkarakatsu 产生了"太鼓的声音",这个词源也是 kattendondoN 产生的契机。5611.9526 的发音人回答了 dondeŋko 和 kattendondoN 两种形式,并解释为"是太鼓的声音"。在逐渐习惯使用 kattendondoN 的过程中,恐怕会觉得这个词十分孩子气吧。这其实表现的是把祭典的另一重要要素(童男童女)背在肩膀上。最新的 otʃiŋosaN 应该也是这样产生的。把"像童男童女一样"等同于"骑在脖颈上",相当容易理解。otʃiŋosaN,如果不考虑词义只看语音,属于全国标准语形式,也是从上一代词语的孩子气中脱离出来的极好形式。为使 otʃiŋosaN 在语言形式上和全国标准语形式一致,这个区域的人(平均年龄 70.0 岁的老人)可能认为东京也把"肩车"叫作 otʃiŋosaN 吧。我们只在一个地点(5611.8485)得到了全国标准语形式,而且该地的发音人是很喜欢以全国标准语作答的当时 58 岁的男性。1961 年的调查时,我们也把 kataŋuruma 当作可理解词询问了,让人惊讶的是,知道这个词的人(社区)仅为 57 个社区中的 17 个。

虽然 otʃiŋosaN 产生于丝鱼川市区，不过该词是否仅出现于丝鱼川市区呢。看图 3.5-1，除了丝鱼川市区附近，otʃiŋosaN 还出现在根知谷的山寺(5621.3693)附近的几个社区。

位于丝鱼川市区附近一宫(5611.7496)的天津神社，每年在 4 月 10 日和 10 月 24 日举办春秋两次祭典。"是日凌晨 3 时神舆敬放于舞台，时至，着白丁乌帽子之氏子①十人抬神舆绕社殿一周，此即所谓喧哗祭②。其顺序为开道(俗称 torisi)、第一神舆、挟箱(挟着舞乐的面具)，此后再次开道、第二神舆，最后为童男女，着天冠狩衣之童男女骑于脖颈撑长柄伞(2)"。据一宫(5611.7496)的发音人介绍，这些童男女选自富裕家庭中 3、4 岁到 12、13 岁的孩子，春季祭典时他们从 3 月 28 日就住进神宫练习舞蹈，祭典当天骑在男性侍从的脖颈上表演。同样地，山寺(5621.3693)山王神社的祭典中，童男女也要骑在脖颈上参加，所以山寺附近独立产生该形式的可能很大。

不过，当我们把 otʃiŋosaN 当作可理解词来询问，如图 3.5-2 所示，发现其分布范围极大。除青海町市区到富山县的区域和信州之外，通用于调查地域全境。这片区域的"标准词"不是 kataŋuruma，而是 otʃiŋosaN。换句话说，otʃiŋosaN 是这片区域的"地方标准词"。因此在某一社区"teŋŋuruma 是方言，但 otʃiŋosaN 是'标准语'"。因此在山寺附近，otʃiŋosaN 最初是作为可理解词传播的，随后和山王神社的祭典活动结合，一举压倒前代的

---

① 氏子，祭祀共同祖先神的人，或在该氏族神守护地域内居住的人们。
② 喧哗祭，参拜者相互挤压的祭典。

teŋŋuruma 而被使用。

不过上面的分析，只是极为粗略地追溯了 5 类土语的变化过程。如果细致地分析资料，应该可以掌握更详细的演变过程。

首先，我们推测属于最古老阶段的是 teŋŋuruma 类，这种形式有很多变体。根据《肩車考》(p.149)，teŋŋuruma"明显是手车[①]"。发音人中也有这样解释的"手的车，所以说 teŋŋuruma"(5621.3528,.3682)。不过发音人提供的这个词源并不是指两人把手搭在一起让人坐在上面的"手车"。应该是从用手按着(抱着)骑在肩上的孩子的腿走路而来的"手的车"。应该认为人们已经忘记了原有"手车"的词源，而为 teŋŋuruma 后添加了一种"合理化"解释。

正如文字所示，《肩車考》的作者认为，手车和肩车本来是不同的(p.153)。那么为什么手车会指代肩车呢？根据《肩車考》的推测，两者的共同之处在于"不让人的脚接触地面"(p.153)。那时的习俗是无论手车还是肩车，都不可使脚(赤脚)接触地面，因此手车转而指代肩车是很容易的(p.156 之后)。发音人中也有人把 teŋŋuruma 解释为"手车？高的车？[②]"(5621.3528)或"举到高处"。

我们来思考一下更"不神秘的"词源。做手车时，坐在上面的人要把手搭在下面人的肩上。这是下面有两个人的情况。如果下面只有一个人，上面的人就要用手攀住他的肩膀，下面的人用手抬起上面人的腿放在自己肩上。所以肩车可以看成只有一个人抬的手车。

看图 3.5-3，问题在于 teŋŋuruma 和 teŋŋurumai 哪个更古老。

[①] 手车，teguruma，手轿子，两人相对，双手搭在一起让人乘坐其上抬着走的游戏。
[②] 高的车，takaikuruma。

我认为该是前者。原因之一是从-ma 衍生出-mai 的解释比较合理。再结合祭典队列中的童男女"肩车"和他们所表演的"舞①",就为 teŋŋuruma 添加了 mai"舞"这个解释,形成了 teŋŋurumai。

此外,童男女还可称作 tendo:(天童),他们跳的舞也可称作 tendo:(no) mai。两种形式在语音上共有的/teN-/,这可能是 teŋŋuruma、teŋŋurumai 和 teŋŋoromai 等形式产生的原因。5611.9256 说 tonnomai,这里的发音人说:"过去蒲原附近常有背着孩子的卖艺人",也可能是指那些孩子骑在肩上的行为。也可以认为由于此事"肩车"变成了"舞"。

teŋŋuruma 比 teŋŋurumai 古老的另一原因是,teŋŋuruma 不仅分布在这个区域,还广泛分布于全国。《肩車考》(p.149)也有论述,这个词"分布区域出乎意料的大",伊豆的三宅岛、远江的周智郡、三和的北设乐郡和碧海郡、出云一带、肥前的岛原半岛和对岛都有分布。根据东条操所编《全国方言词典》,"てんぐるま (tenguruma)"在福岛、栃木、群马、埼玉县秩父郡、静冈县周智郡、伊豆大岛、三宅岛、爱知县碧海郡、长野县上水内郡、三重县北牟娄郡、和歌山、鸟取、隐岐、出云、冈山、宫崎县延冈、熊本县南关、对马;"でんぐるま (denguruma)"在新潟县颈城地区、岐阜县土岐郡、爱知县知多郡;"てんぐるまい (tengurumai)"在但马均有发现。现在我们只关注国立国语研究所"日本语言地图绘制调查"截至第 2 年的调查报告(666 个地点),分布在宫城、山形、福岛、茨城、栃木、群马、埼玉、千叶、东京、神奈川、新潟、富山、山梨、长野、静冈、爱知、三重、兵库(但马)、和歌山、鸟取、岛根、冈山、广岛、长崎、大

---

① 舞,mai。

分、宫崎等县。其分布地域从东北地区南部到九州东部，区域非常广大。但是近畿地区中部（京都、大阪、奈良、滋贺、兵库〈播磨〉）和四国地区的四个县却没有发现①。分布地域如此之广，却不见于京都附近，应该可以推测这个词在一代之前曾是全国标准语。

不过，有个现象却不符合上述推测，在上早川，teŋŋuruma 的分布比 teŋŋurumai 更靠深处。

teŋŋuruma 的变体之一 deŋguruma 仅出现在境川的 5620.2653,.1556。(5620.1556 的发音人是位 28 岁的女性，她的父亲说 teŋgurumæ)。可以看作从 teŋŋuruma 直接产生的派生形式。

从 teŋŋuruma 变为 teŋŋurumai，在语言形式上变长了，不过也有反而变短的。在境川、上路川、青海川上游是 teŋgoro、teŋŋoN 和 teŋŋo(asobi)。teŋŋuruma 分布在境川的河口，因此其变化过程应该是 teŋŋuruma→*teŋŋoroma→teŋgoro。

tonnomai 和 teuʒokumai 应该是添加了"唐舞"②和"天竺舞"③的合理化解释而来的。

关于小泷的 temma 的词源，5621.4329 的发音人觉得"大概是'手间'④吧"。我们认为其实可能是"手马"⑤。temma 是根知谷的 teŋŋuruma"手车"的变体。从山势地形就能明白，小泷附近是无法使用车的。但 5621.4460 的发音人提供了这样的词源：从"依

---

① 日本国土一般可分为北海道、东北、关东、中部、近畿、中国、四国、九州和冲绳等几大地区。
② 唐舞，tounomai。
③ 天竺舞，tenjikunomai。
④ 手间，tema。
⑤ 手马，tenouma。

靠天"①形成的 tenma。姬川上游东岸(5621.6572..6564)的 takamma 形式都得自发音人的女儿(30多岁),可能是和"高马"(骑在高于普通马背的肩膀上)一样,添加合理化解释后形成的新词。

5621.6564 的发音人(答出 takamma 的女性的父亲)答了 teŋŋaraʃo。这个词应该是姬川更上游处(不在地图上)的邻接社区中的 teŋŋura(手鞍)一词,再结合了把孩子放到肩上时的口号 yoikorasyo 中的 koraʃo 而形成的。

位于 teŋŋuruma 类分布区域中的上早川有 tʃiŋurumae。应该是旧有的 teŋgurumai 为靠近地方标准语的 otʃiɲosaN 类(otʃiɲosaN、tʃiɲobui、tʃiɲokadzuki 等)而形成的词。值得注意的还有,与 tʃiŋurumai 很相近的 tʃiɲoromai 分布在 otʃiɲosaN 类分布地域的最西边。

我们再来看 ʃiʃikaka,可参照图 3.5-4。其变体 tʃi:kaga 出现在虫川(5621.1412),来自一位 69 岁的女性。但她的儿媳(大正7年生于虫川)和孙子都说 tʃikkaka。应该是缩略了 ʃiʃi- 的虫川固有词。

kakkarakatsu 的变体很少,除 kakarakatsu 之外,只有 kakkaraka:su 和 kakkaraka 两种。

kattendondoN 的变体有 dondendoN、dondeŋko、tʃindokodondeN 等单纯模拟"太鼓的声音"的几种。应该是比 kattendondoN 更新的形式。

katadondoN(5611.9537)的 kata- 指的是"肩"②,正如发音人的解释,"从肩背而来"。dondeŋkakkaraka 是根知谷的固有形式,但应该是 kattendondoN 混入 kakarakatsu 后产生的新形式。这两个词都比 kattendondoN 新。

---

① 依靠天,ten ni bareru。
② 肩,kata。

浦本(5611.5786,.6703)的 ɕjoːɕjoko 是一个模拟祭典中笛子声音的词。

otʃiŋosaN 类中有 tʃiŋobui（背童男女）、tʃiŋokadzuki（该地方言中 kadzuki 为背、负意）等新的解释形式。

此外，还有孤立存在于浦本的中宿(5611.6720)的 okkæěko。发音人把这个词解释为"可怕的"(osorosii)。把幼儿高高举起时，人们会说"啊，怕怕"，这个词应该也来自这种心理，即 okkæěko 来自"做可怕的事"。

最后是小泷的 kiːku 和 kikku。5621.6421 的发音人认为 kikkuni 是"脖子上"的意思，kikkuni buː 就是"背在脖子上"，不过现阶段我们仅能介绍这一下，而无法做任何解释。

从图 3.5-3、3.5-4 可以看出，肩车的土语在地域上分得非常细。这么一片狭窄的区域中为何会出现这种情况呢？这与发音人小学时的学区有关。上述两张地图中，被线圈起来的区域就是学区。学区和土语的分布十分一致。看图 3.5-3，某些特定土语的绝大多数甚至全部都分布在各自的学区之内。早川深处的 teŋguruma 只有 1 次没有出现在同一学区，而 teŋgurumai 全都分布在 teŋguruma 和其相邻学区中。再看浦本，ɕjoːɕjoko 这个特殊土语两次都出现在同一学区。在根知谷，teŋguruma 分布在相邻的 3 个学区，如图 3.5-4，dondeŋkakkaraka 也是，除去 2 次例外，都分布在彼此相邻的 3 个社区中。小泷的 temma 分布在相邻的两个学区，kikku 在一个学区。信州也一样，teŋnara(ʃo)2 次都出现在同一学区，takaotoko 则 3 次都出现在同一学区。teŋnoro 都分布在青海川和上路川的 2 个学区中。

我们还发现，同一学区内的所有社区都有同一土语。如图 3.5-4 所示，早川的 3 个相邻学区都是 kakkarakatsu，早川河口的较小学区的 2 个社区也都是 kattendondoN。旧今井村的 1 个学区全都是 kakkarakatsu，与它相邻的学区的 2 个社区都是 ʃiʃikaka 类，在加上一个社区一个学区的情况，海川深处出现 1 次，青海川出现 2 次。刚才我们说过，有些土语分布一致的学区，其所有社区都使用同一土语。这是学区和土语最为一致的情况。

和"おたまじゃくし"的分布图一样，土语和学区的一致是因为"肩车"是由孩子命名的，是能够容许孩子们创造的事物。因此一旦创造了新名称，就会在学区内扩散，但很难传播到学区之外。不过一传播到相邻学区，就会立刻侵占该学区的每个角落。

最后，我们利用梨之木（5621.2653）全员调查结果，通过年龄差异分布来检验上面的推论。

土语 \ 发音人生年	1882—1905	1909—1937	1942—1953
ʃiʃikaka	$2_{43\%}$	1_{13}	0
dondeŋkakkaraka dondendo	4_{57}	7_{87}	12_{100}

ʃiʃikaka 所占比重随着年龄的减小而降低，相反，dondeŋkakkaraka, dondendo 的比重则随年龄增大而降低。这说明该社区的变化为：

$$\text{ʃiʃikaka} \rightarrow \text{dondeŋkakkaraka、dondendo}$$

这变化趋势和我们从地理分布推测出的完全一致。只是 teŋŋuruma 已经完全消失了，而且还要注意的是 ʃiʃikaka 之后的

kakkarakatsu 也一次都没出现。1957 年我们调查地理分布时的发音人(船木忠次郎,1882 年生)回答了 ʃiʃikaka,1959 年的全员调查时再次调查了这位发音人,这次他回答了 dondeŋkakkaraka。前次的调查者是柴田武,后面一次是贺登崧。这里也能看出,外国人更容易获得"好词"即更新的词语。

上面的年龄差异分布是针对土生土长人群的,接下来我们来看针对"外来人"的年龄差异分布情况("外来人"中没有青年段)

土语 \ 发音人生年	1882—1905	1909—1937
ʃiʃikaka	1	0
dondeŋkakkaraka—dondendo	2	1
kakkara—katsu	0	1
kattondondo	0	1
otʃiŋosaɴ	0	1

如表格所示,出现了土生土长人群的青年段中完全没有出现的 kakkarakatsu、kattondondo、otʃiŋosaɴ。这些"外来人"几乎都是嫁到这个社区来的妇女,但是她们做了母亲以后也完全没有影响到孩子的语言。外来人群的语言和土生土长人群的语言一样,都是 ʃiʃikaka 和 dondeŋkakkaraka 占了优势。

注

(1) 柳田国男,《小物之声》,玉川学园出版部,昭和 8 年,p.747。
(2) 丝鱼川中学,《丝鱼川的四季》,昭和 26 年。

3.6 "糠"①的分布图

构建语言史的线索之一是不同年龄段的地理分布。但是我们的丝鱼川调查只调查了老年段,和青年段比较时只能引用其他例子。

我们来看下北半岛②的分布调查。由九学会联合举行的下北综合调查历时 2 年零 20 天,从昭和 38 年到昭和 39 年,调查了下北半岛的全部 108 个社区。发音人为:老年段 60 岁以上、青年段 20 岁—30 岁、各年龄段都选择男性。调查人员为柴田武、加藤正信、加藤贞子、川本荣一郎、井上史雄(仅参加昭和 39 年的调查)等 5 人。除全境的分布调查外,还对东通村的上田屋(2765.4103)做了全员调查。上田屋总人口 391 人(至昭和 39 年 8 月)中,小学三年级以上的土生土长者,可调查人数为 221 人。

糠是糙米做精白加工时产生的粉末。这里的土语中,老年段有 konüga、konoga 和 nüga、noga 等 2 种。在下北半岛,田名部的市街(2764.2846)一带并没有承担起传播方言的文化中心地的责任。大多数方言都是自西向东移动的。津轻即青森市附近的方言从半岛西南端或西海岸的佐井(2753.4427)附近登陆,然后向东传播,这种传播形式占了绝大多数。换句话说,东通村(位于斧柄头的位置)成了方言的聚集处,保留下很多古老形式(1)。

---

① 糠,nuka,糠。
② 下北半岛,日本本州最北段的半岛,由青森县东北部向北海道呈斧状突出,恐山山地占该半岛的主要部分,是日本一个主要方言区。

但是只看糠的老年段分布图（图 3.6-1），无法推测出上述结果。因此我们调查青年段的分布（图 3.6-2），和老年段形成对比，就能清楚地发现 konüga、konoga 是古老形式，nüga、noga 是新形式。年龄段的比较就是这样有效。

很幸运的是，这个调查项目也是上田屋全员调查的调查项目之一。如图表所示，konüga＋konoga 在衰退，而 nüga＋noga 则在增长。

这也证明了从地理分布推测出的演变轨迹是没有错的。

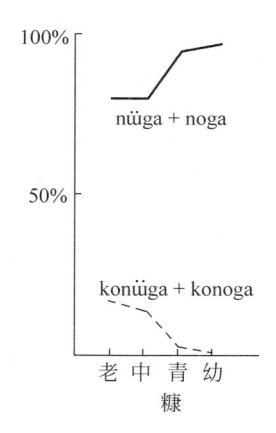

注

（1）柴田武，下北方言的分布，《人类科学 17》，开明堂，昭和 40 年；柴田武、加藤正信、加藤贞子、川本荣一郎、井上史雄，下北方言的分布，《下北——自然、文化、社会》（九学会连合下北调查委员会编），平凡社，昭和 40 年。

3.7 "額""おでこの人"[①]的分布图

3.1 节到 3.6 节分析的都是只表示单一含义的土语词,并尝试构建了该词的历史。从 3.7 节起,我们要分析意义上相关的几个词,通过叠加两个词的地理分布来更加丰富、确实地构建语言史。

为了判断表示"额头"的词的历史关系,我们利用表示"额头突出的人"的词的地理分布,来帮助推断并使内容更为丰富。

表示"额头"的词的地域变体至少有 20 个。

çitaĕ	ɸutaŋutʃi
çitaĕŋutʃi	ɸutaĭ
çitaŋutʃi	ɸutaĭŋutʃi
çitaĭ	ɸutajo
çitaĭŋutʃi	ʃitaĕ
çite(ː)ŋutʃi	ʃitaĕŋutʃi
mukeɴ	ʃitaŋutʃi
odeko	ʃitaĭ
ɸutaĕ	ʃitaĭŋutʃi
ɸutaĕŋutʃi	tekki

我们尝试了多种分类方法,首先按 çi- 和 ʃi- 分开绘制地图,但没有得到有序的分布。虽然我们十分怀疑分布是否真的无序,但我们掌握的材料无法断定这一点。之所以不能认为不存在有序分

---

① 額,hitai,额头;おでこの人,odeko no hito,额头突出的人。

布,是因为存在调查人员的个人差异。其他调查员听记为〔çi-〕的音,贺登崧会听记为〔ʃi-〕。在全区域中听记了〔ʃi-〕的地点共有25处,其调查员分别为

　　　　贺登崧　　　17 地点(68%)
　　　　柴　田　　　 5 地点(20%)
　　　　德　川　　　 3 地点(12%)

主要是贺登崧调查的。在 3.2 节说过,我们给调查员分配地点时尽量避免让同一调查员负责同一片区域,所以上表的数字无法体现方言差异。总而言之,由于不能区别〔çi-〕和〔ʃi-〕,这里就以〔çi-〕为代表。

因此,上面 20 种词的词首音节就可按

$$\text{çi-} : \text{ɸu-}$$

的对立一分为二。此外还有以下几种孤立形式

　　　　mukeɴ　　　 2 地点
　　　　odeko　　　 1 地点
　　　　tekki　　　 1 地点

我们也按〔-ai͡〕和〔-ae͡〕的对立画了地图,同样没有得到有序分布。这里选择〔-ai͡〕为代表。按照是否有〔-ŋutʃi〕绘制地图也没有发现分布。

从地理分布来看〔çi-〕和〔ɸu-〕的对立,可以发现其分布大致如下,参见图 3.7-1

　　　　信州　　　çi-
　　　　越后　　　ɸu-

我们先来看越后的〔ɸu-〕,值得注意的是,ɸutai 的分布区域是分隔开的两部分,一是从早川深处到能生谷(该分布地域包括早川谷和能

生谷,还有连接此二谷的道路!),一是子不知以西。丝鱼川市区就在这两块地域之间,从这一点我们就能推断过去这两块地域是连在一起的。丝鱼川市区过去也说ɸutaĭ。

我们再来看图 3.7-2,也就是"おでこの人"的分布,debutaĭ的分布形式和ɸutaĭ一样。debutaĭ的分布区域更广,两片区域连在一起时在形式上应该更相似。debutaĭ的-butaĭ明显和ɸutaĭ是同一语素,debutaĭ是"额头突出"的意思。因此,构成复合词的语素是单纯词语素的古老形式,换言之,变化十分缓慢。这一点在比较语言学和文献语言史学上早已广为人知,呈现在地理分布上就是我们看到的样子。

丝鱼川市区过去曾说ɸutaĭ,那么是怎样变成现在的 çitaĭŋutʃi 和 ɸutaĭŋutʃi 的呢?ɸutaĭŋutʃi 是在 ɸutaĭ 词尾添加-ŋutʃi 形成的吗?那 çitaĭŋutʃi 呢?要解释这个问题需要结合 ɸutaĭ 与信州 çite:ŋutʃi 的冲突。

信州的 çite:ŋutʃi 北上,至少侵入到曾使用 ɸutaĭ 的、以丝鱼川为中心向东西延伸的海岸地带,切断了 ɸutaĭ 地域。我们能够推断,ɸutaĭŋutʃi 是 ɸutaĭ 与 çite:ŋutʃi 混合产生的。这个词从丝鱼川市区放射发展,到达早川深处、上路川,甚至信州。

过去的 ɸutaĭ 分布于从海岸地带到根知谷地区,这里又以如下过程产生了 ɸutaĭ 和 çite:ŋutʃi 的另一混合形式

$$\phi utaŋutʃi \leftarrow \phi utaĭ \times çite:ŋutʃi$$

并逐渐向周边扩散。根知谷就好像是这一地区的小王国,经常产生根知的固有词,并扩散到四周。

过去的 ɸutaĭ 也分布到青海川深处,从当地存在 ɸutajo 就能明白,只能是 ɸutaĭ 发生了变化。ɸutajo 是青海川上游的固有

形式。

丝鱼川市区的 çitaiŋutʃi 是怎么产生的呢？-ŋutʃi 的分布地域几乎都有 çitaiŋutʃi。无论是从分布还是从词形来看，这种形式都应视为 ɸutaiŋutʃi 向全国标准语形式 çitaĭ 的回归。同样地，ɸutaŋutʃi 回归形成的 çitaŋutʃi 也点状分布在 ɸutaŋutʃi 的分布地域中。

与信州 çiteːŋutʃi 地域外侧相接的 çitaĭ 出现了两次。虽然在形式上和全国标准语的 çitaĭ 完全一致，但应该不是全国标准语形式。因为和这两个地点相邻的地方有 çitaiŋutʃi，恐怕是词尾的 -ŋutʃi 脱落而形成的个别情况。

实际上，çitaĭ 这种形式在丝鱼川市区周边共出现了 14 次。其中 8 次都和其他形式并存，还有 1 次从发音人获得了"ɸutaiŋutʃi 比 çitaĭ 古老"的报告。这个 çitaĭ 明显属于全国标准语，因此没有画在地图上。

接下来我们来比较一下存在〔çi-〕和〔ɸu-〕对立的其他词——"雛""ひき蛙"①的分布。如图 3.7-3 所示，没有 ɸu- 的区域分别是信州和丝鱼川市区附近。我们认为，前者是固有情况，而后者则是由于全国标准语普及而形成的。出现 14 次的 çitaĭ 分布在丝鱼川市区周边的极为狭窄的地域中，覆盖了地域内的所有社区（共 14 处）。

不过，如果以根知谷为基础考察，再结合上面的推断，能得到如下 4 个阶段的发展演变：

$$\phi utaĭ \rightarrow \phi utaiŋutʃi \rightarrow \phi utaŋutʃi \rightarrow çitaŋutʃi$$

---

① 雛，hina，雏鸟；ひき蛙，hikigaeru，蟾蜍。

那么根知谷梨之木(5621.2653)的年龄差异分布能否支持这一推断呢？

土语 \ 发音人生年	1882—1905	1909—1937	1942—1953
ɸutaĭŋutʃi	$3_{38\%}$	1_{11}	0
ɸutaŋutʃi	4_{50}	6_{67}	3_{37}
çitaĭ	1_{12}	2_{22}	5_{63}

越到青年段，ɸutaĭŋutʃi 越少，被看作全国标准语的 çitaĭ 则越来越多。ɸutaŋuti 有所增加但迅速被 çitaĭ 压制、不断减少。虽然存在明显的系统性变化，但是把

$$\phi utaĭŋutʃi \rightarrow \phi utaŋutʃi \rightarrow çitai$$

当作这个社区的变化过程还是不够的。而从地理分布推断出的变化过程中没有 ɸutaĭ 和 çitaŋutʃi。没有 ɸutaĭ 是当然的，但 çitaŋutʃi 怎么会一次都没出现呢？只是一时的状况吗？

这里我们来解释一下"おでこの人"的分布图。根据之前的推测，在丝鱼川市区曾使用这样的词语体系

　　　　　额　　　　　ɸutaĭ
　　　　　おでこの人　　debutaĭ

之后受到来自信州的词语体系

　　　　　额　　　　　çite:ɲutʃi
　　　　　おでこの人　　odeko

的侵入，最终形成的词语体系为

　　　　　额　　　　　ɸutaĭŋutʃi
　　　　　おでこの人　　odeko

早川下游已经忘掉了 debutaĭ 的词源。这里既是没有 ɸutaĭ 的

地域,也是残留着 debutaĭ 的地域的一端。由于忘掉了原有词源,又产生了 debu① 这种缩略形式,应该是"额头宽大的人"的意思。debu 产生后,有 2 个地点(5611.8880,5621.9602)迅速产生了 debutʃiN。虽然没有确认过,但恐怕在该地域"较胖的人"既可以叫 debu,也可以叫 debutʃiN。促使 5611.8322 产生 o:deko(大的 deko 的意思吧)的词源意识,应该和从 debutaĭ 产生 debu 是类似的。

在姬川左岸和根知谷入口还有 abuki。当地方言说"石山突出"是 abuku、abuitoru。这个词应该是其名词形式。5621.0414 的 iwaʃita② 则是 abuki 的新解释形式。

3.8 "薄冰""冰""冰柱"③的分布图

和寒冷冬夜水桶和茶杯上结的冰相比,田地和道路积水结的冰是比较薄的。图 3.8-1 是薄冰的土语分布图。

先来看 dzae 的分布,相隔分布在早川深处 2 个地点,浦本 3 个地点这两片区域。不过,结合能生谷不存在 dzae,可知 dzae 过去的分布区域是连成一片的。也就是说,早川谷曾经都使用 dzae,后来 gasa 或 gasu 侵入形成现在的分布。在 dzae 和 gasa 并存的地点 5611.8989,我们得到 gasa 比 dzae 新的内省报告。此外,从丝鱼川市区是 gasa 就可以推断,dzae 和 gasu、gasa 都是从

---

① debu,日语中"胖子"的发音也是 debu。
② iwaʃita,日语"岩下"的发音。
③ 薄冰,usugouri,薄冰。冰,kouri,冰。冰柱,tsurara,冰凌,冬天屋顶上垂下的冰柱。

丝鱼川市区放射到四周的。因此从早川谷到丝鱼川市区这片地域的发展过程为：

$$dzae \rightarrow gasu、gasa \cdots\cdots\cdots (1)$$

接下来，和 gasu、gasa 相比，kane(k)kori 应该更古老。因为 kane(k)kori 分布在早川深处、海川深处、信州、上路川等离丝鱼川市区相对较远的地区，gasu、gasa，特别是 gasa 则以丝鱼川市区为中心点、连续分布在其周边地区。从这种地理分布我们可以推断出

$$kane(k)kori \rightarrow gasu、gasa \cdots\cdots\cdots (2)$$

在 kane(k)kori 和 gasa 并存的早川谷的 5611.9748，也得到了前者更为古老的报告。

有了上面的(1)和(2)，接下来应该考虑的问题就是 dzae 和 kane(k)kori 哪个更为古老。这个问题仅靠图 3.8-1 是无法解决的，我们到后面结合"冰""冰柱"的土语再来思考。

那么 gasu 和 gasa 哪个更新呢？图 3.8-1 中虚线围成的是 gasa 区域，它的外侧是只使用 gasu 的区域。但 gasu 也分布在使用 gasa 的虚线区域中。只使用 gasu 的区域分别是早川最深处和信州、小泷、青海川，从这种地理分布上可以认为

$$gasu \rightarrow gasa \cdots\cdots\cdots (3)$$

我们认为 gasa 是为 gasu 添加了"干燥的"这一合理化解释而形成的，并因此获得了民众的支持。从图 2.6-1(第2章)可以发现，gasa 地域中离丝鱼川市区很近的 2 个地点认为，"因为干燥，所以叫 gasa"。这个词源解释并不是为了让 gasa 的存在合理化，而是从 gasu 产生 gasa 的契机。

ʃiŋa 是能生谷的固有词，也已经传到了早川谷。早川谷的

2个地点,猿仓(5611.8936)和旁边的坪野(5611.8932),猿仓有通往能生谷2个地点(5612.6111,5611.6900)的道路。我们认为能生谷的固有词就是通过这条道路传至早川谷的。

图3.8-1中没有绘入koːri,因为它是全国标准语形式,点状分布在整个区域。

此外,还有garasu和kaŋami两种孤立形式,2.6介绍通俗词源时曾做过解释。

现在的问题就是daze和kane(k)kori哪个更古老了。我们需要结合"冰""冰柱"的土语分布来思考,这其实就是要结合意义相关词语的地域差异。下面就会说到,语言形式上的共同点既会体现在"冰"的土语分布中,也会体现在"冰柱"的土语分布中,"薄冰""冰""冰柱"这三个词的关系是非常密切的。

在考察这3个词的关系之前,我们先来看"冰"的地理分布,参见图3.8-2。从图中可以看出:koːri几乎分布在整个区域;kane(k)kori基本分布在姬川以东的全境;gasu仅出现在1个地点;gasa分布在离丝鱼川市区相对较近的地方;浦本有daze;能生谷有ʃiŋa。从这些分布可以看出,koːri中应该有相当数量的全国标准语形式。gasa应该是相对新阶段的词。此外还需要特别注意的是,"薄冰"土语的所有形式也都作为"冰"的土语出现了。

下面来看"冰柱"(屋檐垂下的冰柱)的地理分布。首先图3.8-3中,kane(k)kori分布在整个地域,因此没有绘入地图。要注意的是,有4个社区(5621.0416,.0551,.1412,.2430)提供了词源解释,都是"因为冻得像金属(kane)一样"。

除分布在全境的kane(k)kori之外,图3.8-3中十分醒目的是早川谷和富山县有kane(k)kori的变体。早川谷的kanekkuri经

过了如下演变

$$\text{kanekkuri} \leftarrow {}^*\text{kanekku:ri} \leftarrow {}^*\text{kaneko}\phi\text{ori}$$

这附近的几个社区都保留着"开合区别"①。此外，5611.9571 的 kanekkuri 是从 kanekkori 变化而来的孤立形。富山县的 kaneko-(:)ro 也是从 kanekkori 变来的个别变体。

没有绘入地图的词里有全国标准语的 tsurara 和它的变体 tsudzura。tsurara 散在地域全境，tsudzura 也几次零散出现在各地，但都和其他词语并存。

现在，终于到了创建"薄冰""冰""冰柱"三者的词汇体系并将其绘制为地图的阶段。该地图就是图 3.8-4。为了弄清"薄冰""冰""冰柱"三者在词义上有什么区别，都使用哪些语言形式，我们使用下面的圆形分割图和符号：

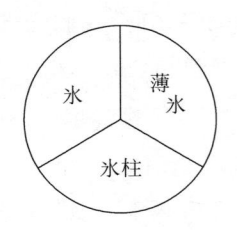

k＝ko:ri
g＝gasa、gasu
s＝ʃiŋa
z＝dzae
"冰柱"部分的 ◆ ＝ kane(k)kori

这样一来，如图 3.8-4 所示，体系的种类共有 11 种。其中的 ⓚ（以下表示为①）有其固有分布地域为分隔开来的早川谷一带和

---

① 开合区别，从镰仓时代到室町时代，日语 O 列长音有开音和合音的区别。

信州、青海川、上路川。根据周边分布原则,过去地域全境都曾是①。5611.9474 的 1 个社区,还残留着即将消失的①。

现在,我们来追溯每个主要地域的详细变化过程。首先,早川谷最古老的体系,刚才已经说过,是体系①。因为这个山谷寒气很重,"冰柱"也好,"冰""薄冰"也好,都冻得十分坚硬,在坚硬程度和厚度上没有区别。这种自然环境下,产生了 3 者使用同一名称的体系 ◯(以下表示为②)。体系②出现在早川谷的 3 个地点。

我们已经推断出丝鱼川市区最初曾是体系①。这里不像早川谷那么寒冷,为了区分"薄冰""冰"和"冰柱",产生了用 dzae 表示"薄冰"的体系 (k|z)(以下表示为③)。dzae 应该是"冴え"①(冴える的名词形),不过我们没有得到通俗词源。这个体系虽然朝早川谷传播,但现在早川谷只有 1 个地点属于该体系。浦本是从该体系发展而来的 (z)(以下表示为④)。

丝鱼川市区产生了体系③的仅"薄冰"部分为 gasu(后来成为 gasa)的 (k|g)(以下表示为⑤)这个体系再次传向早川谷,和浦本的变化一样,通过让"冰"与"薄冰"同向发展而产生了 (g)(以下表示为⑥),又进一步转变为体系 (g)(以下表示为⑦)。

我们可以看出,在丝鱼川市区体系内部的分化十分显著,与之相对的,在早川谷,体系内部的统一十分显著。

经过上述分析可以发现,早川谷首先产生了①→②的变化,即"薄冰"发生如下变化:

---

① 冴え,sae,澄澈。

然后，丝鱼川市区的体系③进入早川谷，接受体系③后，"薄冰"的变化为④⑤⑥⑦

$$ko:ri \rightarrow kanekkori$$

$$kanekkori \rightarrow dzae$$

这个变化并不是

$$② \rightarrow ③$$

而是残留的体系①向体系③的变化，也就是说，是

$$ko:ri \rightarrow dzae$$

的变化。因为我们很难相信三者没有区别的 ⬤ 会一下分化为 (k|z)。因此分析到现在，我们应该认为 kanekkori 和 dzae 不是直线连接的前后关系，而是在时间上 kanekkori 早就存在于早川谷了。

接下来看根知谷，这里的变化为

$$(k) \rightarrow (g)$$

在体系框架不变的情况下，产生了词的替换，这种变化是体系框架进一步减少，形成了 (g) 这样的体系。

在青海川，则产生了这样的体系框架变化

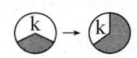

$$(k) \rightarrow (k)$$

即，"薄冰"和"冰柱"用同一词语表示，并与"冰"区别开来，这种变化让人感到不可思议，不过民众恐怕是这样分类的："冰"是 ko:ri，"薄冰"和"冰柱"是和普通的"冰"稍微不一样的冰（kaneko:ri）。能证明这不是临时现象的证据就是，上路川有 3 个社区存在这一体系。

3 从语言地图到语言史

能生谷则产生了和上述变化相独立的体系框架的统合

过去进入早川谷要经过能生谷,因此保留了古老阶段的体系。

把上述推断整合为一张图,就得到

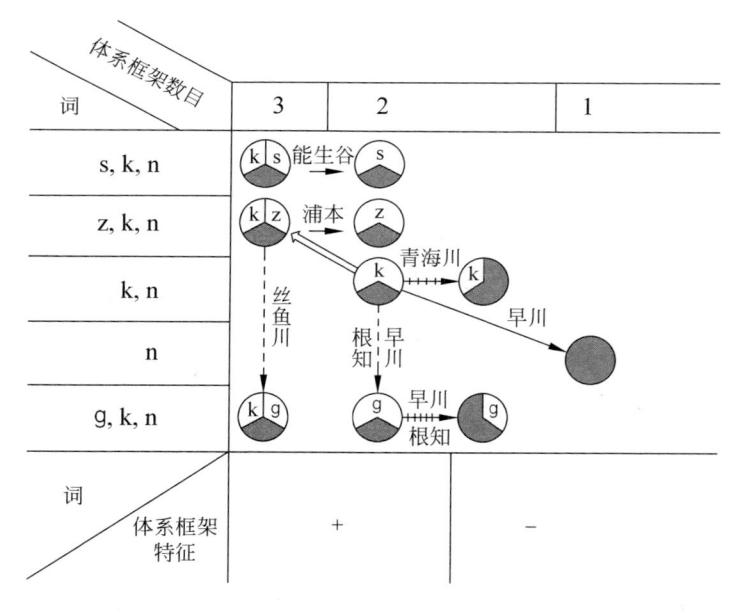

体系框架数目 词	3	2	1
s, k, n	k|s 能生谷 → s		
z, k, n	k|z 浦本 → z		
k, n		k 青海川 → k	
n		根知 早川	早川 → ●
g, k, n	k|g 丝鱼川	g 早川 根知 → g	
词 体系框架特征	+		−

"体系框架特征"指 kane(k)kori 是否仅仅表示"冰柱",是为＋,不是为−

→ 单箭头表示框架数目减少方向(框架组合改变)

⇒ 双箭头表示框架数目增加方向(框架组合改变)

→⫼ 栅栏箭头表示框架数目无增减、框架组合改变

⇢ 虚线箭头表示框架数目无增减、框架组合不改变

s＝ʃiŋa, k＝koːri, n＝kane(k)kori, z＝dzae, g＝gasa

3.9 "おたまじゃくし"[①]的分布图

"おたまじゃくし"的土语在全国范围内也属于方言量较多的。因为蝌蚪是孩子们的玩耍伙伴，很容易被孩子们起新的名字。在丝鱼川和青海地区，"おたまじゃくし"的土语就能分为 9 种到 13 种的类型(参见图 3.9-1,-2,图 1.3-7,-8)。

除方言量多之外，这个词的另一个特征是在区域上分隔较细，而其分成的区域和发音人小学的学区惊人的一致。图 3.9-1,-2 中，被线围起来的区域就是学区。之前在"肩車"中，我们已经看到该土语和学区的高度一致性，而"おたまじゃくし"的一致性更高。现在我们来细看一下，下早川的 memento 类的地域和这里的学区一样。上早川的 memento 的分布地域比学区稍微小一些，但没有出该学区的范围。下早川的 bebetanaŋo 地域和学区一样。roko、doko 都分布在 4 个相邻的学区里。to:rokko 也分布在 6 个学区里。信州的 kobara 地域和学区一致，tamoza(tamozu)、田海川的 memezakko 也是如此。从青海川上游到上路川、镜川的 memento 分布在 4 个学区。和学区一致，也可以看作学区内所有社区都使用同一个词。从这个观点出发，则上面提到学区之外的所有学区也基本都有内部共通的土语词。

接着，我们来调查一下每个土语的分布情况。参见图 3.9-1 和 1.3-7,-8。首先，memento 类好像相当古老。这一类包括

---

① おたまじゃくし，otamajyakusi，蝌蚪。

memento、memento:、memeto、memetto 和 mimitto、mimito、miminoko、mi:mitto 等形式。之所以认为它古老，是因为它分布在离中心地丝鱼川市区相当远的地方，而且是彼此不相邻的 2 个以上地点。因此这一类过去拥有包括海岸地带的连续分布地域。不过现在只残留在山谷深处了。

先来看青海川。山谷深处是 mimitto，谷口是 gja:ruko、gjakko。从此分布可知 mimitto 更古老。kobara 留到后面再说。

在海川，我们无法断定 mimitto 和 gja:ruko 哪个更古老，但 mimitto 肯定比 roko、doko 古老。

在早川，memento 和 gja:ruko 的关系也绝不简单。memento 不仅分布在山谷深处，还出现在下游。由于下游的 doko 只分布在下游，可以认为在早川谷，它比 memento 和 gja:ruko 新。

我认为，在早川 memento 是古老形式，gja:ruko 是新形式。下游的 memento 是后来 gja:ruko 侵入时抵抗到最后保留下来的。下早川回答了 memento 的 3 个社区中，有一个社区不仅把"おたまじゃくし"叫作 memento，めだか[①]、小鱼、蚯蚓等小生物也叫作 memento。图 3.9-3 是めだか的分布图，这一带把めだか叫作 memento。而在中早川，おたまじゃくし是 gja:ruko，めだか是 tanaŋo。上早川把おたまじゃくし叫作 memento，这附近没有めだか，所以需要时使用东京共同语形式的 medaka。这可以表示为下图：

---

① めだか，medaka，青鳉鱼。

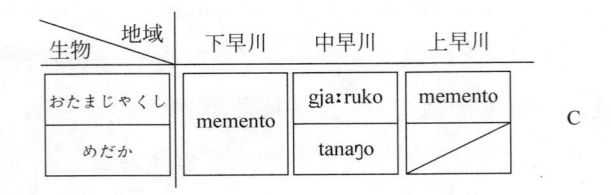

生物＼地域	下早川	中早川	上早川	
おたまじゃくし	memento	gja:ruko	memento	C
めだか		tanaŋo		

一代之前恐怕是这样的：

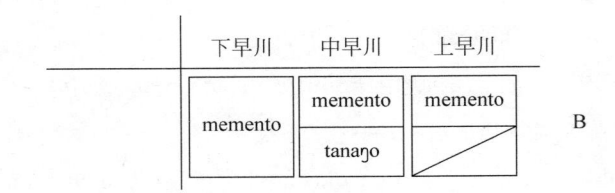

	下早川	中早川	上早川	
	memento	memento	memento	B
		tanaŋo		

过去，早川全境都把おたまじゃくし叫作 memento。后来中早川的丝鱼川市区受到一代之前的 gja:ruko 的挤压，变成了 C。那么为什么下早川没有受到 gja:ruko 的压力呢？因为那里的おたまじゃくし也好、めだか也好，甚至蚯蚓都全部统称为 memento。如果接受了 gja:ruko，就还要决定めだか和蚯蚓都各自叫什么。这里应该不会欢迎这样的革命。

不过，更早一代之前应该是下图这样：

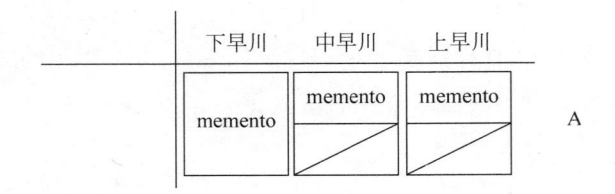

	下早川	中早川	上早川	
	memento	memento	memento	A

那时，中早川和上早川一样，对めだか没有特别的称呼。如果非要说めだか，应该是 memento。既然上早川没有めだか，那么在中早川めだか也绝不是常见的鱼类，因此没有特别称呼也不奇

怪。后来，一代之前较为强势的 tanaŋo 进入丝鱼川市区，形成了 B 的形式。因为下早川有めだか，而且早已和おたまじゃくし共有一个名称，所以反而没有接受新词 tanaŋo。

田海川深处的 2 个社区有 memezakko。这种形式中的 meme 和 memento 的 meme 属于同一词源。在日本诸方言中，meme 和 mimi 是表示"细小"义的语素[1]，所以 memezakko 是"小杂鱼"的意思。不过在青海川 memezakko 也指めだか（图 3.9-3）。图 3.9-3 是问めだか怎么说（调查使用词），问到 memezakko 是什么时（调查可理解词），除了青海市区外、青海川中游和田海川河口左岸的 2 个社区回答了めだか。因此这一带过去也曾把おたまじゃくし叫作 memezakko。

于是，在早川、田海川和青海川这些词的历史受到语言外要素和语言内要素双方的影响，前者指めだか存在与否，后者指表示めだか的词和表示与めだか生态相近的おたまじゃくし的词有什么样的关系。

如果青海市区过去曾用同一个词称呼おたまじゃくし和めだか，那么这里的おたまじゃくし就成了"鱼类"。后面我们会说到，doko、roko 是借用了一种河鱼（杜父鱼，kajika）的名称，那么从这一点来看おたまじゃくし是"鱼类"。

由于存在"蝌蚪是青蛙的孩子[①]"这样的民谣，因此也存在这带有"青蛙的孩子"义的词，实际上，这类词的分布地域是最广大的。形式也多种多样，有 kawazunoko、kaerunoko、kaerukko、kaeruko、gja:zunoko、gjawazunoko、gja:runoko、gja:rukko、gja:ruko、gæerokko、

---

① 青蛙，kaeru，古语为 kawazu。青蛙的孩子，kaeru no ko。

gja:roko、gjakko、gjanoko、gja:noko、gja:nako、gakko：等。其中分布地域相对较广的分别是包括了 gja:runoko、gja:rukko、gja:ruko 三种形式的"gja:ruko 类"，还有包括了 gæerokko、gja:roko 两种形式的"gja:roko 类"。这两类在形式上虽然只是 ru 和 ro 的区别，但前者主要分布在北部，而后者则分布在根知以南的地区。

现在来看蛙的分布图（图 3.9-4）。gja:ru、gja:ruko、gjaru、ga:ru（这几种统称为"gja:ru 类"）主要分布在除上早川外的早川一带和浦本、海川的较上游处；而 gja:ro、gaero、gairo、ge:ro（这几种统称为"gja:ro 类"）分布在根知以南。和おたまじゃくし的地图重叠起来可以发现，"gja:ruko 类"的分布地域和"gja:ru 类"的分布地域一致性很高，同样，"gja:roko 类"的分布地域也和"gja:ro 类"的分布地域相当一致。因此 ru 和 ro 的区别对应着地域差别，是有意义的。

在丝鱼川市区较有势力的，除了东京共通语的 kaeru 和其讹音 gaeru 之外，还有 gjawazu 和 kawazu 等形式。（图 3.9-4 中统一为 gjawazu）但一代之前应该是"gja:ru 类"。因为在海川，上游分布着 gja:ru 类，下游分布着 gja:zu，在河口离丝鱼川市区较近的地方也有 gja:zu，而更远的地方分布着"gja:ru 类"。此外，我们已经从下早川"gja:ru 类"和 kawazu 并存的社区中，获得了 kawazu 更新的内省报告。

おたまじゃくし的"gja:ruko 类"是从表示青蛙的词上衍生出来的，因此"gja:ruko 类"应该是 gja:ru 势力占据丝鱼川市区时产生的。

来看"gja:ruko 类"，在早川，它比 memento 类新、比 doko 古老。但在海川，它虽然好像比 roko、doko 古老、和 memento 却没什么关系。海川深处和根知相连，所以我们要考虑到来自根知的影响。在青海川，我们知道它比 memento 新，现在有必要弄清它和 kobara 的关系。

根知杂糅存在着 gja:roko 和 to:rokko。根知的 6 个社区都报告认为 gja:roko 更古老，因为没有相反报告，所以其可信度非常高。这 6 个社区的调查是由 4 位调查者每人负责 1 或 2 个社区完成的。

梨之木（5621.2653）的全员调查结果也支持上述报告。

土语＼发音人生年	1882—1905	1909—1937	1942—1953
gaero(ko)	$3_{37\%}$	0	0
to:rokko	5_{63}	13_{68}	6_{43}
otamaʒkuʃi	0	6_{32}	8_{57}

otamaʒkuʃi 有随着年龄的降低而增加的趋势，而 gaero(ko) 和 to:rokko 则反过来呈减少趋势。gaero(ko) 急剧减少，到中年段已彻底消失，与之相比 to:rokko 尚处于优势。因此，梨之木的变化过程是：

$$\text{gaero(ko)} \rightarrow \text{to:rokko} \rightarrow \text{otamaʒkuʃi}$$

从这 1 个社区，就可窥得整个根知地域的变迁全貌。

我们还从根知的 2 个社区得到这样的报告，gja:roko 指已经长出腿的蝌蚪，而 to:rokko 指还是卵或刚孵出的、即没有腿的蝌蚪。2 个社区给出一样的回答，这个报告应是足够可信的。我们可以认为，表示没有腿的蝌蚪的 to:rokko 侵入了 gja:roko 分布区域，并固定了下来。

现在在丝鱼川市区势力强大的是 doko 和 roko。在丝鱼川市区势力强大,意味着这两种形式具有成为"地方标准语"的资格,但根据图 3.9-5,作为可理解词它们的分布地域非常狭窄。早川的情况是,只要不使用这两种形式的地方就完全不明白,青海市区也是这样。但是,只有小泷的 1 个社区清楚地意识到"这是丝鱼川(市区)的词"。在这种情况下,即便挟有丝鱼川市区的威势,也很难获得较广大的分布地域。おたまじゃくし土语的每种形式都只有极为狭小的分布地域。

  doko 和 roko 是丝鱼川市区最新的词语,因此可以找到其词源。我们从早川、海川、根知川、今井(姬川下游左岸·旧今井村)的共 10 个社区中得到的回答是,存在一种叫作 doko 或 roko 的鱼,即杜父鱼①。海川也把おたまじゃくし叫 dokokaʒika。从外形上杜父鱼和蝌蚪很像,因此表示杜父鱼的词也用来指称蝌蚪了。

  最初我把 roko 的产生和 gja:roko 联系在一起。认为 roko 是 gja:roko 的 gja: 脱落形成的。但是看图 3.9-2,二者在地域上并不相邻,这种变化很显然是不大可能的。不过这是因为我起初画分布图时,把 gja:ruko 和 gja:roko 合为了一类(图 1.3-7、-8)。如果整理这两种,gja:roko 和 roko 就能相邻了。

  roko 和 doko 中,后者是较新的形式。海川河口 1 个社区的发音人(70 岁的男性)说,他自己说 roko,但孩子们都说 doko。不过我们只在这 1 个社区得到此报告,还不能全然相信。

  根知的 to:rokko 和 roko 在形式上相似,分布地域也是相接的,二者之间一定有某种联系。在二者相接的地域,有回答了这两种形式的社区。海川深处、刚出根知的地方有一个社区,我们从那

---

  ① 杜父鱼,kajika。

里得到 to:rokko 比 roko 新的报告。报告仅来自 1 个社区，可信度并不高。但假设 to:rokko 确实来自 roko，那么我们来思考在什么样的情况下从 roko 衍生除了 to:rokko。

在根知入口的一个社区里，我们得到"因为头很大，所以叫 to:rokko"的通俗词源。to: 也许是表示"头"，但这应该不是真正的词源。关于真正的词源，我们可以做如下推断。to:rokko 之前是 *taroko 阶段。我们可以推定，*taroko 应该是 roko 和めだか的 tanaŋo 混合产生的。根知没有めだか。所以，我们无法弄清，在比根知更靠海的地域广泛使用 tanaŋo，是指めだか还是其他生物。不过 tanaŋo 可以理解为"田の子"①的意思，和蝌蚪在生态上类似，因此和表示蝌蚪的 roko 混合产生了新形式。或者可以这样说，roko 既指蝌蚪也指杜父鱼，为了区别河里的 roko 和田地里的 roko，就把蝌蚪叫作 taroko（"田のroko"的意思）。不管采用哪种解释，to:rokko 之前都有一个 *taroko 阶段。

田海川河口的 2 个社区说 tamoza 或 tamozu。这附近把おたまじゃくし叫作 memezakko，めだか也叫作 memezakko 或 zakko、zako:、kiũzako。因此 tamoza 和 tamozu 不可能和 zakko（雑魚）②没有关系。或者，也可能是从表示"田の雑魚"含义的 *tanozakko 而变化来的。这在词源上与根知的 to:rokko 从"田のroko"变来是一样的。

但是在词源上，tamoza 的 tamo- 也可能是"玉"③，和 otamaʒakuʃi 的 tama- 一致。

---

① 田の子，ta no ko，田地的孩子。
② 雑魚，zako，小鱼。
③ 玉，tama，球。

早川河口有 2 个社区说 bebetanago。这应该是"小的めだか"的意思。bebe-和 meme-有关系，tanago 是めだか。因此这种形式的词源是"小的めだか"。

姬川右岸的 5 个社区使用 boro。这附近把像没有加入卤水的豆腐一样的、黏稠的东西叫作 boro。指青蛙卵的状态时用 boro，后来也用它表示生了腿的蝌蚪。

下面要说的 kobara 和 boro 的分布地域并不相邻，因此说这两个形式有关系、kobara 来自 boro 是不大可能的。

kobara 分布在青海川的 1 个社区和长野县的 6 个社区。因为它分布在彼此隔开的边境地区，适用于周边分布原则。所以可以认为，过去 kobara 分布在连接这两块地区的广大地域中，那么这种想法是否妥当呢？我认为答案是否定的。周边分布原则并不是能机械地适用于所有情况的。

首先，青海川的 kobara 只出现在 1 个社区，不禁让人怀疑这是否是一个调查失误，不过把 kobara 作为可理解词调查时，见图 3.9-6，它也出现在青海川旁边的社区，因此这不是调查失误。小泷有这个词姑且不说，根知的 1 个社区也有就显得不可思议了。这可能是因为 kobara 的词源("小腹"[①])太容易明白了吧。

我们从长野县北小谷村使用 kobara 的 2 个社区得到报告，长了腿的蝌蚪叫作 gja:roko，没有腿的叫 kobara。从同属北小谷村的另一社区我们得到这样的解释，因为青蛙在产卵是 kobara kobara 地叫，此外，这个社区把蝌蚪叫作 gja:roko。

---

① 小腹，kobara。

注

（1）东条操《方言学的故事》p.78 这样说过："土语中 meme 有像 memetsubu(少量)、memera(小鳗)、memekuji(蚁狮中幼崽的意思)等词这样表示细小的含义,和词头的 mame 类似,也有 memekkui 这个形容词。指小的东西。"在东条操编的《全国方言辞典》中,证明这一结论的"土语"不胜枚举。memekantyo(极少)新潟县颈城郡,memekan(同上)京都府久世郡,memehanko(非常少)长野县小县郡,memera(极小)静冈,memera(幼鳗)静冈县庵原郡,memejyako(青鳞鱼)泉州堺和近江因幡越前〈物类称呼〉石川、和歌山、京都,memezako(同上)京〈物类称呼〉、伊予〈重订本草〉、京都,memezakko(同上)富山,memenjyako(同上)石川、福井、滋贺县爱知郡、香川、德岛、爱媛、广岛,miminjyako(同上)兵库、冈山县津山、香川、爱媛县新居郡,mimijyako(同上)和歌山县日高郡、淡路岛,memetatsubo(蜗牛)千叶县山武郡,memenjyou(同上)山梨县中巨摩郡,memenjyou(蚯蚓)山梨、静冈、长崎县五岛,mementyo(同上)熊本县芦北郡,memekoji(蚁狮)静冈县滨名郡、奈良县宇陀郡,memekubo(同上)三重县一志郡,mimittomu(同上)长野县诹访郡,mimitoushi(同上)山口县屋代岛,mimeragoshi(同上)奈良县山边郡,memerimushi(螳螂)富山。

3.10 "モンペ"①的分布图

这个项目恰能说明单纯依靠词语的分布是不够的,只有把モンペ本身的种类和变化与词的种类和变化联系在一起,才能做出充分准确的解释。

我们先从"ふつうのモンペ"②开始。ふつうのモンペ指宽松

---

① モンペ,monpe,扎腿式女子劳动裤。
② ふつうのモンペ,futsuu no monpe,普通モンペ。

肥大、侧面开口的モンペ。(参见照片①②③)主要有 8 种土语形式,我们把 ɸumikomi、ɸuŋkomi、ɸuŋŋomi 合为一类,称作 ɸuŋkomi 类;ikkoŋi、ikkomi、ikkumi 类,称为 ikkomi 类。如图 3.10-1 所示,大致是根知、小泷、信州为 ɸuŋkomi 类;青海川上游、海川、早川为 ikkomi 类,海岸地带分布着 okkomi 类。

那么 ɸuŋkomi 类和 ikkomi 类哪个更古老呢? 不仅只看分布地域无法得出结论,在二者接触的地带,有的地点认为前者古老,有的地点则认为后者古老。即 5611.6599,5612.9083,5621.1602,.4460,.5615 认为 ɸuŋkomi 类古老,而 5611.8398,.8834,.9474,5621.1701 则认为 ɸuŋkomi 类较新。同一片地域中发音人的报告如此截然相反,只能说明存在某种引起混乱的语言外要素。即还存在一种很像モモヒキ(参见照片⑦⑧⑨)[1]、非常贴身、基本没有侧面开口的モンペ(我们假设它是モンペ和モモヒキ的结合产物,称其为"あいの子モンペ"[2]。参见照片④⑤⑥)。混乱应该就来自是它与其名称之间的关系。我们再另画一幅和あいの子モンペ名称相关的地图。

在长野县上水内郡鬼无里村和邻接的户隐村、小川村局部地域中,至少存在 4 种モンペ。这 4 种モンペ引发了名称上的混乱,形成了复杂的语言变化(1),不过我们调查的地域只有 2 种モンペ。

而 ikkomi 类和 okkomi 类中,前者更为古老。以青海川为例,山谷深处分布着 ikkomi,谷口则分布着 okkomi。早川下游的 5611.7679 回答了 ikkomi,同时也给 okkomi 添加了"追赶[3]"这项

---

[1] モモヒキ,momohiki,束带细筒裤,在腰部左右重叠再用细带系起来的瘦型裤式样的男式衣服。

[2] あいの子モンペ,ai no ko monpe,两种形式结合的モンペ,直译为"混血モンペ"。

[3] 追赶,日语发音为 oikomu。

合理化解释。这就说明存在着从 ikkomi 变为 okkomi 的先兆。也是一个通俗词源促使语言形式产生变化的例子。

照片说明：这 9 张照片由当地民俗学者青木重孝拍摄于根知谷的山寺（5621.3693）。

照片①②③是ふつうのモンペ。这里叫作 ɸuŋkomi。现在主要是女性使用。如照片所示，使用条纹布料。以前要系绑腿、赤脚走路，现在要穿一种叫作 tanbokutsu 的橡胶短靴。

照片④⑤⑥是あいの子モンペ。这里也叫 ikkoŋi。现在已经不怎么用了。以前主要是女性使用，如照片所示，使用藏青色布料。照片中的 ikkoŋi 是从モモヒキ改成的，和过去的 ikkoŋi 稍有不同，但细节已经不知道了。裤腿细长，也能下到很深的沼田里。

⑦⑧⑨是モモヒキ，这里叫 momoʃiki。主要是男性使用。过去女性也用。围腰系在前面。藏青色。

下面来看"あいの子モンペ"。首先值得注意的是,它的土语和表示"ふつうのモンペ"的词有很多共同要素。与从"ふつうのモンペ"而来的词形式相同的词几乎全都出现在"あいの子モンペ"中。但是,ikkomi 类中,"ふつうのモンペ"分布在早川谷和相对靠近海岸的地区,"あいの子モンペ"则分布在从根知到海岸的广大地域中。而 ɸuŋkomi 类是海岸附近没有"ふつうのモンペ","あいの子モンペ"则分布在海岸附近。于是就形成了形式相同的词分成两类、分布地域也不同。本来海岸附近没回答"あいの子モンペ"的社区就很多。这说明这片地区没有"あいの子モンペ"这种东西。

信州、小泷的 jokkoŋi 是"あいの子モンペ"中具代表性的土语,也是 ikkoŋi 之前的语言形式。在信州,jokkoŋi 的意思是"拨雪前进"[①],即"雪很深时,像拔出腿一样走。"[(2)] (来自5611.9927,5621.4460的主观报告)

不过,因为 juki 也可叫作 iki,所以从 jokkoŋi 变成 ikkoŋi 也是很自然的。这时又与表示"ふつうのモンペ"的 ɸuŋkomi 混合,形成了 ikkomi(ikkoŋi × ɸuŋkomi)。jokkomi 应该是 jokkoŋi 和 ɸuŋkomi 的混合形式。

ikkomi 的北部邻接分布着 ɸumikomi,这种巨大的变化又是怎么回事呢?而且 ɸumikomi 表示的是"ふつうのモンペ"。这个问题我们到后面做"あいの子モンペ"的体系图时再来讨论。

还有一种 ikkomimomoçiki 类,和 ɸuŋkomi 在地域上重叠。本来"あいの子モンペ"就是"ふつうのモンペ"和"モモヒキ"结合

---

① 拨雪前进,日语为 yukikogi。

的产物。因此把 momoçiki 接在 ikkomi 后面、形成语言形式上的结合产物，也是能够理解的。不过靠近海岸的 1 个地点也有 okkomi。

根据邻接分布原则，这些词的变化过程是：

jokkoŋi→ikkoŋi→ikkomi→ɸuŋkomi→ikkomimomoçiki→okkomi→ø

本来 ɸuŋkomi 和 ikkomimomoçiki 的先后顺序仅靠此分布图就很难决定，硬要决定的话，应该是 ɸuŋkomi→ikkomimomoçiki。不过邻接分布原则只能决定顺序，却无法判断方向。因此上述变化的反方向过程也是可能的。但那种情况下要解释从 ikkomi 到 ikkoŋi 的变化，就要给添加 ikkomi 添加"拨雪前进"这一词源。虽然这种解释不是不可能，但就必须认为"あいの子モンペ"这种物品曾经存在于丝鱼川市区、后来却不再使用了。而 ikkomimomoçiki 则必须被当做过去曾经使用的土语的残留。不过这个词明显是解释性，因此应该形成不久。这些问题要通过"ふつうのモンペ"和"あいの子モンペ"的词汇关系来解决。

但在这之前，最好问问民众这物品来自何方。民众提供的信息会可靠吗？我们询问了"ふつうのモンペ"来自何处，并把得到的信息绘成地图 3.10-3。根据地图显示，信息本身也有地理分布。只要看了其分布状况就会明白，这些信息中有正确的部分。

首先，"来自信州"的回答是最多的，也是分布最广的。而在信州、也包括小泷，没有回答的情况非常多。这就说明"モンペ"这种物品很早之前就已经存在了。

"来自根知"分布在海川、早川和青海川。"来自小泷"比较分散。"来自西海"主要集中在早川和西海川的河口，这说明"モンペ"本身的传播路径应该是：

信州→根知→西海→早川→姫川左岸→青海川

丝鱼川市区附近"来自郊区、山村"这种抽象答案的非常多,都市生活中,モンペ是用不上的物品,因此人们对其不甚感兴趣。而okkomi是"来自下越",即遥远的东北地区,这个回答只表明了方向,okkomi 好像是从 ikkomi 直接变来的[3]。如果"ふつうのモンペ"是从信州北上而来,那我们就要问它是什么时候传入社区的。这一点不能上面的论述相矛盾。

首先,这个问题的答案有很多种。我们把它分为下面三组,得到较为清晰的分布图(图 3.10-4)。

(1) 15 年前,25 年前,30 年前,最近,中年时,自己××岁时;

(2) 40 年前,40—50 年前,50 年前,大正以后,明治末年,明治 40 年左右,明治 20 年左右,小时候,自己××岁时;60 年前,70 年前;50 多年前;明治后期,日俄战争之后;

(3) 小时候,80 年前,80—90 年前,100 年前,120 年前;一代之前,母亲的上一代,明治初期,过去,很远的过去,很久之前,自古就有。

其中"过去""很久之前"和"自古就有"这几种回答也许应该放入第 2 组,但这里按字面意思处理。

看分布图,信州只有(3),小泷、根知是(3)和(2),(1)是靠近海岸地区和早川全境。由此可以推断,"ふつうのモンペ"是从信州进入小泷、根知,然后再北上的。

通过上述过程,我们证实了"ふつうのモンペ"是从信州北上的。可以认为土语和实物一起北上。不过,我们现在无法断定"あいの子モンペ"也是从信州北上,它也可能是从丝鱼川市区南下的。这是我们就要问"ふつうのモンペ"和"あいの子モンペ"哪个更古老。(参见图 3.10-5)

这幅图也是有序分布。南部认为モンペ新，北部认为モンペ旧，中间地区认为"新旧一样"。从这种分布看，如果"ふつうのモンペ"自南来、"あいの子モンペ"自北来，那么"あいの子モンペ"自北向南传播，然后"ふつうのモンペ"从南传播过来，根知深处就应该是这种情况。但海川附近必须是在"あいの子モンペ"进入之前、"ふつうのモンペ"就已经进入了。这样一来就产生了矛盾。

那么，我们就要认为，"ふつうのモンペ"是从南部传播来然后北上的。最初，"あいの子モンペ"传过来，我们后面会说到，成为田地穿着。然后"ふつうのモンペ"作为外出穿着传播过来。从信州到根知谷深处就是这种情况。

但是，分为田地穿着和外出穿着的两种モンペ同时进入了根知谷入口到虫川的地域中。从这一带再向北则是外出モンペ首先普及开，"あいの子モンペ"随后赶上，却没有完全到达海岸地区。

现在我们从语言和实物两方面来梳理"ふつうのモンペ"和"あいの子モンペ"的变化过程。其实方向已经明确，实物的传播情况也很清楚，现在只需要探究语言变化上的详细过程。

我们把两种モンペ实物关系（物的体系）的地域变化和语言关系（词的体系）的地域变化做一个大致的对比，得到下图。参见图 3.10-6。

语言的变化中，从Ⅰ到Ⅲ的演变过程前面已经解释过了，并没有要追加的部分。问题在于从Ⅲ到Ⅳ的变化。这个过程是词的反向变化。在方言中，这种变化并不是非常少见的。但我们要详细探究为什么会发生这样的变化。

在产生Ⅲ到Ⅳ变化的地域中，"ふつうのモンペ"先进入，当然伴随着 Φuŋŋomi 这个名称。随后，"あいの子モンペ"带着 ikkomi

图3.10-6

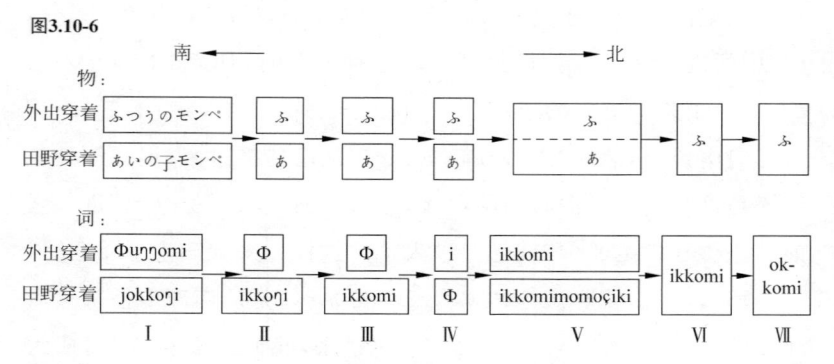

```
                 南 ←                                    → 北
    物：
外出穿着  ふつうのモンペ │ ふ │ │ ふ │ │ ふ │┄┄┄│ ふ │ │ ふ │ │ ふ │
田野穿着  あいの子モンペ │ あ │ │ あ │ │ あ │    │ あ │
    词：
外出穿着  Φuŋŋomi  │ Φ │ │ Φ │ │ i │ │ ikkomi     │ │ ikkomi │ │ ok-
田野穿着  jokkoɲi   │ikkoɲi││ikkomi││ Φ │ │ikkomimomoçiki│            │ │ komi │
            I        II       III    IV       V              VI       VII
```

的名称进入。最初,人们并不关心"あいの子モンペ"和"ふつうのモンペ"有什么不同(形式和功能方面都是),这个时候,ikkomi 是"拨雪前进",Φuŋŋomi 是"踩进①(把和服穿在里面,暖和的衣服)",这两种词源(后者来自 5621.6472 的内省报告)都没传播过来。在附近民众的意识里,有一段时期里,用 ikkomi 和 Φuŋŋomi 两个词表示几乎一样的モンペ。于是"ふつうのモンペ"也暂时叫作 ikkomi。因为 ikkomi 比 Φuŋŋomi 新,是富有魅力的名称。不过随着"あいの子モンペ"的逐渐普及,二者在实物上的差异也变得明显,人们感到需要在称呼上加以区分。这时人们采用的,就是还没有被彻底忘记的"同义词"Φuŋŋomi。反向变化的情况大致如此。物品的区别不清晰,就造成了词语使用的混乱。

再往北只有"ふつうのモンペ"。即使偶尔见到"あいの子モンペ",也会认为是"ふつうのモンペ"的一种,是很像モモヒキ的モンペ,也就是迎来了 V 阶段。然后是真正只有"ふつうのモンペ",一种名称就足够的 VI 阶段。

---

① 踩进,fumikomu。

"ふつうのモンペ"本来是外出穿着。这个情况是询问什么时候穿"ふつうのモンペ"时查明的。如图 3.10-7 所示,外出时穿的社区确实是从信州到姬川沿岸。这片地域知道"ふつうのモンペ"和"あいの子モンペ"的区别。但是在早川的上游和下游以及青海川以西的地域中,"ふつうのモンペ"不是外出穿着。从图 3.10-2 就能看出,这片地域和尚未普及"あいの子モンペ"的地域高度一致。这表明什么呢？在不穿"あいの子モンペ"的地域中,"ふつうのモンペ"是从南部山地扩展开来的"郊区"服装,因此属于田地穿着。

此外,在没有"あいの子モンペ"的地域,早川的上游和下游分隔开来。这说明,过去早川谷全境都是没有"あいの子モンペ"的地区,后来"あいの子モンペ"从西海越过山口而来。

下面是讨论穿着"あいの子モンペ"的时期。参见图 3.10-8。

在信州南部,"あいの子モンペ"是在山里劳作和在雪中行进时的穿着,而北部则是下深田时穿。这是地势和产业造成的差异。比信州更北的地域里,因为它不是雪中行进时的穿着,所以人们忘记了词源,从 ikkoŋi 变成 ikkomi。

我们已经解释了和语言没有直接关系的事和物。刚才我们推断了物和语言的变化方向和过程,下面要说的也和事和物有关,却能成为刚才的推断没有出错的证据。

下面来看"ふつうのモンペ"是男性穿着还是女性穿着。调查全境都是"男女皆可",没有地域差异(见图 3.10-9)。但如照片说明中的描述,现在根知谷主要是女性在穿。地图上的信息是发音人年轻时的(大约 50 多年前)。在信州,"あいの子モンペ"(图 3.10-10)是"男女皆可",但更往北的地方却是女性衣着。"あいの子モンペ"后来传播过来时,首先接受它们的是女性而不是男性。因为男性另有"モモヒキ"这种劳作服。换言之,"あいの子モンペ"并不具备能驱赶"モモヒキ"的力量。这个过程和语言中的新词产生后占有部分词义非常相似。

再来看"ふつうのモンペ"和"あいの子モンペ"各自的布料。即使是形式相同的"ふつうのモンペ",也会根据布料的不同分为田地穿着和外出穿着。田地穿着在调查全境都使用棉布(只有5621.7308用"麻"),外出穿着也用棉布,但比信州更远的"ふつうのモンペ"普及较慢地区(早川的5611.8247,.8944,.8957;5622.0035)会用丝、法兰绒和粗哔叽。

如图3.10-11所示,"あいの子モンペ"在信州主要用麻。因为在雪中走路时,雪很容易从麻布上掉落,走起来很容易,夏天穿也很凉快。而且这里是麻的产地。但信州以北,人们认为棉布比麻更好,所以使用棉布。

再来看花色,藏青色和条纹混杂分布在调查全境,但在二者共用的地点,有几个社区(5621.0414,.0424,.4500,.8588)认为前者更加古老,也有社区认为前者是老年人穿的(5621.8684),这能说明藏青色和条纹的新旧关系。

回答无花色的有早川上游的3个地点。5611.8944回答说无花色的是和尚穿的,5611.8936回答道无花色的是男性穿的,5611.8965则答道是田地穿着。(这三个地点的调查人都是马濑良雄。)此外,根知谷也有1个地点回答了无花色。

至于"あいの子モンペ",如图3.10-12所示,信州是无花黑色,小泷、根知是藏青色,海川是条纹。按照从南向北普及的顺序,花色也从无花黑色变成藏青色,又从藏青色变成条纹。花色越来

越醒目,这和"ふつうのモンペ"是同一变化方向。随着"ふつうのモンペ"藏青色→条纹的变化,"あいの子モンペ"也发生了无花黑色→藏青色→条纹的变化,虽然比"ふつうのモンペ"落后一步,但同样变得醒目。

上述情况虽然和语言没有直接关系,但全都与语言从南到北传播的过程相对应。但反过来以词语的分布则无法解释清楚。这样想我们就会明白,语言和非语言之间没有清晰的界限。当然,也存在一个纯粹的语言形式阶段。"ふつうのモンペ"的土语分布、"あいの子モンペ"的土语分布,两种土语体系的分布,我们可以说这些都是纯粹的语言形式的世界。但是地理分布早已和语言之外的世界产生了联系。从这个意义来看,那也不是纯粹的、仅有语言形式的世界。就算这有那样的世界,恐怕也不会允许我们构建历史。

综合上述所有信息,我们可以写一篇文章来描述两种モンペ和其名称的变化过程。其内容大致如下。

过去,信州在一个时期内,只有一种非常贴身、类似モモヒキ、裤腿很长的"あいの子モンペ",叫作 jokkoŋi,用于雪中行走和山中劳作,男女都可穿着。jokkoŋi 的词源是"拨雪前行"(指"方便在雪中行走的东西")。布料是本地生产的麻布。冬天雪落在衣服上很容易拍落、方便行走,夏天穿着凉爽、适合在山中劳作。

后来,一种侧面开口、宽松肥大的モンペ从南方进入信州,就是"ふつうのモンペ"。这种モンペ不适合在雪中行走,作为山中劳作的穿着也并不方便,但是外出穿着行走很是轻快方便。男女都穿用。这种モンペ叫作 ɸumikomi(ɸuŋkomi),即"踩进去"的意思(把和服穿在里面、暖和的衣服)。布料最初是麻,后来因为属于外出穿着，就很快改用棉布了。

　　信州的2种モンペ中，最先进入信州（包括根知谷深处）以北地区的是"ふつうのモンペ"，并且普及开来。这大约发生在明治末年。首先进入根知、小泷，然后从根知传至西海，又从西海传到早川中游。当然也从根知、小泷沿姬川、海川而下的。

　　这种モンペ可以用于外出和田地劳动，男女都能穿用。布料以棉布为主，而在モンペ新进入的地区，也有用丝、法兰绒和粗哗叽做的外出穿着モンペ。花色方面也从藏青色发展到条纹，变得越来越醒目。

　　不过，"あいの子モンペ"也跟在"ふつうのモンペ"后面，通过同样的路径普及开。根知、小泷使用的 ikkoɲi 和信州的 jokkoɲi 词源相同，但是形式稍有变化，用 ɸuŋkomi(→ɸuŋɲomi)/ikkoɲi 把两种モンペ区别开。后来，这两个词产生混合，"あいの子モンペ"变为 ikkomi(←ikkoɲi×ɸuŋkomi)。而与根知、小泷相邻接的北部地区，在人们没有清晰地意识到"あいの子モンペ"和已经普及的"ふつうのモンペ"的区别时，"あいの子モンペ"的名称也可以指称"ふつうのモンペ"。后来"あいの子モンペ"普及开，人们用尚未遗忘的名称 ɸuŋkomi 来指称，而把"ふつうのモンペ"叫作 ikkomi，于是两种モンペ的指称反转了。再往北的地区中，人们没意识到两种モンペ的区别，因此只有 ikkomi/ikkomimomoçiki 的区别。而在更北部的海岸地带完全不区分二者，直说 ikkomi 或 okkomi（这个词是从东沿海岸向西普及的）。

　　"あいの子モンペ"作为下深田劳作的穿着，最先由女性穿用。因为男性在田地劳动时穿モモヒキ。"あいの子モンペ"进入"ふつうのモンペ"的地区时，二者产生了用途上的区别，前者是田地穿着,后者是外出穿着。这和二者信州地区的区别一致。但是在早川下游、海川下游、早川上游和青海川以西,"あいの子モンペ"还尚未进入,因此モンペ只作为外出穿着。

"あいの子モンペ"的布料以木棉为主,藏青色。在信州"ふつうのモンペ"用藏青色棉布,"あいの子モンペ"用无花色黑麻布,二者在布料和花色上都有区别,而在根知、小泷以北,"ふつうのモンペ"一般用条纹棉布,"あいの子モンペ"一般用藏青色棉布,先不论花色的区别,在布料上二者已没有差异了。这也是两种モンペ会产生名称混乱的原因之一。

最后要补充关于 okkomi 的问题。根据发音人的报告,这个词来自"下越"。但如果报告属实,就是其他所有词的传播路径都是从信州到根知、根知到西海、西海到早川,或从根知沿姬川而下传播,或者经此路径演变,只有 okkomi 一个词,独立地从东边进入、沿海岸向西传播。而且 okkomi 在形式上还与 ikkomi 极为相似。如果说给 ikkomi 添加了"追赶使进入"①(把和服赶入其中)的词源的是 okkomi,也不是没有道理。但是,这时就不能全盘接受发音人的报告,所谓"来自下越",应该单纯表示"来自东部",这个词和其他语言形式一样,应解释为产生于海岸地带,向西部(和东部)传播。我们在其后的调查[3]中查明,能生谷的 okkomi 是从西部传过来的,而不是来自东北方的"下越"。

注

(1) 马濑良雄,もんぺ的方言,《信浓》,XVII-2,昭和 40 年。

---

① 追赶使进入,oikomi。

（2）这个地方存在以 jo 对应书面语 ju 的倾向。例如 jo"湯"①。

（3）能生谷分布着 okkomi 和 ikkomi，二者并存地点（5612.6250）认为 ikkomi 更古老。传播的源头是早川、根知、西海、丝鱼川、信州、富山，虽然地点众多，但都是从丝鱼川地区向东传播的（1968 年春的调查）。参阅图 3.10-13，-14。

（4）群马、埼玉、千叶和神奈川县一带，发生了とかげ和かまきり②的词语逆转。即とかげ叫作 kamagittyo，かまきり叫作 tokage。参见东条操编《全国方言辞典》。青森县从青森市到郊野的地区里，发生了いなご和ばった③的词语逆转。青森市附近把いなご叫作 torabo，ばった叫作 hattagi，而郊野则正相反，いなご叫作 hattagi，ばった叫作 torabo。我们认为，后者较古老，经过词语逆转变成前者。

3.11 "旋毛""蚁地狱""蜗牛"④的分布图

"旋毛""蚁地狱"和"蜗牛"这三者彼此之间没有联系。但是在丝鱼川·青海地区，表示这三者（的词义）的词共同变化。我们认为这种变化绝不是丝鱼川地区的居民有意造成的。

先看"旋毛"的分布图（图 3.11-1）。这片地域最古老的词是 dʒine 类（dʒine、dʒiɲi、dʒiŋe），因为它拥有小泷和能生谷两片相隔开的固有地域。青海町西部暂且不论，其他地域都曾经使用 dʒine 类。后来 dʒine 类变为 dʒiɴ。这不仅仅是 dʒine、dʒiɲi、dʒiŋe 词尾

---

① 湯，yu，热水。
② とかげ，tokage，蜥蜴；かまきり，kamakiri，螳螂。
③ いなご，inago，稻蝗；ばった，batta，蚂蚱。
④ 旋毛，tsumuji，发旋；蚁地狱，arijigoku，蚁狮；蜗牛，katatsumuri，蜗牛。

的-i～-e 脱落的简单语音变化，而是从"发旋是脑袋的芯①"的词源解释产生的变化。我们从 5611.7698,.7770,5621.1418,.2588,.3528 这 5 个社区中得到了这种词源解释,3 个社区独立产生了 ʃiN 这个词。nakadʒiN②（地图上有区别、未写出）是出于同一词源意识而增强形成的。现在 dʒiN 分布在从信州到根知,早川中游、上游等广大地域中,势力很强。

而分布在海岸地带、和 dʒi-(→ʃi-)系统对立的 gi-系统词,明显属于较新的阶段。5621.0742 回答了 nakadʒiN 和 giri,并认为前者更古老。（这位发音人在诱导性询问下承认了 dʒiN 的存在）gi-系统最初以 giri 的形式从越中渗透过来,得到丝鱼川市区之后,传播至早川、海川等山谷和旧今井村。在传播过程中,和古老形式 dʒine 接触,产生了几种混合形式。

  gidʒi←giri×dʒine
  dʒiŋiri←dʒine×giri
  tʃiri(←* dʒiri)←dʒine×giri

此外,5620.0912 的 dʒuŋŋuri,是把 dʒiŋiri 和表示陀螺③的 dzuŋuri 相联系而产生的形式。发旋和陀螺都有可视为芯的地方并以其为中心旋转。发音人自己主动告诉我们二者是同音词。发旋和陀螺被同一化的倾向也出现在 5611.7464,这里发旋叫作 giri,陀螺叫 girigiri。

姬川以西偏好重叠形式,主要使用 girigiri、gidʒigidʒi。这几个词是为强调 giri、gidʒi 而重叠产生的。姬川以东 girigiri 只出现

---

① 芯,shin。
② nakadʒiN,中芯。
③ 陀螺,koma,写作"独楽"。

在 2 个地点，其中的 1 个地点是与富山县有婚姻关系的受歧视部落(5611.7452)。

dʒintoko 出现在 1 个地点，它出现在 dʒi-系统和 gi-系统相接触的地域，应该是二者冲突之下产生的新形式。-toko 是"地方"的意思，girindo 中的-do 也是同一含义。

接下来看"蟻地獄"的分布图(图 3.11-2)。以亲不知为界线，形成了西部为 k-、东部为 h-的对立。h-地域中最具优势的是 hakko(muʃi)，这个词比 hakohako、hakohoko 都古老。根据发音人的词源解释(5611.7570，5621.0414，.0670)，hakko 是"爬"[①]的意思。可能是因为插秧时边插秧苗边后退的样子和蚁狮的动作很像。从 hakko 衍生的 hakkomuʃi、hakobe、hakkoɴ 在地域中分散分布，其中只有 hakkoɴ 在小泷有分布地域。

上路川的 k a(k)ko、kakkomuʃi 和 kakkoɴ，恐怕是从 hakko、hakkomuʃi、hakkoɴ 产生的独立形式。如果能够了解富山县的分布情况，就可以解释得更为清楚，不过现阶段还做不到。[(1)]

虽然 hakohako、ha(k)koba(k)ko 也有固定分布地域，但我们认为这是为强调 hako 而新形成的重叠形。不愿像 hakohako 这样单纯重复 hako，而把后半部分改为-hoko(实行一种异化)，就得到 hakohoko、hakoboko。这两个词也拥有固有分布地域，只是很狭小。我们可以认为丝鱼川市区的 hoko 是 hakko 的变体，但把它看成 hakohoko 后半部分独立出来形成的新词似乎更合适。hoko 还孤立分布在遥远的海川深处的 1 个社区(5621.1701)。这里的发音人具有学者风范，过去曾担任过临时教师和村委议员。根

---

① 爬，haikko，這いっこ。

据他的解释,和 hakko 相比,人们对 hokko 使用得更多。由此我们发现,ho(k)ko 现在正开始从丝鱼川市区流行。

根据上述推论,在田海川深处的横地(5611.9256)所发生的历史,应该是下面的过程:

$$hakko \rightarrow hakohako、ha(k)koba(k)ko \rightarrow$$
$$hakohoko、hakoboko、hakuboku$$

这演变过程也很好地体现在横地的全员调查结果上。

土语 \ 发音人生年	—1892	1907—1922	1927—1955
hakkobakko	$2_{100\%}$	2_{22}	0
hakoboko hakoboku hakuboku hakubo	0	5_{56}	14_{74}
ariʒiŋoku	0	2_{22}	5_{26}

老年段以 hakkobakko 为主,到中年段锐减,青年段则彻底消失。hakoboko 凭借中年段的优势,到青年段又增加了。全国标准语形式 ariʒiŋoku 在青年段也增加了。而 hakko 早已消失。

$$hakkobakko \rightarrow hakoboko 类 \rightarrow ariʒiŋoku$$

这个变化过程和我们从地理分布构建的历史一致。

我们再来看"蜗牛"的分布图(图 3.11-3)。过去这片地域曾经分为 gandeːro 和 gendaïro。分别在上路川、信州和能生谷拥有固有分布地域。gandeːro 和 gendaïro 应该与 gandoː(←gandɔː)——"强盗"[①]有关。因为这片地域中有些地方,把"稻草制的覆盖物"叫作 gandoː、

---

① 强盗,goutou。

gozagando、gando(ː)boːʃi,即、从丝鱼川市区到旧今井村的松本内街道的北部地区和 5610.9987 的 1 个地点。

蜗牛的壳很像强盗戴的遮蔽身形的东西,"稻草制的覆盖物"同样也和强盗戴的东西很像。这个土语命名就是这样来的。

这片地域现在最具优势的 daĭro 和 deːro,应该是上述 gandeːro 和 gendaĭro 失去"强盗"含义后短缩形成的。而仅从分布上,看不出 daĭro 和 deːro 来自 gandeːro 和 gendaĭro。

daĭro 出于强调的重叠形是 daĭrodaĭro,分布在海川以西的海岸地带。旧今井村的 d(a)erondʒi 也来自 daĭro。[2]

在松本内街道的 2 个地点有 gasammaero,意思应该是"戴斗笠的蛞蝓"[①]。5621.4329 说蛞蝓是 daero(蜗牛是 gasammaero)。5621.5307 还追加说"daero 是家里没有的"。而处于 gasammaero 邻接地点的 5621.4460 则说蛞蝓是 namero。namero 与 daero 混合产生了 *naero,然后又变成了 maero,gasammaero 的-maero 应该就是这样来的。

katatsumuri 和 dendemmuʃi 分散分布在地域全境,因为是全国标准语,所以没有画在地图上。

通观"旋毛""蟻地獄"和"蜗牛"的发展历史,三者共有的变化之一就是重叠形的出现。

    giri→girigiri;gidʒi→gidʒigidʒi

    ha(k)ko→hakohako、hakobako、hakoboko、hakuboku

    daĭro→daĭro(ː)daĭro

而且这些重叠形的分布地域几乎一致,参见图 3.11-4。我们

---

① 戴斗笠的蛞蝓,笠の(ある)なめくじ,kasa no (aru) namekuji。

把这 3 个项目按照以下情况分开来看：只有 1 个项目有重叠形；2 个项目有重叠形；3 个项目都有重叠形。田海川附近，3 或 2 个项目有重叠形的社区非常密集。分布着重叠形的海岸地带和这附近都是偏好重叠形的地区，成为向四周放射扩散的中心地。为什么田海川附近成为这种革新的中心地，我们现在还不得而知。

我们在调查得到的所有词语中寻找这种重叠形，除上述 3 词以外还得到以下的词：

雨后的泥泞	gitʃagitʃa、giʃagiʃa、getʃagetʃa、geʃageʃa、gaʃagaʃa
土豆	gorogoro
蒲公英	katʃikatʃi、kotsukotsu、kaŋkaɴ
笔头菜	dokodoko、rokoroko、tsuku tsuku、zukuzuku
单脚跳	ʃitoʃito
陀螺	girigiri

但是"蒲公英"以下的项目都没有相对于重叠形的单一形，所以这里不做讨论。重叠形式是为了表示强调而新产生的，这点毋需赘言。但是剩下的 2 个项目中，"土豆"的单一形只出现在一个地点，所以也需要考虑。

我们把最后剩下的"泥泞"的重叠形绘入图 3.11-4 发现，其分布地域和"旋毛""蚁地狱"和"蜗牛"大为不同。分布不同就说明语言史不同。gitʃagitʃa 等词并不是新产生的词，gitʃa 反而是从 gitʃagitʃa 分割出来的词。

注

（1）k-/h-的对立也可能是表面上的对立。k-地域都由贺登崧负责。在他的母语之一的法语中，h 是不发音的。如果这种推论正确，那就应该删除本段。

（2）同一片地域中还分布着把"蜷"①叫做 binrondʒi 的土语。d(a)erondʒi 可能是由 binrondʒi 的类推产生的。而且 bin-是从古语的"众"变化而来的。

3.12 "ガ行鼻音"②的分布图

在丝鱼川·青海地域,词中的ガ行辅音有〔ŋ〕和〔g〕两种,如果其分布有序,就可以推测出这两个辅音的新旧关系。

在看丝鱼川地区的分布之前,我们先来看全国的分布情况。这个辅音的研究已经具有相当程度的进展,《明解日本语重音辞典》也把ガ行鼻音的分布图作为附录之一(参见图 3.12-1)。我们一看便知,那是语音学的地图,而不是音位学地图。而且,其做法并不是选择一定的词语,研究词中的ガ行鼻音。而是认为只要满足一定条件、所有词中的〔g〕或〔ŋ〕都是ガ行鼻音。我们认为这是过于相信青年语法学派"语音规律无例外"原则。这个问题在我们后面给出的丝鱼川地区分布图中会得到清晰的显示。

如果这幅地图显示的是一定词语中的ガ行鼻音,那即使在语音学层面,也会显示更为有序的分布。如果是音位学地图,事情就简单了,可以把全国二分为/ŋ/具有音系意义的地方和不具有音系意义的地方。换言之,就是分为有/ŋ/和/g/的地方,和只有其中一种的地方。根据我们现有的材料,高知县和德岛县是只有一个音位的地带。这片地区中,不管是词中还是词头,都是鼻化了的〔g〕

---

① 蜷,nina,一群螺的总称;众,mina。
② ガ行鼻音,ガ行是五十音图中カ行的浊音,包括ガ、ギ、グ、ゲ、ゴ(ga、gi、gu、ge、go)五个音,辅音部分对应国际音标中的 g。当ガ行鼻音出现在词中或词尾时,辅音一般鼻化为 ŋ,在词头则不变。

([kaḡami],[ḡarasu])。九州也只有一个音位。此外,这幅地图显示丰桥附近是分布着[ŋ]的狭小地域,这里词头和中都是[ŋ]([kaŋami],[ŋarasu]),所以也属于一个音位的地区。

根据这幅地图,我们调查的丝鱼川地区是[ŋ]的地区,即属于词中是[-ŋ-]、词头是[g-]的方言地区。如果真是这样的方言,那就不存在地域分布,也无需讨论构建历史的问题了。但是正如我们前面所说,事实并非如此。

下面我们先画一幅音位学地图。一种情况是词中为[-ŋ-]、词头是[g-],可以从音系学角度解释为/g/和/ŋ/两个音位,这是第1。第2则是词中和词头都是[g]、只有/g/一个音位的情况。画好的地图是图 3.12-2。这幅地图中,早川中游到上游地区和浦本有/g/,而包括这一地区在内的地域全境中则分布着"/g/,/ŋ/"体系。由此我们可以推断,过去/g/体系在地域中是连接分布的。"/g/,/ŋ/"体系中,只是词中为[-ŋ]的方言停留在早川下游。早川谷的变化过程是:

"[g-],[-g-]" → "[g-],[-g-],[-ŋ]" → "[g-],[-ŋ]"

(/g/ → "/g/,/ŋ/")

整体上看这样就可以,也没有错误。但是我们还想知道是什么原因造成了这种变化。因此我们需要弄清楚,最初是从哪些词开始获得[-ŋ],或者哪些词到最后还保有[-g-]。语言地理学就要这样通过一个一个含有ガ行鼻音的词来调查其分布。

我们先看"とげ"①(扎在手指上的刺)的分布图。我们先把听记来的 5 种音绘成地图,如图 3.12-3 所示,[g]地域都断开、没有统一

---

① とげ,toge,刺。

的分布地域。要得到有序的分布，必须凭借其他分类。于是我们分为〔g〕和〔ŋ〕、〔r〕、〔r̃〕、〔rŋ〕两组来绘制地图，得到图 3.12-4。这两组是非擦音·非鼻音和擦音·鼻音的对立。这张分布图中〔g〕地域也是断开的。那么我们分非鼻音和鼻音画图，如图 3.12-5 所示，得到〔g〕和〔r〕的连续分布地域。需要注意的是，在语音辨识方面，个人差异是非常显著的。我们把三位调查者和 5 种语音的关系整理为下表。

语音 调查者①	ŋ	g	r	r̃	rŋ	总计
G	17 地点	3.5	7.5	0	0	28
S	16	4	0	1	0	21
T	12	0	10	2	1	25

如上表所示，S 一次〔r〕也没有听到，T 没有听到〔g〕。这样看来，S 的〔g〕和 T 的〔r〕有可能是同一种音。即使不是同一音，把它们区别开来记入地图也没有意义。因此图 3.12-5 把〔g〕和〔r〕一起处理是比较妥当的。正因如此，我们得到了有序的分布。

但是上述差别有没有可能不是个人差异而是地域差别呢？会不会只是因为 T 经常去〔r〕地区、却从不去〔g〕地区呢？其实并不是这样的。如图 3.12-6 所示，分配给三位调查者的地点是经过仔细安排、不会在地域上过于集中。而且也不会上同一位调查者连续多日调查同一地点[1]。因此〔g〕和〔r〕的差别并不是地域差别，

---

① 根据姓名首字母，G 为贺登崧、S 为柴田武、T 为德川宗贤。

很明显是调查者在标音方面的个人差异。

"とげ"的语音分类还有另一种可能性。〔g〕和其他读音的对立,即完全鼻音和不完全鼻音(和非鼻音)的对立。用此分类画出的分布图(图 3.12-7)也是有序的,实际上,和之前提到的图 3.12-5 难分优劣。我们也在"とげ"之外的项目上做了尝试,认为这种分类方法最为合适,所以以下的项目也都采用这种分类方法。

下面来看"嗅ぐ"①的分布图,〔g〕的分布地域和"とげ"十分相似,不同之处在于,浦本的 3 个社区都是出现〔g〕的地点。

从这两幅图来看,〔g〕是古老的,〔ŋ〕是从丝鱼川市区附近传播来的新形式、把〔g〕地域从中间断开。在"薄氷"的分布图中(参见 3.8),dzae 的分布与这种情况一样。如果反过来认为〔g〕比较新,那么就必须认为早川深处和浦本分别独立发生了〔ŋ〕→〔g〕的变化。这种变化不是完全不可能的,语音变化方面偶尔会存在这种可能。但是就大多数词语而言,早川深处和浦本存在古老形式的例子已经得到确认,而且在语音方面,与〔se〕相对应的〔ʃe〕也呈现同样的分布模式,而ʃe 明显是古老的,因此对〔g〕我们也下同样的判断。

"自在鈎""あぐら""はげ頭"②中每一个词的分布都差不多(参见图 3.12-9,-10,-11),但醒目的是,"はげ頭"在海川的 1 个社区出现了〔g〕。"額""正月""東""七月"③的分布图也一样,但〔g〕的地域多

---

① 嗅ぐ,kagu,闻、嗅。
② 自在鈎,jizaikagi,炉子上可自由移动的挂钩;あぐら,agura,盘腿坐;はげ頭,hageatama,秃头。
③ 額,hitai,额头;正月,syougatsu,正月;東,higasi,东方;七月,sitigatsu,七月。

少伸展向早川下游(参见 3.12-12,-13,-14,-15)。再来看"傾く""稲架の棒""稲架の横棒""影"①,分布也都几乎一致,只是"影"在海川 1 个地点、早川河口 1 个地点出现了〔g〕,值得注意(参见图 3.12-16,-17,-18,-19)。

接下来看"鏡""歯茎""おにぎり""ひげ""とげ"②的分布,和上面几个词相比,〔g〕的前沿已经沿着早川下到相当远的地方(参见图 3.12-20,-21,-22,-23,-24)。而到"こげくさい""ひきがえる""まぶしい""踵"③,因为出现了和ガ行辅音无关的语言形式,分布图呈现出的状态就好像是"被虫子蛀过"一样,但〔g〕的分布地域扩大了许多,已经达到了海川。

以上 21 张分布图,如果从微观角度看,每张图都有些许不同、并不一致,但如果从宏观角度看,可以说所有的图都展示了同样的分布。但即便如此,这些图也存在着分布差异。我们可以把它们大致分为四组。第一组的代表是"嗅ぐ",第二组是"正月",第三组是"鏡",第四组是"ひきがえる"。再对这四组词的分布图做相互比较。

把这四组词显示在地图上得到图 3.12-29,还可以总结为下表

---

① 傾く,katamuku,倾斜;稲架の棒,hasagi,稲架的杆;稲架の横棒,hasanoyokogi,稲架的横杆;影,kage,影子。
② 鏡,kagami,镜子;歯茎,haguki,牙龈;おにぎり,onigiri,饭团;ひげ,hige,胡子。
③ こげくさい,kogekusai,焦臭;ひきがえる,hikigaeru,蟾蜍;まぶしい,mabusii,耀眼;踵,kakato,脚跟。

组 I	II	III	IV
kago	ʃo:gatsu	kagami	-gaeru
okagisama	çigaʃi	hagiʃi	kagappoʃi:
agutʃi	ʃitʃigatsu	nigirimeʃi	kagato
hage-	kaʃigaru	çige	
-gutʃi	jokogi	toge	
	hasagi	kogekusai	
	kage		

四组词的分布地域从小到大依次排列，因为在地域上连续分布，几组词之间的演变顺序应该是下面中的一种。

$$\text{I} \rightleftarrows \text{II} \rightleftarrows \text{III} \rightleftarrows \text{IV}$$

因为前面已经推论出〔g〕是残留形式，〔g〕分布地域最大的Ⅳ组的分布地域逐渐缩小，其变化过程为

$$\text{I} \leftarrow \text{II} \leftarrow \text{III} \leftarrow \text{IV}$$

这个公式的含义是Ⅳ组词中的〔g〕是Ⅲ组词的前一阶段，Ⅰ组词的〔g〕是最新的状态。

引发上述变化的原因是什么呢？我们可以排除与其他语言的接触。当然了，"/g/，/ŋ/"体系进入〔g〕地区，这种接触是存在的。但是为什么和其他词相比"ひきがえる"的ガ行辅音是〔g〕残留在多数社区中？而和其他词相比"嗅ぐ"的ガ行辅音〔g〕却没留在几个社区中呢？其原因恐怕要求诸这个地域的民众的心理。但是我们无法直接走进民众心理，只能通过语言形式上的特征来知晓民众心理的微妙之处。

首先我们思考一下，哪些因素会导致ガ行鼻音产生变化。以东京话为例，ガ行鼻音不出现的情况已经很清楚了[2]。

1. 拟声、拟态词等同音反复

ゴロゴロ , ゴーゴー （轟轟）

2. 数词五

ジューゴ （十五）

3. 跟在轻度接头词后面

オギョーギ （御行儀）

4. 后词以ガ行开头、复合程度较弱的复合词

コートーガッコー （高等学校）

5. 外来语中，除原音为鼻音且进入日语较早的词，其余为ガ行音。

但是我们的调查中，没有符合上述条件的词。而能想到的其他原因为如下几条

1. 词类差别
2. 词的长度
3. 语素的切分
4. 前后元音
5. 重音核

我们先来看看词类，分为体言、用言[①]两种，计算每组中的比例得到下表

	I	II	III	IV
体言	80%	85%	83%	66%
用言	20%	15%	17%	34%

---

① 体言，日语单词的一类，指独立词中没有活用变化、可作主语的词，如名词、代词等。用言，在日语独立词中，有活用变化，可单独做谓语、叙述事物的动作、存在、性质、状态的词。包括动词、形容词、形容动词等。

每组中体言都占了大多数。而且词类数量并没有使这几组词的顺序发生系统性的变化。也就是说,词类差别不是影响因素。

第 2 点,我们用莫拉表示词语长度,得到

Ⅰ	Ⅱ	Ⅲ	Ⅳ
3.6莫拉	3.5	3.4	4.7

我们也没有发现平均值的系统性变化。因此,词语的长度也不是影响因素。

再来看语素的切分。以 kagisama 为例,可以切分为 kagi 和 sama[①],kagi 则不能再切分。现在我们计算各组中能切分语素的词所占的比重

Ⅰ	Ⅱ	Ⅲ	Ⅳ
60%	57%	16%	33%

百分比同样没有系统变化。语素切分也不是影响因素。

第 4 是前后元音。如果按 a、i、u、e、o 分类,我们的词数量不够,因此这里把元音分为"宽元音"和"窄元音"。日语中 a、e、o 是"宽元音",i、u 是"窄元音"。

"宽元音"不易无声化,"窄元音"则容易无声化。而且窄元音具备过渡音的性质,宽元音则不具备。此外,同种重音模式的词语在历史上产生分化的契机往往要看词尾或词尾前一元音的宽窄。因此把元音分为宽窄两类是有意义的。

根据 g 后面元音的宽(W)窄(N),我们得到

---

① kagi 是钩子,sama 是敬称。

	Ⅰ	Ⅱ	Ⅲ	Ⅳ
-W	20%	71%	58%	100%
-N	80%	29%	42%	0%

同样,百分比没有系统性变化。

再看 g 前元音的宽窄,

	Ⅰ	Ⅱ	Ⅲ	Ⅳ
W-	100%	64%	83%	66%
N-	0%	36%	17%	34%

百分比也没有系统性变化。

我们再把 g 前后的原因分为同类(WgW, NgN)和非同类(WgN, NgW)两种情况

	Ⅰ		Ⅱ		Ⅲ		Ⅳ
同类	20%	←	35%	←	58%	←	66%
非同类	80%	→	65%	→	42%	→	34%

到这里,百分比终于显示出系统性的变化。g 前后元音是否同类,是决定[g]还是[ŋ]的因素。

从地域上看,Ⅰ、Ⅱ、Ⅲ、Ⅳ组呈连续分布。根据组内某种特征分类时,其比例按Ⅰ、Ⅱ、Ⅲ、Ⅳ的顺序排列。因为共有四组,所以绝不可能是单纯的偶然。

我们可以认为,g 前后的元音为非同类时(mutating syllabic construction),[g]比同类时(level syllabic construction)更容易消失。

最后是重音核。计算各组中有重音核的情况(gV˥),得到

3 从语言地图到语言史

Ⅰ		Ⅱ		Ⅲ		Ⅳ
76%	→	28%	→	16%	→	0%

百分比具有系统性变化。重音核的有无也是决定〔g〕还是〔ŋ〕的因素。即有重音核时，〔g〕比没有重音核时更容易消失。

通过上述分析，我们得到两种影响因素。g 前后元音不同类时，〔g〕容易消失，有重音核时，〔g〕也容易消失。

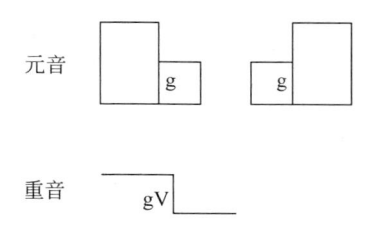

元音　　□g　　g□

重音　　　gV‾|_

这两种因素固然可以各自起作用，但如果能把二者合一，作为解释因素就会更加清晰。如果我们把含有宽元音的音节叫作"宽音节"，含有窄元音的音节叫作"窄音节"，那么第 1 种因素就是，如果"g"出现在从宽音节到窄音节或从窄音节到宽音节的音节变化节点上，就容易消失。而第 2 种因素是，在重音变化节点上，如果后面是以〔g〕开头的音节，〔g〕就容易消失。这两种情况都是〔g〕出现在连续语音的变化节点处。

上述两种因素是语言结构上的，与之相对应，还有心理层面的原因。人们不喜欢〔g〕这样带有强烈爆破感的语音，尤其是语音结构改变和重音高低改变时，〔g〕的存在会越发突出，这时人们想使该发音更加柔和的心理就促使了〔g〕的消失。

海川谷的人这样批评早川深处的语言，"那里的发音很硬"，我们在海川的好几个社区都听到这种评价。这里语言的标准是丝鱼川市区的〔ŋ〕音，因此早川谷也在努力把听起来很硬的〔g〕改成〔ŋ〕，他们的努力首先在不那么刺耳突出方面取得了成功。

前面我们通过语言地图分布推断出 g→ŋ 的变化，又结合分布地域从结构特征分析影响因素，成功找到 2 点影响因素，最后还推断出与之相对应的民众语言心理。

但是也可能有人会产生疑问，如果详细调查某一社区（地域社会），上面论述的内容应该是可以掌握的。其实这个疑问也是在说，语言地理学费尽周章、调查众多地点——我们的情况是调查了所有地点——收集材料，但是即使不这样做，通过对某一地域社会做结构主义语言学的考察，也可以明白所有问题。

那么，现在我们以早川的 5611.8738（泷川原）为例子来看。这里我们实际上选择了一个非常有利的地域社会，如果选择 5611.8838（中野），21 个词都是〔g〕，语音的变化甚至根本不会成为一个问题。如果选择 5611.7646（田屋），21 个词都是〔ŋ〕，同样也不会有语言变化上的问题。

但幸运的是，5611.8738〔g〕和〔ŋ〕并存。如果分为全都发〔g〕音的词和全都发〔ŋ〕音的词，那么前者有 12 个，后者为 7 个（其他 2 词回答了其他形式）。

g	ŋ
agutʃi	kaŋu
ʃoːgatsu	okaŋisama
çigaʃi	haŋe(atama)
kaʃigaru	ɸutaeŋutʃi
jokogi	ʃitʃiŋatsu
kage	hasaŋi
kagami	ɸukuŋaeru

3　从语言地图到语言史

hagiʃi	
onigiri	
çige	
toge	
kagappoʃi:	

但是仅从这张表无法判断哪种更为古老。

此外，以各种因素分析的结果为

	g	ŋ
词类区别（体言比率）	91％	85％
词的长度	3.3 莫拉	3.8 莫拉
语素切分	33％	42％
前后元音	-W66％	43％
	-N34	57
	W-58	71
	N-42	29
	同类 58	24
	不同类 42	76
重音核	33％	36

这里显示出的倾向和我们从分布图分析出的结论完全没有矛盾。仅靠这里的分析，也能看出 g 后面元音的宽窄是一种有效影响因素。但是，这是在我们已经通过分析地理分布之后比较得到的结果，如果仅做上述结构分析，掌握影响因素会是很难的。实际上，结构主义语言学的研究目标是体系，而不是这样的影响因素，因此上述的疑问有些过于想当然了。

注

（1）参见 3.2，S. Pop 的"锯齿调查法"。

（2）《明解日语重音辞典》的解释，p. 17-18。

3.13 "拾った""払った"[①]的分布图

"拾った""払った",也就是ハ行四段活用动词连用形后接た的形式。我们选择了16个这种形式的词,从其地理分布可以看出,ウ音变(-VF+-t-→-Ort-;V为元音,F为动词词干末尾的辅音音素 f~b~m,-t-为助动词 ta~-te)在分布地域的广度上存在明显差异(参见图 3.13-1,-2)。酔った[②]的ウ音变分布在上路川、青海川、田海川、姫川左岸、姫川右岸、海川、早川和浦本8个地区,地点数达到158个。而在上述8个地区中田海川、海川和浦本这3个地区没有買った[③]的ウ音变,地点数也只有20个。

-VF+-t-→-Ort-虽然是形态变化,却并非和语音全无关系,实际上它属于形态语音变化。如果语音变化没有例外,那么就应该是某一社区中这16个动词全部实现ウ音变。如果某一个社区中不是所有动词都实现ウ音变就是不合理的。但是现实却并非如此。我们任意选择一个社区调查就能马上得到这一结论。在根知谷的梨之木(5621.2653),酔う、言う、吸う、狂う、思う、拾う、争う、笑う、養う、しまう、払う、綯う、使う[④]13个动词实现了ウ音变,但

---

① 拾った,hirotta;払った,haratta 是日语动词拾う(hirou,捡,拾)、払う(harau,付钱)的连用形,后面接た表示过去的动作。这两个词都是以う(u,片假名写作ウ)结尾的。正文提到的ウ音变,就是这类以う结尾的动词在变为连用形时产生的音变,一般是将う变为促音,后面再接た。这一节讨论的就是这类动词的音变。
② 酔った,yotta,原形为酔う,you,喝醉。
③ 買った,katta,原形为買う,kau,买。
④ 言う,iu,说→言った,itta。吸う,suu,吸→吸った,sutta。狂う,kuruu,失常→狂った,kurutta。思う,omou,想→思った,omotta。争う,arasou,争斗→争った,arasotta。笑う,warau,笑→笑った,waratta。養う,yasinau,抚养→養った,yasinatta。しまう,simau,完→しまった,simatta。綯う,nau,搓绳子→綯った,natta。使う,tsukau,使用→使った,tsukatta。

貰う、会う、買う却没有①。貰う是morata、会う是aRta、买う是kaRta，每个都是ア音变②。而在早川谷的新町(5611.8703)，发生ウ音变的只有思う和争う2个词，狂う、笑う和払う是kuruta、warata、harata，酔う、吸う、養う、しまう是joQta、suQta、jasinaQta、ʃimaQta这类"促音形"，貰う是morata～moraQta，买う是kaRta～kaQta这样保有两种形式。

我们把所有动词的ウ音变分布状况和形态特征（产生分布差异的影响因素的条件）列表如下。

词	分布和条件	ウ音变地点数	地区数	地区						条件	
				上路川	青海川	田海川	姫川左岸	姫川右岸	海川	早川	浦本	莫拉	补助动词	引用 to
酔	joːta	158	8									3	
言	juːta	154	8									3	○
吸	suːta	151	8									3	
狂	kuruːta	149	8									4	
思	omoːta (-ouːuu)	144	8									4	○
拾	çiroːta	143	8									4	
争	arasoːta	122	8									5	
笑	waroːta	42	6		×					×		4	○
養	jaʃinoːta	36	6		×					×		5	
仕舞	ʃimoːta	36	5		×		×			×		4	○
払	haroːta	32	5		×		×			×		4	
貰	moroːta (-na-)	31	5		×		×			×		4	○
綯	noːta	30	6		×					×		3	
使	tsukoːta	28	5		×			×		×		4	
会	oːta	21	4		×			×	×	×		3	
買	koːta	20	5		×			×		×		3	

---

① 貰う，morau，得到→貰った，moratta。会う，au，见面→会った，atta。
② ア(a)音变，日语语音学中只有イ(i)音变、ウ音变、促音变和拨音变四种音变，没有"ア音变"，应该是作者类推造出的。

ウ音变的分布地点数上,除養う和しまう一致之外,其余各词都不相同。養う和しまう的分布地区也不一样,因此可以说这16个动词并没有显示出某种一致的分布。这好像很符合吉列龙所说的"每个词都有自己的历史"。

但是如果从宏观角度看这些动词的分布,我们能发现相当高的一致性。而且这时,这种一致性是有意义的。特别是如果按照地点数为一百多和42以下分成两组,每组内部的一致性也是相当高的。我们把前者称为O群,后者称为A群,O群的地点数都是8,而A群则都在6以下。再来看两组的形态特征O群的词干以-o或-u结尾,而A群以-a结尾。这说明同类形态也拥有相似的地理分布。这也许可以说是"形态音变无例外"。不过,地点数方面还存在36个地点的差异,因此也不是不能认为"每个词都有自己的历史",亦即"形态音变无规则"。不管哪种说法,都是不能广泛使用的命题。调查O群词语终止形的莫拉数,我们发现莫拉数越多,ウ音变形式越少。后面我们会说到,ウ音变是古老形式的残留,莫拉数越长则越是革新形式。A群词语虽然不像O群词语那样清晰,但也可以发现一个大致倾向,即莫拉数越多,ウ音变形式越多。O群和A群的倾向是正好相反的。因此我们不能说莫拉数的多少和地理分布有关。同样地,助动词和引用动词to也和地理分布无关。

现在我们分别讨论O群和A群的地理分布。我们选择拾った作为O群的代表(图3.13-1),因为其他O群词语的分布形式和拾った非常相似。信州是hiroQta的专属地域,早川深处除了一片狭窄的hiruRta地域之外,几乎都是hiro(R)ta、hero(R)ta,即ウ音变的势力范围。hiroQta还分散分布在信州以外的地区,从分布形式看,这是全国标准语的 hiroQta。早川深处的 hiru(R)ta 反映出的"开合区别"。这一带能够确定的保有开合区别的社区有 4 个[1],即汤川内(5622.0047..0067)、土仓(5612.9053)、中川原新田(5612.9083)和猪平(5612.9094)。现在我们以土仓为例,得到下表[1]:

⌈juːdʒi	用事	tu⌉ː	十
joˈːdʒi	楊子	toˈː	塔
iˈʃʃuː	一升	ʃuˈː	塩
iʃ⌈ʃoː	一生	ɕjakuʃoˈː	百姓
waˈraˈnjuː	藁にお	uːˈkiˈː	大きい

下面来看払った(参见图 3.13-2)。信州也有 haraQta 的专属地域。而且 haraQta 也分散分布在信州之外的地区,和拾った一样,应该是全国标准语形式。在以払った为代表的 A 群中,显示出特征分布的是 haro(R)ta、hara(R)ta。haro(R)ta 的分布地域分为三处:早川深处、根知以南和青海町西部,对丝鱼川市区呈包围之势。由此我们可以推断,haro(R)ta 比 hara(R)ta 更为古老。现在两种形式并存的有 3 个地点,5621.1076,.2505,.4452,每个地点的发音人都认为 haro(R)ta 更为古老。

现在我们关联 O 群和 A 群,推测这种语言形式变迁的过程。当然,还是以拾った和払った为例。首先要注意的是早川深处的开合区别。开合的区别现在仍以 ɔʀ/oʀ 的形式残留在以长冈市为中心的新潟县中部地区,佐渡附近的残留形式则是 oʀ/uʀ。早川深处的开合和佐渡属于同一类型。从新潟县的分布来看,过去从

---

① 用事,youji,必办的事;楊子,youji,牙签;一升,isshou,一升;一生,issyou,一生;藁にお,waranio,麦秆堆;十,too,十;塔,tou,塔;塩,sio,盐;百姓,hyakusyou,百姓;大きい,oukii,大的。

早川下游到丝鱼川市区存在如下的开合区别：

　　hiruRta　　　　　　拾った

　　haroRta　　　　　　払った

这里我们可以向语言结构内部寻找原因，由于haroRta的类推和终止形hirou的类推，hiruRta向hiroRta转变了。但是比起上述解释，语言地理学对从语言结构之外寻找变化原因更感兴趣，变化的原因在于已经失去了开合区别的hiroRta想要从从越中进入这片地域。

不管怎样，下面的变化的确发生了

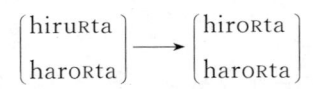

$$\begin{bmatrix} \text{hiruRta} \\ \text{haroRta} \end{bmatrix} \longrightarrow \begin{bmatrix} \text{hiroRta} \\ \text{haroRta} \end{bmatrix}$$

这应该是受到信州方言的影响。可以解释为信州的

$$\begin{bmatrix} \text{hiroQta} \\ \text{haraQta} \end{bmatrix}$$

影响了越后的

$$\begin{bmatrix} \text{hiroRta} \\ \text{haroRta} \end{bmatrix}$$

仅在A群产生了一种混合形式haraRta（haroRta×haraQta→haraRta）。也可以解释为信州方言代替了全国标准语形式，如果是全国标准语形式，我们很难想象它会在不到100年的时间里以这样的分布秩序普及到早川深处和根知谷深处。此外在全国范围内，haraRta还分布在出云地区[1]。我们认为，那是出云地区的haraQta和出云以外的中国其他地区的haroRta相接触产生的。

---

[1] 出云地区，日本本州岛中国地区的北部，属于岛根县。中国地区，日本区划，包括鸟取、岛根、冈山、广岛、山口、德岛、香川、爱媛和高知等九县。

从宏观上看,这 16 个动词的地理分布极为相似,如果和促音变专属地域相互印证就会更为明显。如图 3.15-7 现实,这 16 个动词的同言线极为一致。尤其是払った、狂った、吸った、養った、しまった、笑った、争った、酔った、合った和使った这 10 个词,同言线完全一致。因此吉列龙的命题有必要做出适当的修改。

注

(1) 其后的研究中,我们可以确定并不止这几个社区。请参见拙作:语言地理学资料和国语史资料的接点,《国语学》76.1969.3。

3.14 "高く""白く"和"暗く""黒く"[①]的分布图

高く的分布图(图 3.14-1)和白く的分布图(图 3.14-2)的关系,和払った、拾った分布图的关系极为相似。不仅是分布类型,语言形式也非常相似。

首先,信州是

$$\begin{bmatrix} \text{takaku} \\ \text{siroku} \end{bmatrix}$$

在早川深处、根知附近和青海以西,

$$\begin{bmatrix} \text{tako}_R \\ \text{siro}_R \end{bmatrix}$$

形式的社区很多。丝鱼川市区是

$$\begin{bmatrix} \text{taka}_R \\ \text{siro}_R \end{bmatrix}$$

---

① 这一节讨论的是形容词的副词形,日语形容词一般以い(i)结尾,变为副词形时要将い变为く(ku)。高い,takai,高的→高く,takaku。白い,siroi,白的→白く,siroku。暗い,kurai,黑暗的→暗く,kuraku。黑い,kuroi,黑的→黑く,kuroku。

这与下面的关系一模一样，

$$\begin{bmatrix} \text{haraqta} \\ \text{hiroqta} \end{bmatrix} : \begin{bmatrix} \text{haraRta} \\ \text{hiroRta} \end{bmatrix} : \begin{bmatrix} \text{haraRta} \\ \text{hiroRta} \end{bmatrix}$$

虽然有形容词和动词的区别，但是形态语音条件（词根以-a、-o或-u结尾）完全一致，分布情况也非常相似。因此，在词语演变上，丝鱼川市区发生了如下变化，

$$\begin{bmatrix} \text{haroRta} \\ \text{hiroRta} \end{bmatrix} \longrightarrow \begin{bmatrix} \text{haraRta} \\ \text{hiroRta} \end{bmatrix}$$

这是受信州体系影响产生的。也可以充分说明其他词的地理分布是推定的重要线索。

与动词不同的特点只有一条，早川深处的社区中反映开合区别的 siruʀ 一次也没有出现。

但是，我们这里不得不记下一条不利信息。在田海川上游的 5611.9256 和虫川沿岸的 5621.1412，有 takaʀ 和 takoʀ 并存的社区，那里的发音人都认为 takaʀ 更为古老。因为两个社区的 takoʀ 都处于趋于消失地域的边缘地带，我们本来期待获得相反的解释。以这份主观报告为线索、则上述解释就是相反的，这种情况说明用周边分布原则无法解释。这也说明主观报告并非总是可信的。但是这也不能说明所有的主观报告都不可信。

因为存在

$$\begin{bmatrix} \text{takoʀ} & 高く \\ \text{siroʀ} & 白く \end{bmatrix}$$

地域，因此暗く、黒く就是

$$\begin{bmatrix} \text{kuroʀ} & 暗く \\ \text{kuroʀ} & 黒く \end{bmatrix}$$

也就是应该存在同音的地域。事实上,图 3.14-3,-4 就显示了这一点。而且暗く的分布图和高く的分布图几乎完全一致,黑く的分布图也和白く的分布图极为一致。形成的词也当然一样。

绘制暗く和黑く的系统地图,得到图 3.14-5,分布类型和暗く一致。从这种分布情况我们发现,越后的

$$\begin{bmatrix} \text{kuroR} \\ \text{kuroR} \end{bmatrix}$$

受到信州的

$$\begin{bmatrix} \text{kuraku} \\ \text{kuroku} \end{bmatrix}$$

影响,变成了

$$\begin{bmatrix} \text{kuraR} \\ \text{kuroR} \end{bmatrix}$$

这个系统中最有趣的是 kuroR 这个同音词。图 3.14-6 是在

$$\begin{bmatrix} \text{kuroR} \\ \text{kuroR} \end{bmatrix}$$

地点的重音调查图。这里也出现了有序分布。从根知到小泷一带存在重音区别,但青海川却没有。这实际上就是关东重音(在东京方言中,kuraku 和 kuroku 也存在重音区别)和关西重音(在京都方言中,kuroR 和 kuroR 没有重音区别)的分界线,这条线从青海市区(5611.8179)和旁边的寺地(5611.8264)中穿过。

暗く和黑く本属于同一词源,因此没有重音区别不过是古老情态的残留。不过既然含义相近,就有通过重音加以区分的必要,但是现实中,人们似乎并没有对这两个词做出区分的意愿。也许

民众并没有选择重音作为一种合理化的方式。

3.15 "捨てる"[①]等动词群的分布图

每个词语都显示出独有的地理分布,但另一方面某类词汇也显示出极为统一的分布。分布统一意味着它们的演变历史是规则的。其原因在于这些词在含义上保有密切的关系。

前面已经介绍过,形容词的副词形和动词的过去形具有极为类似的地理分布。动词的各种形式其实也显示出相当统一且固定的分布。众多动词显示出固定的分布,一旦由此构建历史,即使很难凭借任意一个动词的分布构建历史,我们也可以将其他词的地理分布作为构建历史的线索。

来看"捨てる"的分布图(图3.15-1),大致上形成如下对立

信州　bitʃaru, butʃaru　　　显示为 bVtʃ-

越后　{ biʃaru, buʃaru　　　显示为 bVʃ-
　　　{ piʃaru　　　　　　　显示为 pVʃ-

信州的 bVtʃ-也点状分布在越后,说明过去 bVtʃ-曾一直分布到海岸地带。这样一来,现在信州的 bVtʃ-正在向南部退去。反过来考虑,如果信州的 bVtʃ-现在正在北上,那么分散分布在越后的 bVtʃ-不可能是星火状产生的。但是如果越后的 bVtʃ-是从 bVʃ-独立发展出来的,那就是在信州这种形式传播得特别广泛了。信州的 bVtʃ-分布得十分密集,从这一点来看,上述想法显得不大可能,但也让人无法简单否定。

---

① 捨てる,suteru,扔掉,抛弃。

于是，我们需要调查一下其他动词的终止形的分布(图3.15-2)。调查项目共有6个，根据数法的区别也可以达到8个，这些词几乎都有共同的分布地域。即每个词的固有分布地域都是信州。比如"おぶさる"①的baru分布在地图1号同言线的南部，相对地，北部地区的词是bareru。

但是，我们想从统一的分布中看出信州的固有形式是古老形式(正在退散)还是新形势(正在产生)。

因此我们需要再看其他的4个词，如图3.15-3,-4所示，信州的固有形式也分布在越后东西部的边境。根据周边分布原则，从这个分布我们可以看出，信州固有形式是古老的，现在正处于退散的过程。

这样一来，图3.15-2的6(8)个项目在一代之前和图3.15-3,-4的4个项目就呈现出同一种分布。那么刚才"捨てる"的分布，是图3.15-3,-4所示分布的不完全状态。图3.15-2所示的分布与图3.15-3,-4所示分布的中间阶段，就是图3.15-1所示的分布(捨てる)。因此"捨てる"应该经历了如下演变：

$$bVt\int\text{-} \rightarrow bV\int\text{-}, pV\int\text{-}$$

现在需要解决的就是$bV\int$-和$pV\int$-哪个更为古老，从语言形式的特征上看，和

$$bVt\int\text{-} \rightarrow bV\int\text{-} \rightarrow bV\int\text{-}$$

相比，应该是

$$bVt\int\text{-} \rightarrow bV\int\text{-} \rightarrow pV\int\text{-}$$

更为合理。从现实分布来看$pV\int$-是$bV\int$-分布的一部分，呈现出从

---

① おぶさる，obusaru，被人背。

丝鱼川市区向南伸展的形式,同时在二者并存的 5611.9453,发音人也判断 bVʃ-更新。

在我们调查的词语中,动词终止形共有 29 个词,其中也包括以动词终止形询问其含义的情况。这其中,至少有 13 个词是在信州拥有固定分布地域的土语,而且我们发现这些词偶尔残存在越后的边境。

动词命令形也是这样,如图 3.15-5 所示,调查材料的 8 个词中,有 3 个显示出极为一致的分布地域。

动词的否定形在我们的调查材料中只有 3 个词,几乎全部显示出完全一致的分布,参见图 3.15-6。

动词过去形已经在 3.14 节讨论过了。如图 3.15-7 所示,16 个词(我们的所有调查材料)都有完全一致或极为接近的同言线。

我们已经说过,丝鱼川和青海地域中有三大渗透走向,其中从信州北上到海岸的走向是最古老的,而且不甚强劲。因为从形容词的副词形和动词的各活用形的分布来看,过去从信州北上的形式现在已经在丝鱼川市区和越中的强力挤压下向南部撤退了。

这让我们想到古代信州方言、现在俗称为 zuzu 方言[①]的北上,该方言的西部分布在我们的调查地域西侧,即 5620.1556(玉木)的西邻社区,东部则分布在从东北地区到新津市,中间是"非 zuzu 方言"。这说明过去在日本海岸,从出云到青森县都是 zuzu 方言的分布地带,信州方言北上才将东西切断了。所谓"zuzu 方言",指 zi、zu、di、du 发音合一的方言。日本方言可以根据 zi、zu、di、du 的区别合用分为 4 种类型。鹿儿岛县、大分县、高知县、和歌山县等地属于 zi、zu、di、du 四者分开的"四假名方言[(1)]",大分县各地[(2)]是

---

① 日本东北地区特有的鼻音很重的方言。其特点是 si・su、ti・tu、ji・du 混同。

将 zi、zu、di、du 三分的"三假名方言",以东京、京都为首的日本中央地区的多数方言都是二分的"二假名方言",相对的 zuzu 方言是这四个音全部统一的"一假名方言"。这四种方言的地理分布为,太平洋南部为四假名方言,邻接的北部地域为三假名方言,再邻接的北部地域、即日本中央部为二假名方言,日本海岸则为一假名方言。参见图 3.15-8。

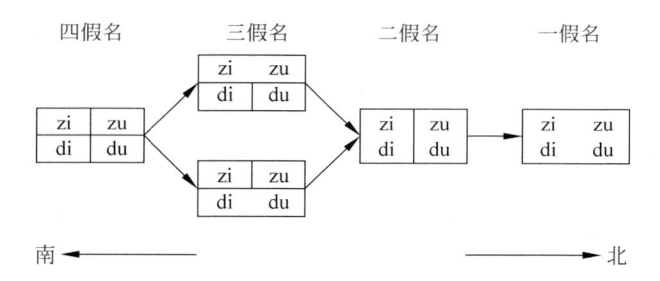

```
四假名         三假名              二假名          一假名
                ┌─────┐
                │zi│zu│
                │di│du│
                └─────┘
              ↗          ↘
 ┌─────┐                    ┌─────┐       ┌─────┐
 │zi│zu│                    │zi│zu│  →    │zi│zu│
 │di│du│                    │di│du│       │di│du│
 └─────┘                    └─────┘       └─────┘
              ↘          ↗
                ┌─────┐
                │zi│zu│
                │di│du│
                └─────┘

南 ←                                              → 北
```

从地理分布和系统框架数目来看,变化方向应该是

四假名→三假名→二假名→一假名

一假名在这个地点属于最新的阶段[3]。过去在地域上连续分布的一假名方言之所以被中断,是因为其西部是京都的中央语,东部是信州方言。在丝鱼川和青海地域发生的信州方言的北上,就具有这样的重大意义。

注:

(1) 刊行于宽保 3 年(1743)的《音曲玉渊集》中有,"○ぢぢずづ,此浊音称为四假名",该书即以此命名。

(2) 糸井宽一,大分县的四假名方言略报——以玖珠町木牟田方言为例,《国文学攷》27,昭和 27 年;同,大分市近郊的サ行、ザ行、夕行、ダ行音,《大分大学学芸学部》研究纪要,人文・社会科学 2-2,昭和 38 年。

(3) 柴田武,方言的音韵体系,《解释与鉴赏》295,昭和 35 年。

4 语言地理学构建的语言史的性质

4.1 语言地理学构建的语言史

历史是构建出来的,构建方法的不同,会让历史发生改变。因此文献语言史学构建的历史和语言地理学构建的历史当然并不一致。那么语言地理学构建的历史具有怎样的性质呢?

首先,语言地理学构建的历史是逐渐变化的历史,也是能够看清变化各阶段的历史。也可以说,是不喜欢革命的历史。假设 a 和 b 是系统关系很近的两个词。当 a/b 这个系统变化时,其中的一个词首先发生改变,例如变成了 c/b。到了下一个变化阶段,同样是其中一个词首先改变,比如变成 c/d。从 a/b 系统一下转变为 c/d 系统,语言地理学并不满足于这样的解释,而是要详细追寻 a/b→c/d 的中间过程。这也是因为语言地理学有能力追寻这种极为细小的变化阶段。比较语言学和文献语言史学只在推定阶段可以做到

$$a/b \to {}^* c/b \to c/d$$

但是在绝大多数情况下,语言地理学都能提供变化的中间过程。如果不存在中间过程,就需要对解释加以控制。当然为了获得中间过程,需要事先对地点做尽可能细的调查。最理想的情况

是调查所有的社区,哪怕是最小的。也就是我们所说的"一个不漏的调查"。

接下来,我们把上面的 a/b 系统称为 M,c/d 系统称为 N,系统的变化表现为 M→N,但是语言地理学不满足于此,还要将研究系统组成部分的 a、b、c、d。语言地理学构建的历史还有这样的性质,它并非整体一起变化,而是从部分开始。这也是逐渐变化的历史的另一方面。

虽然变化是从部分开始的,但也并不是彼此毫无关系、各自演变的。的确,语言地理学在发展初期曾主张每一个词都独立变化,不会共有同一个变化过程。但是这应该是为了反对青年语法学派而采取的略微极端的表现方式。实际上,从我们分析众多语言地图的结果来看,一方面确实和吉列龙的主张一致,但另一方面,同一类词语也显示出极为统一的变化过程。当然,这种统一的变化倾向还不至于普遍到"语言变化无例外"的程度。词语中既有和其他词语一致的情况、也有和其他词语不一致的情况,这种说法才是比较符合事实的。如果在变化过程中加入传播方向和分布类型等要素,那么变化的统一性就会更高了。之前我们就已经说过,从总体来看,丝鱼川和青海地区中只存在 3 种传播方向。

这样看来,语言地理学的工作只有一个,就是分析千差万别的语言分布图,从中找出少数传播方向和分布类型。

从部分开始逐渐变化的历史总是遵循一定方向的,不会在中途突然转变方向。现在我们假设 p、q、r 表示词义单位,用斜线表示词的区别。下列变化中任意方向都是可能的。

$$p/q/r \rightleftarrows p/qr \rightleftarrows pqr$$

一个方向是统一，一个方向是分裂。但是下面的变化是绝对不可能的。因为不管哪个方向都反复出现统一和分裂。

$$p/qr \rightleftarrows p/q/r \rightleftarrows pqr$$

不过，对是否存在纯粹的语音变化，语言地理学存有质疑。因为语言的形式、表面的部分不可能单独发生变化。例如从〔u〕到〔i〕的变化，这变化虽然细微，但需要结合人类的意志来观察。其原因既可以参考该地域社会内的词源解释，也可以视为与其他语言——方言、标准语皆可——的接触所造成的混合或回归，不管哪种原因，都是民众用自己接受的方法将其改变为他们接受的语言形式。也就是我们常说的"民众的合理化"。

语言接触，是以一种语言的移动或压力为前提的语言现象，而不是语言自己保持静止不动、只是脱下外衣改变外形的变化。语言要素(词)是与人类一起或者自己独立扩散的。语言传播造成了语言接触，并引发了语言变化。但是这种变化并不是磁石相互吸引的自然、物理的变化，而是永远存在于该地域居民中的变化。

比较语言学和文献语言史学构建的历史中有"日期"的存在，语言地理学中却没有。语言地理学虽然能够细细地构建古老阶段，却无法为每个阶段标上日期。语言地理学所说的古老，只表示相对的年代。

我们还需要注意的是，"古老"这个词在语言地理学和文献语言史学中的含义往往不同。语言地理学所说的"古老"，是指某一特定地域、大多数情况下是该地域的文化中心地的古老。而文献语言史学所说的"古老"，如在日本，是指京都及其周边地域的古老，或者如果不限定地域，就是指书面语中的古老。因此，如果对某一地域——这里不包括京都——的 a、b 两词，语言地理学推

4 语言地理学构建的语言史的性质

定出

$$a \to b$$

而文献语言史学把同样含义、形式的 a、b 推定为

$$b \to a$$

也是完全有可能的。

我们来看一个具体的例子。"着物"①的古语是 kinu。因此，如果存在一个词 kiN，则可以考虑下面的变化

$$kinu \to kiN$$

这是很正确的想法。但是在丝鱼川和青海地区，可以看作"蛇の着物"的"蛇のぬけがら"②既可以叫作 kinu，也可以叫作 kiN。两个词都有固有分布地域，而且根知谷附近认为，它们的历史发展关系不是

$$kinu \to kiN$$

而是

$$kiN \to kinu$$

看图 4.1-1，可以发现，kinu 从信州侵入 kiN 的分布地域。如果反过来，kinu 是古老的，而 kiN 是丝鱼川市区新产生的词语，那么就很难解释为什么海川和旧今井村依然残留着 kinu，而早川谷一带却完全消失了。这样一来，这两个词的变化过程还应该是 kiN→kinu。

但是，如果这样想，又很难解释人们为什么放弃 kiN 而采用 kinu。至少我们应该向民众询问使用 kinu 的原因。虽然我们没有获得积极的报告，但是在 kiN 地域，我们得到了 kiN 是"金③，即

---

① 着物，kimono，和服。
② 蛇のぬけがら，hebino nukegara，蛇蜕。
③ 金，kin。

金色的东西"的解释。一代之前可能是"金、发光的东西",后来变成的"金色的东西"。但是如果仔细观察,蛇蜕与其说是金色,不如说是像"絹"①一样闪光的东西。从刚刚演变为 kinu 的 5621.1701,我们得到这样的报告"说 kinu,是因为它闪光。"而且"金色"这一词源迅速与"銀色"②结合,产生出新形式 gin,主要是在上路川、境川一代。从那里的 5620.1556,我们也得到"因为是银色"的报告。

出于上述原因,这个地域中发生了从 kin 逐渐变为 kinu 的变化。

正如"蛇蜕"这个例子所示,我们所说的构建语言史,实际上是指丝鱼川和青海地区的语言史。是根据从这个地域获得的材料,或者仅凭借这些材料,来构建这个地域的语言史。

因此,根据丝鱼川和青海地区邻接地域的材料,我们需要对历史解释加以修订或进行补充。实际上,我们打算对丝鱼川和青海地区西邻的富山县下新川郡全域做一个全面调查(永濑治郎在国际基督教大学时所做调查),现在这项计划正在进行。虽然只收集到预期材料的一半,但是已经找到了一些材料,让我们必须对丝鱼川和青海地域的历史做出补充修订。这里我们介绍一个例子,"間食"③的土语。

如图 4.1-2 所示,调查全境几乎都分布着 kob-(用 kob-表示 kobiri、kobure、koberi、kobire),但是早川却有 nakama。不可思议的是,我们从上游 4 个社区中的 2 个(5611.8936,5612.9053)得到 nakama 比 kob-古

---

① 絹,kinu,丝绸。
② 銀,gin。
③ 間食,kansyoku,间食。

老的报告。但是在下游(5611.7698..7754..8703..8712..8831..8834..8857)却得到 kob-比 nakama 古老的报告。对于这一现象，我们只能认为过去，早川上游是 nakama，下游是 kob-，后来发生了 nakama 向下游、kob-向上游的交互传播。nakama 是早川上游产生的词语，表示"中間"①的意思吧？而能生谷还存在着一种也许和 nakama 有关联的 nakairi，与能生谷有道路相连的 5611.8932 也有 nakaire 这种形式，这是非常有趣的。

根知存在着区别 asakob-和 jo:kob-的地域，前者指上午的间食，后者指下午的间食。其他的地域则不存在上下午间食的区别。有的社区只有在早餐和午餐之间吃间食的习惯，有的社区只有在午餐和晚餐之间吃间食的习惯。间食的习惯可以大致分为 3 种，据此我们绘制了分布图，但如果去掉根知谷，就无法得到有序分布。虽然根知谷的 asakob-和 jo:kob-是与这种习惯对应的形式，但是这种形式区别是自古就有的还是在新习惯影响下产生的，仅从分布上无法看出。

仅仅依靠丝鱼川和青海地区的材料，最多只能做到这种程度的分析。现在我们来尝试和富山县下新川郡的材料加以对比。首先，这里对作为一般事项的间食做出区别。本来图 4.1-3 最东侧的 2 个地点就与丝鱼川和青海地区的 2 地点是重复的(5620.1765..2653)在存在 kob-形式这一点上，两个地点的材料是一致的。从东端到小川的河口附近都与丝鱼川和青海地区一样，两种间食没有区别，都是 kob-/kob-。与其相邻的西部地域则与根知一样存在 asakob-和 jo:kob-的区别(但形式不是 jo:kob-，而是 jokob-)，这片地域西部的黑部

---

① 中，naka；間，ma。

川流域存在着 nakama/kob-的区别。与早川谷共有的形式 nakama 在这里出现了。

　　首先,我们必须修改之前 nakama 产生于早川谷的这一推断。早川谷的 nakama 不可能与黑部的 nakama 毫无关系。另外,在丝鱼川和青海地区,过去是区别上下午间食的,但后来却合一了。

　　因此我们认为,过去丝鱼川和青海地区过去也和黑部川流域一样存在 nakama/kob-的区别。后来随着间食事项本身的区别消失,也发生了词语的统一,丝鱼川市区成为 kob-/kob-,早川上游成为 nakama/nakama。早川上游产生的是 nakama 的统一。

　　根知谷的 asakob-/jo:kob-也就成为了古老形式的残留。小川附近 asakob-和 jokob-的分布地域中,有两个地点是 asakob-/kob-。这很明显是从 nakama/jo:kob-变成 asakob-/jokob-的中间阶段,而不能看成是 asakob-/jokob-变成 kob-/kob-之后的新区别形式。对根知谷的变化也应该做同样的考虑。

　　现在我们来关注 kob-第 2 音节和第 3 音节的元音。根据图 4.1-1,大多数都是 i-i(kobiri),但田海川以西则存在很多变体。首先,存在 i-e 和 u-e 并存的情况,我们从 5621.1076 得到 u-e 更古老的报告。

$$u\text{-}e \rightarrow i\text{-}e \cdots\cdots\cdots\cdots\cdots (1)$$

青海市区和青海川的 2 个社区有 u-e,其两侧的田海川和上路川是 e-i,根据周边分布原则可以得到

$$e\text{-}i \rightarrow u\text{-}e \cdots\cdots\cdots\cdots\cdots (2)$$

根据(1)和(2),我们可以推断出

$$e\text{-}i \rightarrow u\text{-}e \rightarrow i\text{-}e \cdots\cdots\cdots\cdots\cdots (3)$$

这就是田海川以西地域中的演变过程。

如果仅用单纯的语音变化来解释上述演变,除了调音位置移动之外,就再无其他线索。关于第 3 音节的元音,有

$$i \to e \to e$$

的变化,变化的方向具有一贯性,而第 2 音节元音的变化为

$$e \to u \to i$$

从中我们找不到调音位置的一贯性变化。语言地理学认为,这样 2 个位置的元音变化并不是单纯的元音变化,需要再次反观词语本身,从词的变化加以考虑。换言之,我们认为应该存在某种词源解释,促使 koberi 向 kobire 发生转变。

但不幸的是,我们并没有得到对这些土语词源解释的报告。koberi 应该是"こべりつく"[①]的 koberi。如果是把装在饭锅或盛饭小桶中、黏性很强的米饭捏成饭团当做间食,那么这个词源解释也是可以成立的。如果成立,那么 i-i、即 kobiri 应该也属同一词源,从语言形式的特征上来看也应该放在与 e-i 邻接的位置上,因此,包含在 i-i 中的变化应是下列两种中的任意一种

$$i\text{-}i \to e\text{-}i \to u\text{-}e \to i\text{-}e \cdots\cdots (4)$$

$$e\text{-}i \to i\text{-}i \to u\text{-}e \to i\text{-}e \cdots\cdots (5)$$

而且 i-e 应该是 i-i 和 u-e 的混合形式,是只有并存形式时的临时形式。

从丝鱼川和青海地区的分布图来看,上述推断是不可能的。现在我们来看下新川郡的分布图(图 4.1-5),大致上自西向东为

kobore-kobure-koberi

与丝鱼川和青海地域连接起来就有

[①] こべりつく,koberituku。

kobore-kobure-koberi-kobure-koberi-kobiri

根据邻接分布原则，我们无法把上述分布顺序直接换成演变顺序，因为有相同词语反复出现。这里，我们代入前面提到的田海川、青海川、上路川地域的

$$koberi \rightarrow kobure \cdots\cdots\cdots\cdots\cdots\cdots (2)$$

就得到

$$kobore \rightarrow kobure \rightarrow koberi \rightarrow kobiri$$

但是为什么应比 koberi 更早一阶段的 kobure 会固定在青海川市区呢？我们只能认为把该词是从市区反过来到达青海川，后来 kobure 像火星一样从青海川市区飞来的。但这种解释多少有些牵强。

现在，我们将 koberi 看做是田海川和上路川分别独立从 kobure 产生的形式。虽然这不符合周边分布原则，但这样考虑之后，首先就有

$$kobore \rightarrow kobure \rightarrow kobiri$$

这样一条大致的变化主线，其他形式都是从主线中派生出来的。

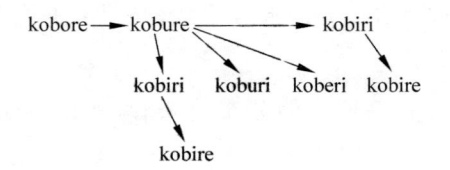

```
kobore ⟶ kobure ─────⟶ kobiri
                 ↓  ↓  ↗  ↘
            kobiri koburi koberi kobire
                 ↓
              kobire
```

在下新川郡，我们从 3 个地点得到"是 kobiru（小午餐）的意思"的词源解释。这 3 个地点中的 2 个报告了 kobure，1 个地点报告了 kobiri。因为这个词源解释的存在，回答 kobiru 的地点只有这一个。在丝鱼川和青海地区，全境中回答了 kobiru 的社区也只有

3个(5611.6720..8485,5621.9676),而且这些地点彼此都不相邻。

从上述情形来看,在 kobure→kobiri 的变化背后,应该是 kobiru 这一词源在起作用。此外,这片地域把插秧结束后的慰问会叫作 sanaburi、sanabure、sanaburu、sanabori 等。间食、特别是上下午两次的间食一般都是在插秧时期,因此我们认为 kobure 的 bure 应该和 sanabure 的 bure 是同一语素。sanabure、sanaburi 的 -buri 指的似乎是鱼,大概是插秧后食用的菜肴。(本来就有一种叫作 sa 的供在神前的鱼。)至于此鱼具体使用哪种鱼,根据情况不同,可以是鰤鱼、沙丁鱼或竹筴鱼。这里 sanaburi 的 buri 就与鰤鱼发生了关联。kobore 向 kobure 的转变,应该就是这项词源的作用。

因为我们还没有调查完下新川郡的所有地点,所以处理分布时要十分慎重。不过如上所述,尽管在元音方面,我们可以仅仅依靠丝鱼川和青海地区的材料加以解释,但是如果进一步扩大地域范围,就有必要对之前的解释做出根本性的修改。也就是让我们构建的语言史的内容更加详实、丰富。

如果能从全国收集到此类"全面调查"的材料,我们在语言史构建方面将会获得更多成果。不过现阶段,全国分布图的调查地点还是比较粗疏的。国立国语研究所的全国分布图,最多也就是 2400 个地点。这是无法构建出我们期待的语言史的。

因此,我们希望通过对一片狭小地域的彻底研究,获得要构建的语言史的每一细小阶段的具体信息,并从中找到推动历史演变的因素。kobiri 和 kobure 哪个更古老的问题,放在日本全国来看实在是微不足道,也并不具备多么重要的价值。但是 kobiri 为什么会变为 kobure、这个改变又会导致什么变化,这才是值得了解的、有价值的信息。因为这个信息具有普遍性的含义。

4.2 与文献语言史学的成果相结合

语言地理学构建的语言史到底是否真实呢？我们已经在丝鱼川和青海地区的1个社区中，结合年龄差异分布对从地理分布得出的语言史进行了检验。虽然我们没办法对所有调查进行检验，但是我们检验的项目中，没有出现过一个矛盾现象。此外，我们还把老年段地理分布得到的历史和青年段的历史加以结合检验。我们之前就已经说过，构建历史的8种10条线索具有相互检验的性质。但是我们不仅把它当做单纯的检验手段，有时还要作为推断的辅助手段加以使用。现在还需要将用上述线索推断出的历史和通过文献推断出的历史相结合。如果与文献结合，那么选择的地域必须是全国，或者至少也要是包括京都在内的地域。当然我们也梳理了丝鱼川和青海地区的文献，如果能够尽凭文献构建该地域的历史，那将是最为理想的情况，不过这是不能指望的。不仅是丝鱼川和青海地区，其他任何地方都是如此。

A. しもやけ[①]

我们举的例子是"慢性寒冷皮肤障害"、即东京叫作"しもやけ"的词。幸运的是，这个词出现在国立国语研究所的调查中，文献数量也很多。是二者结合的最佳例子。

首先，ʃimojake 广泛分布在全国各地。因为是全国标准语，现

[①] しもやけ，simoyake，冻疮，写作汉字为"霜焼け"。霜，simo。

在的分布较以前更为广泛。但是我们分为"也说しもやけ的地域"和"只说しもやけ的地域"两部分来看,如图 4.2-1 所示,后者是太平洋沿岸的东日本地区。而在太平洋沿岸的西日本地区,除 ʃimojake 之外,还存在 ʃimobare 的形式。这是太平洋的西日本地区的固有方言。总结一下,太平洋一侧,ʃimojake 和 ʃimobare 的对立分布,而日本海沿岸则分布着 jukijake。

此外,从东北地区到北陆地区分布有 ʃimipare,冈山县、香川县有 ʃimobukure,山口县、广岛县一带有 kaījake 和 kambare。

要从这种分布情况构建历史,首先要听发音人给出的解释。在秋田县一带回答 ʃimipare 和 jukijake 的社区中,发音人报告前者较古老。而在回答 jukijake 和 ʃimojake 的社区中,发音人报告前者更古老。给出这样报告的不止一个社区。而且没有一个社区提供了相反的报告,因此,我们可以得知至少在秋田县一带,存在如下历史演变顺序

ʃimipare→jukijake→ʃimojake

此外,九州各地并用 ʃimobare 和 ʃimojake 的社区都报告前者更为古老。

在分析分布图之前,我们先将 ʃimojake、ʃimobare、jukijake、ʃimipare、kaījake 和 kambare 并列起来,可以发现词后部的语素不是 jake 就是 hare。我们可以肯定,jake 表示"焼け"[①],hare 表示"腫れ"。以此为标准,可以把上述语言形式分为两类。重新绘制 jake 和 hare 的语素分布图(图 4.2-2),我们发现后者分布在距离京都很远的边境地区。这样看来,hare 要比 jake 古老。这与上面秋

---

① 焼け,yake;烧"腫れ,hare,肿,浊化为 bare,清化为 pare;juki 写作汉字为"雪"。

田县和九州各地的发音人的报告一致。

kaījake 和 kambare 都只分布在山口县、广岛县一带。因为 kaījake 分布在紧邻 jukijake 的地方，所以可以推断 kaījake 是从 jukijake 产生的形式。kambare 现在虽然和 ʃimobare 分隔较远，但如果过去二者在地域上相连，就可以推断 kambare 是从 ʃimobare 产生的形式。

问题较大的是 jukijake 和 ʃimobare。因为 jukijake 现在分布在京都附近，所以京都过去也使用该词的可能性很大。ʃimobare 现在分布在离京都稍远的西南地区，但是如果认为该词过去曾在京都存在，则 jukijake 和 ʃimobare 就会在京都发生接触。那么二者接触时，jukijake 应该是比 ʃimobare 更新的形式。

jukijake 的分布地域和大雪地带高度一致。图 4.2-3 是一年积雪 25 天以上地域的地图，将该图与 4.2-1 的 jukijake 分布地域相对比，就会明白二者的一致性。一代之前，京都使用以"霜・腫れ"为词源的 ʃimobare，后来为了表示皮肤障害较为严重的冻伤，产生了以"雪・焼け"为词源的 jukijake，这个词在冻伤严重的大雪地带受到欢迎，并从此扩散开来。

那 ʃimobare 和 ʃimipare 又是什么关系呢？二者南北分隔分布，表面上看好像没有关联。但是 ʃimobare 和 ʃimipare 不仅仅形式相近，实际上我们在山形县海岸地带的 ʃimipare 分布地域的正中，发现了几个 ʃimobare 的社区。因此我认为 ʃimobare 和 ʃimipare 之间存在某种关联。

那么这两个词中哪个更古老呢？二者的区别在于"しみ"和"霜"。这个地区把"冻"叫作 ʃimiru，ʃimi 是该动词的名词形式。根据东条操编纂的《全国方言词典》，在山形县的庄内和隐岐，ʃimi

指的是"冰"。因此,我们就要看"冰"和"霜"哪个更古老。如果是从"冰"变成"霜",那么为了表示较轻的或初冬时的症状而产生了 ʃimobare；如果是从"霜"变成"冰",则为了表示较重的或隆冬时的症状而产生了 ʃimipare。我认为后者可能性更大。

首先,因为庄内地区属于大雪地带,仅是"霜",不足以达到"肿れ"的程度。

其次,与京都从 ʃimobare 变成 jukijake 的方向一致,都是为了表示较重的症状而产生的新词。

综上所述,从分布图我们可以推测出:过去包括京都在内的日本全境都分布着 ʃimobare。(当然那时已经存在方言,虽然方言极有可能分布在距京都很远的地方,但依据现有材料,我们无法讨论这个问题。)ʃimipare 应该是产生在北陆附近,沿日本海岸向东北地区扩散,彻底排挤了 ʃimobare。但是仅在庄内地区的狭小地域中,ʃimobare 依然残留至今。

当然,也可以认为 ʃimipare 并非产生在北陆而是产生于京都。但是这样一来,就很难解释为什么表示"因为冰而肿"的 ʃimipare 后来会变成 jukijake,因此我们认为 ʃimipare 的诞生地不是京都。

ʃimipare 之外的地方依然使用 ʃimobare。现在的 ʃimobare 地域从过去到现象一直维持着同一种形式。因为这个地域不容易发生皮肤冻伤,因此对这个词不甚关注。

后来,因为京都需要表示症状严重的冻伤,所以在 ʃimobare 之外产生了 jukijake 这个词。这个词受到大雪地带的欢迎,在东北地区压制了 ʃimipare 后,势力又进一步扩张到里日本[①]一带。

---

① 里日本,指本州面向日本海的地域,冬季降雪量大。

京都同时使用 ʃimobare 和 jukijake 时，产生了二者的混合形式 ʃimojake (ʃimobare×jukijake)。太平洋沿岸的东日本地区，放弃了上个时代的 ʃimobare，转而使用 ʃimojake，并成为 ʃimojake 的专属地域。ʃimojake 成为东京的词语，也作为全国标准语分布在全国各地。

我们已经解释过，kaījake 和 kambare 是在 jukijake、ʃimobare 的分布形成之后产生的地方形式。kaījake 和 kambare 的 /kaN/ 应该与"寒"（寒冷）有关。从分布来看，ʃimobukure 应该是 ʃimobare 的地方形式。

现在我们从文献中查找词语的历史。除去特殊形式，文字保留下来的词是与中央语、即京都方言有关的词语。因此，在从分布推定的历史中，可以拿来做对比的是以下的部分：

$$\text{ʃimobare} \rightarrow \text{jukijake} \rightarrow \text{ʃimojake}$$

下面就要看文献是否也依照这个顺序变化。

这三种形式都在文献（所谓文献，主要指索引和辞书）中出现了。此外，文献中还出现了"しもくち"[①]这种形式，这个词应该比"霜腫れ"和"雪焼け"都古老。例如，《嬉游笑览》(1830) 中提到，"雪焼け《蜻蛉日记》"（侍女）做'霜咒'，しもくち俗称霜腫れ。"这是"霜くち"比"霜腫れ"古老的证据。同样地，《增补雅言集览》(1849 以后) 中提到的"しもぐち俗称'霜腫れ'"，也可以当做证据。《蜻蛉日记解环》(1782) 中有："しもくち,《和名抄》记为'之毛久知',手足中寒作疮也,俗称霜腫れ、しもやけ等"，说明霜腫和しもやけ是比しもくち新的形式。《笺注倭名类聚抄》(1827) 中也有"医心方冻疮训_之

[①] しもくち, simokuti, 写作汉字为"霜朽"。

毛久,之毛久知₌蓋霜朽之意,今俗呼₌之毛也計₌"①。

但是,现代方言中并没有对应 ʃimokuti 的词。这就说明和方言相比,文献能追溯到更古老的时代。

下面我们来看文献中对雪焼け比霜焼け古老的论述。

《北边随笔》(1819)中有"狭衣生'雪やけ'、足部亦肿,烦恼不堪,(中略)今只称'霜やけ',假以时日将无称'雪やけ'之地。"

《松屋笔记》(1908,但作者高田与清生年为1783—1847)指出,"雪烧与鸡目之症,《高丽阵日记》中卷·卅丁ォ·'飞脚自吉州至'条目中写到'人夫患雪烧、手足不自如,或患鸡目,充役者不足。'今又俗称'霜烧'。"

《增补雅言集览》(1849以后)也有"'ゆきやけ'(狭·三上·四):雪やけ、足部亦肿,烦恼不堪,以汤浴足亦不能行○今只称霜やけ。"

再来看霜腫れ比霜焼け古老的例子。

《新板增补女重宝记》(1702)中有,"しもばれ之药　以茄茎与葱煎水洗之即可。又、于六月六日、十六日、廿六日以小根蒜敷于患处一日,则来冬不患"该说明以しもばれ为标题,但文章中使用しもやけ。因此后者是俗语,即新词。一百年后与该书同一类型的《倭百人一首小仓锦》(1829)中,也有"しもやけ之药　以茄茎与葱煎水洗之即可,又,于六月六日、十六日、廿六日以小根蒜敷于患处一日,则冬必不患",其中标题和解释都用了しもやけ,与上一本书情况一致。

从上面的资料我们可以得到以下历史顺序

---

① 之毛久,simoku;之毛也计,simoyake;之毛久知,simokuti。

$$\text{ʃimokuti} \rightarrow {\text{ʃimobare} \atop \text{jukijake}} \rightarrow \text{ʃimojake}$$

但是没有发现关于 ʃimobare 和 jukijake 新老的记载。

  ʃimobare 最早出现的文献是《日葡辞书》(1603)，书中写道：

    Ximobare O incharem os pees com frio, & as mãos,
    ou fazerense frieira.（寒冷导致手脚肿胀或冻疮）

这明显是指我们讨论的"慢性寒冷皮肤冻伤"。与此书时间相近的《增补下学集》(1669)将其称为"瘃"。

  而正如刚才所引的文献，jukijake 最早出现在《狭衣物语》中。虽然关于《狭衣物语》的成立众说纷纭，但每种学说的成立时间都在 1046 年到 1129 年之间（《日本文学大辞典》）。按此时间来算，jukijake 要比 ʃimobare 的时代早上许多。但是，其后的资料就是 17 世纪的，与 ʃimobare 第一次出现的时间一致。17 世纪的 jukijake 的例子，是《嬉游笑览》引用的《安部良加须》(1643)，即

    ［安部良加须］于湿滑雪路数次跌倒、患雪やけ。霜
    やけ、雪やけ俱可称瘃。

  根据上述文献，jukijake 比 ʃimobare 古老。而 ʃimojake 最早出现的《合类节用集》(1680)中有

瘃	シモクチ シク	寒瘡	シモヤケ 同

《改正小字汇》(1687)中也有

瘃	シモヤケ

从上述文献,我们可以说 ʃimojake 比 jukijake 和 ʃimobare 古老。

因此,从文献推断出的历史顺序为:

$$\text{jukijake} \rightarrow \text{ʃimobare} \rightarrow \text{ʃimojake}$$

与根据分布图推断出的历史顺序相矛盾,这个问题怎么解释呢?

在解释之前,我们先把 ʃimokuti、jukijake、ʃimobare、ʃimojake 这 4 个词出现的文献和年代总结为下页的表。

下面,我们来考虑分布图和文献推断出的 jukijake 和 ʃimobare 的历史顺序相矛盾的问题。如果文献是正确的,就说明分布图的推断是错误的。但是,文献推断的历史顺序是

$$\text{霜 kuti} \rightarrow \text{雪 jake} \rightarrow \text{霜 bare}$$

前部要素的变化是霜→雪→霜,让人多少感到不自然。

如果"霜 kuti"是最古老的,那么紧随其后的是"霜 bare"才比较自然吧。换言之,分布图得到的历史顺序是更为可能的。

此外,关于文献,我们还存有如下疑问。《狭衣物语》这部分的语言应该是更新时代的语言。如果 ʃimobare 是在《日葡辞书》中第一次出现的词,那 jukijake 出现的时代应该更晚,比如可能是在《安部良加须》时代开始使用的。

在物语文学中,《狭衣物语》拥有数量众多的异本。出现 jukijake 的第三卷被认为"学者指出卷三混入了异本文字"。以《心也开板本》(元和 9 年,1623)为底本的《日本古典全书》的《狭衣物语下》(松村博司、石川彻校注,朝日新闻社刊行)中这样写道:"雪やけ、足部亦肿,烦恼不堪,以汤浴足亦不能行。"但是,"以内阁文库本为中心,参考同类诸本[(2)]"的《日本古典文学大系》(三谷荣一、关根庆子,岩波书店刊行)的《狭衣物语》中,并没有 jukijake 一词,而是"雪げ"

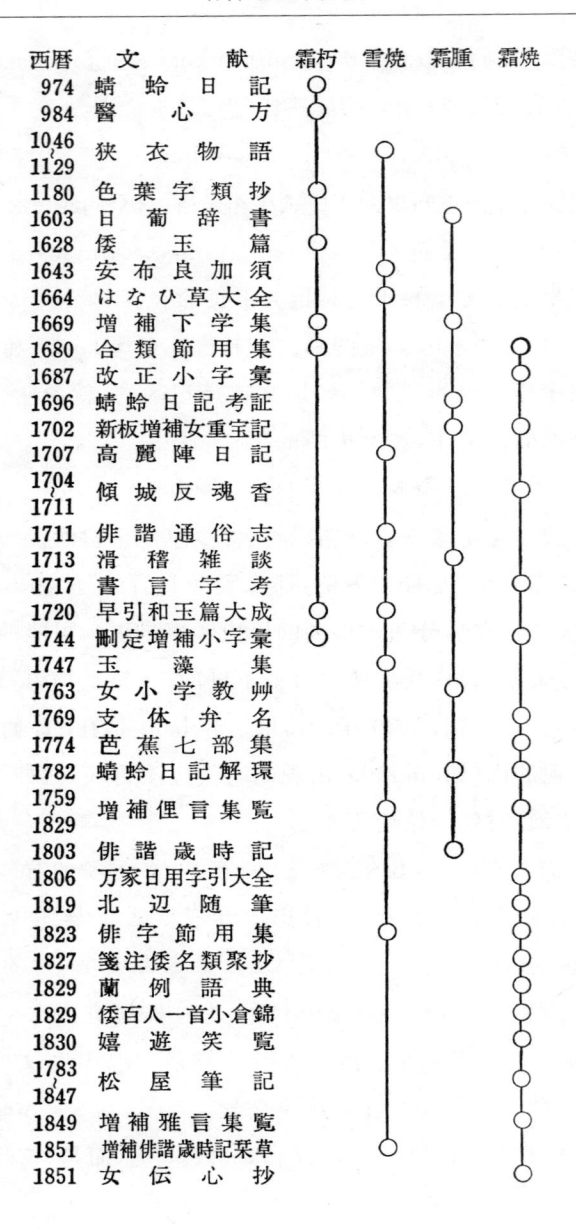

西暦	文献	霜朽	雪焼	霜腫	霜焼
974	蜻蛉日記	○			
984	醫心方	○			
1046~1129	狭衣物語	○			
1180	色葉字類抄	○			
1603	日葡辞書		○		
1628	倭玉篇	○			
1643	安布良加須				
1664	はなひ草大全				
1669	増補下学集	○			
1680	合類節用集	○			○
1687	改正小字彙		○		○
1696	蜻蛉日記考証		○		○
1702	新板増補女重宝記				○
1707	高麗陣日記		○		○
1704~1711	傾城反魂香				○
1711	俳諧通俗志		○		○
1713	滑稽雑談			○	
1717	書言字考		○		○
1720	早引和玉篇大成	○			
1744	刪定増補小字彙	○			
1747	玉藻集		○		
1763	女小学教艸				○
1769	支体弁名			○	
1774	芭蕉七部集				○
1782	蜻蛉日記解環		○		
1759~1829	増補俚言集覧		○		
1803	俳諧歳時記				○
1806	万家日用字引大全				○
1819	北辺随筆				○
1823	俳字節用集	○			○
1827	箋注倭名類聚抄				○
1829	蘭例語典				○
1829	倭百人一首小倉錦				○
1830	嬉遊笑覧				○
1783~1847	松屋筆記				○
1849	増補雅言集覧				○
1851	増補俳諧歳時記栞草	○			○
1851	女伝心抄				○

4 语言地理学构建的语言史的性质

雪げ、足部亦肿,烦恼不堪,以汤浴足亦不能行。(p.220)

编者为"雪げに"添加的注释是"因为要下雪"。因此,jukijake 是在雪和げ①之间加入了や的、合理化的结果。反映在《狭衣物语》的原本(根据两位编者的研究,概述成立于1069-1077年,因此刚才所举文献的时间前后关系并不改变)中,就是 ʃimobare→jukijake→ʃimojake,这对构建语言史来说实在是"及时雨"。

我看的文献主要是辞书、索引,和以其为线索搜集到的文献。从 12 到 16 世纪的文献中,我们没有找到一个例子。ʃimojake 等词虽说是文献中的词语,但是正如文献词汇和语言地理学研究的词汇——地域差明显的词语,是互补的关系,后者很少出现在文献中,前者也很难成为后者。时代越久远,这种倾向就越明显。因此,现阶段我们无法填补长达 4 个世纪长的空白。

我们假定文献主要收录的是中央语,实际上我们也很难看出文献中哪些词属于方言词汇。而且第一次出现在文献的时间,并不等于该词开始使用的时间。也不能认为没有出现在文献中的词就等于没有使用的词。此外,已经退出使用却还依然保留在辞书中的词也不在少数。从文献的种种制约来看,可以说方言分布在资料上是没有偏颇的。但是我们必须慎重,使自己的推定没有错误。

---

① げ,ge;や,ya。

注

(1) 我们利用截至第 4 年的、记入了约 1400 地点材料的地图。最终达到 2400 个地点。

(2)《狭衣物语》(日本古代文学大系),岩波书店,昭 40 年,p.540。

B. "(花の)かおり"①

表示梅花香气的词有全国分布图。图 4.2-4 曾发表在《昭和 33 年度国立国语研究所年报》(1959,p.34) 上,虽然我们只有语言地图调查进行到一半的材料,但分布的大致情况已经清楚。从这幅分布图,我们可以推断出

$$nioi \to kaza$$

京都过去曾是 niɸoɸi(→niwowi→nioi),后来变成了 kaza。我们之所以这样推定,是因为以京都为中心,周围分布着 kaza,其外围又分布着 nioi。

根据邻接分布原则,kaza 与 hoga、honaga、kaN、ka 之间存在演变关系,从语言形式的特征上看,ka 或 ga 这一音节是上述形式的共通之处。因此,hoga 以后的词应该属于下列变化过程中的一种。

nioi→hoga, etc. →kaza·············(1)

nioi→kaza   →hoga, etc. ··········(2)

实际上,hoga 以后的词中有的属于(1),有的属于(2)。hoga 以后的词中,ka 也是现代书面语,这应该也是过去京都使用的词。这个词传播到地方以后,各地形成了 hoga、honaga 和 kaN。不管哪种,都是为了增强 ka 这种过于短小的形式。

东北地区的 kamari 应该是当地独立产生的。根据东条操编

---

① かおり,kaori,香气。

写的《全国方言辞典》[1]，那里存在动词 kamaru，意思是"闻味道"，kamari 是应该其名词形式。

虽然数量很少，但我们得到了几条发音人的内省报告，具体如下：

	京都府熊野郡 久美浜町久美浜	和歌山县日高郡 龙神村龙神
nioi	木樨或梅的香气	芳香
kaza	鱼或菜的香气	恶臭

这显示出 kaza 是方言，nioi 是标准语。但值得注意的是 kaza 表示恶臭之意。

现在我们单独提取出京都附近的变化，得到：

$$niɸoɸi \rightarrow ka \rightarrow kaza \cdots\cdots (3)$$

这里 niɸoɸi 和 ka 的顺序绝对不可以颠倒，因为 ka 和 kaza 无论在语言形式特征上，还是在地域连续性上，都具有密切连接的关系。

这几个词都是在大多数文献中经常出现的词。文献中出现的 ka、kawori、niɸoɸi、kaza 等 4 个词具有如下发展顺序：

$$ka \rightarrow \begin{matrix} kawori \\ niɸoɸi \end{matrix} \rightarrow kaza \cdots\cdots (4)$$

下面我们来看做出这个推断的证据。首先关于 ka，《日本书纪》(720) 和《万叶集》(8世纪后半叶) 中都有例子：

履中纪	恶₌饲部等鲸之気[1]
万叶集（20 卷）	梅花始飘香[2]

---

① 《日本书纪·履中纪》中的占卜辞，気，ka。
② 香，ka。

其次,kawori 出现在《源氏物语》(11世纪初期)和《类聚名义抄》(12世纪初期)中:

　　花散里　　附近橘树飘香
　　类聚名义抄　　香風　カホリ①

接下来,niɸoɸi 出现在《源氏物语》和《狭衣物语》(1069-1077)中:

　　帚木　　浓重的恶臭飘来
　　狭衣物语　　异香世所不存②

最后,kaza 直到 15 世纪才初次出现:

　　长享 3 年(1489)本和玉篇　　香　カサ　　臭　カサ
　　昨日为今日物语(1624?)　　火边不知放了什么树枝,有种恶臭③

比较(3)(4)后,存在的问题是 ka 和 niɸoɸi 的前后关系。从地理分布推定出的结论是 niɸoɸi 较古老,而调查文献的结果是 ka 较古老。这个矛盾该怎样解释呢?

首先,niɸoɸi 是动词 niɸoɸu 的连用形(名词形)。而 niɸoɸu 这个动词(其含义当然是"有香气")已经以 niɸoɸu 的形式在《万叶集》中出现了。

　　万叶集(17卷)　　飘着橘子的香气④

---

① 香、香风、カホリ,kawori。
② 恶臭、异香、niɸoɸi。
③ 香、臭、カサ,kasa。
④ 香气,niɸoɸeru。

综合起来考虑，ka、kawori、niɸoɸi 是并存于同一时代的词。既然是并存的词，它们之间就应该存在意义上的区别。niɸoɸi 表示"一般的味道"，而 ka 表示"强烈的味道"。帕杰斯的《日法辞书》(1868)中也提到，niwoī 是"一般的味道"，ka 是"好的味道"[2]。

那么并存状态之前又是怎样的情况呢？根据语言地理学的推断，应该是

$$niɸoɸi \rightarrow ka$$

尽管 niɸoɸi 已经开始变化，但是还没有体现在文献中。

正如我们前面所说，从 ka 产生 kaza 的原因之一，是为了补充过于短小的 ka。kaza 的词源尚无定说，有人认为是か（香）ざす的 kaza[3]，也有人认为是風①的 kaza[4]，但原因都是出于补充[5]。另一原因是，该词继承了 ka 的含义，想要表示出"强烈的（不好的）味道"的含义。参看出现 kaza 的文献，《毛吹草》(1638)中有橘子的かざ;《芭蕉七部集》(1691)有桧木的かざ（索引编号 2165）和梅花的かざ（索引编号 1881、1882、1883、1885、2178、2399）;《よせだいこ》(1701)有"腌菜带着男人的かざ";《花洞等前句附》(1718)有"大蒜的かざ";"狂言·慈姑"有"这是油炸老鼠，闻到这个かざ，狐狸大人肯定会来吃"等句子。kaza 总是表示强烈的、不好的味道。如下面例句所示，《芭蕉七部集》中的にほひ②总是只用来表示好味道，对比之下两词意义分担就更清楚了。

　　今年之新米，香可证千秋。　　　　龟洞(1092)
　　芥子花初放，芳香亦清幽。　　　　岚兰(1729)

---

① かざす、風、kaza。
② にほひ、niɸoɸi。

寝室立障子，细细笼梅香。	大舟（3002）
一片砧衣板，染就织物香。	洒堂（2580）
铺满骏河路，橘香与茶香。	芭蕉（2507）
新割田中麦，清香盈满屋。①	利牛（2494）

最后，关于（花の）におい的分布图，我还需要补充几句。如果把 kaza 在 15 世纪末第一次出现在文献中的时间当做这个词产生于京都的时间，那么 kaza 获得图 4.2-4 的分布地域，大概用了 500 年的时间。从能登半岛到鹿儿岛市的直线距离大约 1000 公里，500 年间传播 1000 公里，说明词的传播速度是非常慢的。而且 500 年传播 1000 公里，相当于每年传播 2 公里，而且不能因为是南北向，就说每年向南传播 1 公里。因为词的传播速度并不是直线型的，而是呈对数曲线的。产生于京都的词语，产生之后就会立刻迅速向周边扩散，到达某一程度后，才开始慢慢继续传播。

注

（1）かまる　匂いをかぐ。盛冈（御国通辞）、青森县五户、岩手、伊豆八丈岛。

（2）L. Pagés：Dictionnaire Japonais-Français. Paris. 1868. Niwoi, ニヲイ．Odeur，parfum. Ca，カ（Cobachii コバシイ）Bonne odeur ou parfum. 我们在这里添加了科巴西的解释，和原来的《日葡辞书》中的 Niuoi. cheiro；Ca. Còbaxij. Cheiro，ou perfume 没有区别。

（3）《大言海》的かざ项有，香ざす的词根，めざす，きざす。

（4）山田孝雄《俳谐辞典》（未刊）中将カザ解释为通过风或空气传来的事物的香气。

（5）山田忠雄也支持此说，他认为-za 是在和 esa（饵）的-sa 比较。

---

① 这几句俳句分别用にほひ、匂、匂ひ（niφoφi）表示大米、梅花、织物等的香气。

5 今后的语言地理学

5.1 对比较语言学、文献语言史学的贡献

现代语言地理学肩负的课题是传统的课题与未来的课题。

所谓传统课题,正如产生语言地理学方法的历史所示,是对比较语言学和文献语言学的补充与加强。作为语言史学的方法,只要比较语言学强调自身价值,语言地理学也就作为语言史学的一种方法,具有存在的价值。

比较语言学探求语言间大致的谱系关系

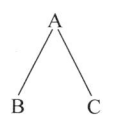

```
      A
     / \
    B   C
```

如上图所示,对语言 A 分裂出语言 B 和语言 C 进行解释时,语言分裂是什么,具体是怎样的情况,都要求诸语言地理学。语言 A 的一部分使用者搬迁到其他地区,如果长期断绝和故乡的联系,语言就会发生变化。或者是,如果语言 A 的使用者扩大了居住地域,那么中央和边缘的交流就会有障碍,会产生语言差异。不论哪种情况下,再结合世代的差异,语言差异就会进一步扩大。此外,如果一个地域社会在社会上分割开来,彼此没有交流,时间一长就

会产生独立的变化。

但是,即便是这种情况下,语言 B 和语言 C 完全隔绝开来也是极为罕见的,多数情况是 B 和 C 之间会有语言接触,这种接触是互相的,而且大多数情况下,是一种语言受到另一种的影响。语言地理学强调这种语言接触,认为这是造成语言演变的一大要因。

文献语言史学构建的语言史常常会欠缺某一环,因为文献不一定在时间上连续,或者即使文献的时间连续,研究的词语也不一定连续出现。因此,经常发生词时间先后关系的误判。我们已经说过,しもやけ和かおり就是这样的例子。因此,虽然也有例外,但语言地理学构建的历史更加接近历史真相。不过,语言地理学构建的历史是没有日期的历史。

但是,按照时间顺序排列,古老阶段的词有时会比文献构建的历史还要古老。这是从日本的情况出发的。根据文献的时间和丰富程度,这种情况会很多变,但是应该认为我们能构建相当古老时期的历史。这与某个词获得一定分布地域需要大量时间不无关系。因此,经过多次重叠,最古老的词语在文化中心地使用的年代会相当古老。

刚才我们在しもやけ和かおり尝试的,是立足语言地理学向文献语言史学求证的方法,反过来也是存在的。文献语言史学构建的演变过程,可以通过语言地理学得到验证。我之前没有注意到,其实国立国语研究所开始语言地图调查时,就是从这种观点出发选择调查项目的。

5.2　结构的历史还是词语的历史

　　语言地理学的未来课题中,最重要的一项就是与结构主义语言学的关系。也就是怎样将结构的历史和词语的历史结合的问题。

　　就二者关系而言,虽然为了处理语音材料,语言地理学要苦苦寻找方言界线,但是只要处理好语音材料,就能画出明确的方言界线。因此语言地理学从一开始就考虑引入音系学理论。在很早的阶段(1934年)托尔茨科依[1]的论述,和其后不久(1954年)魏因赖希(U. Weinreich)[2]的论述,包括模仿魏因赖希的斯坦凯维奇(E. Stankiewicz)[3]的尝试,都几乎完全一致。而将其作为正式研究、不断发表成果的是莫尔顿(W. G. Moulton)[4],他在第一届普通方言学国际会议(1960年)上发表的论文,开篇就清楚地阐明了这个问题。

　　19世纪,语言学发展出三种不同的方法,每种方法都获得了伟大的成果。最初确立的方法是历史比较语言学的方法,通过这种方法,语言学获得了第1维度,也就是"时间"维度。到19世纪中叶以后,第二种方法,即发音语音学获得发展,并让历史比较语言学的方法更为凝练。将近19世纪末期,语言地理学产生了,语言学获得了第2维度,即"空间"维度。但是在很长一段时间里,语言地理学的成果不为历史比较语言学的方法所重视。到近十年之前,德国语言史学家才开始考虑语言地理学因素。

　　到了20世纪,第四种方法诞生了。这就是结构主义语言学,其中尤以结构语音研究,即音系学领域的进展最为迅速。但是直到今天,音系学都没有为语言地理学所关注。而这刚好与四十年前历史比较语言学的方法不重视语言地理学的情况极为相似。因此,我所尝试的就是将音系学导入语言地理学的重要手段——语言地图中。

他利用苏黎世大学的《瑞士德语语言地图》(Sprachatlas der deutschen Schweiz)的材料发现,如果把语音材料原样绘入地图无法出现有序分布,但是用添加了音系学解释的材料绘制地图后,呈现出极为清晰的分布。通过这种方法可以绘制方言界线,也能划分方言区划。至此,自托尔茨科依以来将音系学导入语言地理学的尝试,在实践阶段也获得了完美的成功。

但是语言地理学的目标并不是画出方言区划。方言区划本身只具有叙述性意义。但方言区划也是语言变迁的一种结果。语言地理学的目标是构建语言的变迁轨迹,探究变迁的成因。因此绘制方言区划不过是语言地理学目标的一部分。

因此,语言地理学肩负的课题是,将结构的地理分布构建的历史与语言要素(如词)的地理分布构建的历史结合起来,建立真正的历史,同时还要阐明背后的原因。正如我们就"ガ行鼻音"分布图所做出的解释,所谓变迁是系统的一部分,如果不关注语言要素就无法构建。系统(结构)的分布图,只要把系统画在地图上就结束了。因为在系统内部,语言要素彼此竞争、实现内部统一,因此系统与系统之间应该不会产生任何联系。描绘系统的地图虽然可以分割地域,但无法诉说历史。

我们已经对比了"額"的词语历史和土语分布图还有"額"和"おでこの人"的系统分布图,并在推定上获得了成功。关于"薄冰""氷"和"冰柱",我们也建立了词汇系统来探究这三种含义在词语表现上是否有区别、有怎样的区别、每个含义用哪个词来表示等问题,也绘制了词汇系统的分布图。这种情况下,我们不问语言要素到底是什么。不过,单纯地就系统框架研究分布,并不会获得多么大的成果。语言的变迁,不仅需要系统框架,还需要框架中的要素。拿モンペ来说,在词的系统之外还结合了物的系统。从物的系统的关系中,能够成功推断出更丰富的词语变迁。

上面的例子虽然说到了系统,但都是非常小的系统,只有两三个项目,属于整个系统中的"最小系统"。如果今后我们把这种方法应用于大的系统,比如颜色名称系统、亲属称谓系统或整个语音系统、词语活用系统,来构建历史时,就第一次产生了"结构语言地理学"。魏因赖希把引入了音系学的语言地理学(方言学)称为 structural dialectology[2],但是如上所述,我们思考的是结构主义语言学和语言地理学更为有机的结合,如果要选一个新的学科名称,我想 structural geographical dialectology (linguistics) 要更为合适。

下面再来看词汇系统。结构主义语言学的词汇系统和语言地理学的词汇系统略有不同。

结构主义语言学的词汇系统是什么样的呢?假设有词 a 和词 b。如果词 a 的意义 m^a 和词 b 的意义 m^b 关系很近,那么词 a 和词 b 就可以组成一个最小的词汇系统。其方法是以语音形式(语言形式)的不同意义为线索建立联系。

但是语言地理学的方法是这样的。首先,有 m^a、m^b 两个意义。当然 m^a 和 m^b 是对应物或事 t^a、t^b 的概念。当 m^a、m^b 的关系很近时,m^a 和 m^b 组成了最小意义系统,我们在各个社区调查,去寻找相对应的词 a、b。结构主义语言学是从语音形式出发再到意义,以意义作为依据来建立语音形式(词)的系统,但语言地理学正好相反,是从意义出发,探究意义的系统和不同含义词的地域变体间的关系。所以虽然同为系统,结构主义语言学是"词汇系统",而语言地理学则是"意义系统"。

因为语言地理学通过意义系统寻求地域差异,所以不一定要探求每个词汇系统的地域差异。就算 m^a 概念对应的词是 a,但 a 对应的意义不一定全部包括在 m^a 的范围中(下图的情况1)。或者小于 m^a 的整个范围(下图的情况2)。此外,词 a 的意义也可能对应着 m^b 范围的一部分(下图的情况3)。

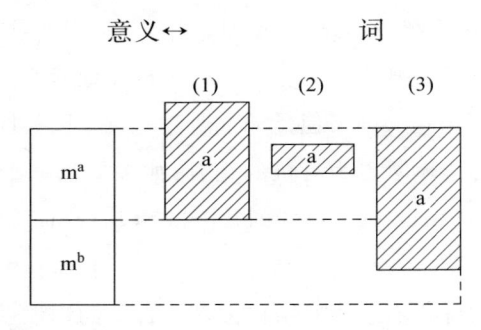

意义↔　　　　　词

```
        (1)    (2)    (3)
      ┌────┐ ┌──┐  ┌────┐
┌───┐ │ a  │ │a │  │    │
│ mᵃ│ │    │ └──┘  │ a  │
├───┤ └────┘       │    │
│ mᵇ│              │    │
└───┘              └────┘
```

我们以表示"大"这一意义的词作为例子。语言地理学的调查项目与意义密切相关,因此需要做出尽可能严密的限定。例如"大","这两个箱子相比,这边的箱子怎么样啊?"我们调查用的就是被这样限定住的"大"。因此只要我们没有限定为"个子高"的"大"(小朋友,长大了呢),就不知道该怎么说。有的地域可能也叫 ikaī,有的地域则可能把"个子高"的"大"叫作 dekaī。那么除了箱子大小、个子高低之外,ikaī 的所指范围到底有多大,在不同地域的方言中是不一样的,仅从"大""个子高"等特定项目的分布图中无法看出。"这两个箱子相比,这边的箱子怎么样啊?"这种提问形式,也就是俗称的"猜谜式",还有一种与之相对的翻译式,即"'大'在你们那儿怎么说啊?"如果采取翻译式提问,社区 A 挑选了和全国标准语"大"相对应的意义 p 中的一部分,回答了当地土语 ikaī;社区 B 则在同样的意义中挑选了 q,回答了当地土语 dekaī。如果在当地的众多方言中,ikaī 和 dekaī 虽然都表示大但所指范围不同,那么上面的两个答案就是表示不同意义的土语,绘制到地图上,当然也就不会出现有序分布。这就是我们说翻译式提问很危险的原因。

注

(1) N. S. Trubetzkoy: Phonologie und Sprachgeographie. TCLP 4. 1931.

(2) U. Weinreich: Is a Structural Dialectology Possible? WORD vol. 10. No. 2-3. 1954.

(3) E. Stankiewicz: On Discretenes and Continuity in Structural Dialectology. WORD vol. 13. 1957.

(4) W. G. Moulton: The Short Vowel Systems of Northern Switzerland. WORD 16. 1960.

——: The Dialect Geography of hast, hat in Swiss German. LANGUAGE 37-4. 1961.

(5) W. G. Moulton: Phonetische und Phonologische Dialectkarten. Beispiele aus dem Schweizerdeutschen. "A. J. van Windekens: Communication et rapports du Premier Congrès International de Dialectologie générale. Louvain. 1964."p. 117.

5.3　历时形态还是共时形态

语言地理学是语言史学的一种方法,其目的在于构建语言史。

因此,语言地理学属于历时性研究。

证实这一结论,只要回顾前述的语言地理学中意义与语音形式的关系即可。历时研究关注的是,过去与某一特定意义结合的特定语音形式在时间长河中发生怎样的变化。语音形式经过了几个阶段的变化,而与其结合的含义可能保持不变,也可能彻底改头换面。但是,我们不会过分在意这个问题,而是忽略意义的细微变化,重点关注语音形式(语言形式)的时间变化。

与之相对,我们前面也论述过,语言地理学关注的是,表示特定意义的语言形式有怎样的地域变体或从该变体的地理分布推断时间上的变化。因此,语言地理学不可有一刻断绝与意义之间的联系。这并不只是单纯看意义是否相同,而是要深入探求意义的内容。

此外,对同一个音 p,历时研究提取出 p 这个音或音素,探究其时间上的变化。而语言地理学不讨论普遍意义的 p,而是研究一个个词中特殊的 p 的变化。

历时研究和语言地理学的一个相同之处是,都以探求语言的时间变化为研究目的,但方法各有不同。因此,面对"语言地理学是不是历时研究?"这个问题,我们无法立刻回答"是"。

应该说,语言地理学的共时研究色彩还要更加浓厚。因为语言地理学不仅研究现代这个时间断面,还研究语言要素间的相互关系。但是所谓语言要素间的相互关系,在结构主义语言学这类共时研究中,指系统内的语言要素的相互关系;而在语言地理学中,则指地域变体间的相互关系。语言地理学还非常关注共时层面下说话者的语言创造和其机制阐释。

共时研究的最终目的,是阐明一个时期(如现代)的横向状况,而语言地理学的最终目的是阐明从过去到现代的纵向状况。

索绪尔提出共时和历时的区别，是要在语言研究的态度和视角方面警示二者的混同，并期待共时研究的新兴。不过语言是一种历史性的实物，当然具有共时和历时两个层面。语言地理学非常重视发音人对几个词语的新旧判断，而发音人即说话者存在新旧意识，就说明在说话者的头脑中存在着历时状态。而且，虽然地域社会在地理分布上不过是平面上的一点，但是代表历史变化的年龄却会造成语言差异。

莫尔顿认为，比较语言学这种历时语言学获得了"时间"维度；语言地理学则获得了"空间"维度。但是语言地理学获得的并不是单纯的空间，而应该是时间与空间的交汇点。语言地理学的任务，是从地理分布的空间走向语言史的时间。

5.4　语言变化的规则性和不规则性

语言的历史中存在规则和不规则的两个方面。同类语言要素既拥有共同的命运，也分别有独立的演变。强调前者的是青年语法学派，强调后者的是"语言地理学派"。前者本来就不是语言地理学的研究对象。如果表示某一含义的词语没有地域差异，语言地理学也就失去了研究领域，因为没有地域差异，就无法推断语言变化。如果调查问卷中这种类型的项目很多，那么这次调查就是失败的。有人认为，"没有变化"不也是语言地理学所获得的一种信息吗？但是语言地理学的目的并不仅仅是研究变化的先后关系，还要找到引起变化的原因。因此没有地域差异的地图在语言地理学中是没有意义的。

语言的规则与不规则，并不是对立的两个方面，也不是互为表里的关系。不规则应该是规则的例外。而例外，要么是变化留下的痕迹，要么是产生变化的萌芽。一般来说，前者常见于边境，后者常见于文化中心地。语言地理学是一种关注语言例外的方法。

5.5　语言地理学的领域

　　一般来说，语言地理学会选择会产生地域差异的调查项目。我们在前面也说过，这是因为若不追求地域差异，就无法构建语言史。不过，因为我们不可能选择所有存在地域差异的项目，所以选择就存在一个偶然的问题。就算我们刻意选择能构成意义系统的项目，但是如果没有地域差异，也只能忍痛割爱。我们的丝鱼川调查也不例外。

　　这种做法其实是选择能表现出语言界线的项目。存在地域差异的项目能画出无数的同言线。通过重叠这些同言线来寻找语言界线，划分方言区划，区别方言系统，选择调查项目的目的不就在于此吗？

　　但是意义的系统并不是能靠两三个项目就建立起来的。如果意义变化自产生起就彼此相关，那么我们应该首先建立意义系统，然后选择这个系统中存在的所有项目。我们不问表示该项目的词是否存在地域差异。讨论モンペ土语的时候，我们关注作为物的两种モンペ，却不考虑其他衣物的分类。虽然我们也调查了ももひき，但它都是 momoçiki 或 momoʃiki，没有显示有序分布。因此我们也没有给出ももひき的分布图。衣物的种类当然不止ももひき，还包括所有的劳动穿着和所有的外出穿着。首先建立民俗学和民族学所说的"文化集合"，然后调查与其有关的所有词语。而在语言地理学中,"文化集合"是一种总结性的意义系统。

但是如果完全贯彻这种方法,语言地理学就会被掩盖在民俗学和民族学之中。因为民俗学、民族学并不一定以地域性为基础,因此语言地理学不等于民俗学(民族学),不过如果以地域性为基础,就很难区分这两种方法的界限,这也是很自然的。

我们比较方言学和民俗学,两种学问关注大千世界中的哪一点将决定它们的异同点。我们通过对比方言辞典和民俗学辞典的分类项目来讨论这个问题。

	东条操编《标准语引分类方言词典》	柳田国男监修《民俗学词典》
A	服饰样貌、饮食嗜好、居住坐卧、男女老幼、社会交通、生产消费、农山渔村、信仰习俗	居住、服饰、食物、村制、农耕、山村、渔村、职业、交通、社交、族制、婚姻、产育、葬仪、一年活动、信仰、神名、民间信仰、艺能、儿童
B	天地季候、鸟兽虫鱼、草木菌草、肢体健康	
C	行动性情、事物时地	
D		语言、传说、民间故事

A 是共同点,B、C、D 是不同点。方言学关注、民俗学却不关注的是 B 和 C,方言学者喜爱这两项是有理由的。方言学、语言地理学容易掩盖在民俗学、民族学中的部分是 A。与モンペ有关的"衣物集合"当然属于 A。研究"衣物集合"就有必要深入研究实物本身,而这个问题是语言学家无论如何也做不到的。因此等民俗学与民族学、经济学、宗教学等文化科学和社会科学的研究有所进展之后,语言地理学再来研究 A 也并不晚。在 A 这部分上,语言地理学可以保持被动。

语言地理学应该积极研究的是 B 和 C。我们在第 3 章、第 4 章研究的项目也多属于 B、C。"こけこっこう""きのこ""額.おでこの人""薄冰、冰、冰柱""おたまじゃくし""旋毛、蟻地獄、蝸牛""ぬかるみ""ガ行鼻音""払った・拾った等""白く、高く、暗く、黒く""捨てる等动词群""しもやけ""（花の）かおり""蛇のぬけがら""薬指"，这些都属于 B 和 C。属于 A 的只有"モンペ""肩車""間食"和"糠"。至此，我们就可以通过限定研究对象（世间万象的一部分），为语言地理学和民俗学、民族学画下区别的界限。

语言地理学绝对不可或缺的条件是地域。地域会产生差异。能使语言产生差异的要素有很多，包括性别、年龄、居住地、居住经历、学历、职业、社会阶层等。其中能产生显著语言差异的是年龄和居住地、居住经历。年龄可以直接显示出时间差异，而居住地、居住经历无法直接显示时间差异。虽然居住经历本身包含了时间概念，但是居住地是非时间性的。不过，通过广泛对比居住地的语言，我们可以推定出该地域的时间变化，从这一点来看，居住地也与时间差异产生了联系。用性别、学历、职业、社会阶层来考虑就会更加明显。这些要素无论怎么比较都无法构建时间差异。如果放在个人的"语言生涯"来考虑，第 1 维度的应该是年龄和居住地。对刚刚学会说话的孩子来说，没有男女的语言区别是理所当然的，表示阶级的社会阶层也是如此。学历、职业造成的语言差异的形成时间也当然靠后。经济能力和社会地位造成的社会阶层差异更是如此。孩子学会的是他生长的土地、时代的语言——那个时代的方言。因此，居住地即地域和年龄都是产生语言差异的最主要因素。语言地理学就是以地域性作为研究基础的方法。

因此，如果地域差异微小或干脆不存在，语言地理学都无法成立。东京这样的大都市已经不是地域社会，而是以社会阶层、职业等因素细分出的团体的集合。但是如果地域像东京这样广阔，广阔就会产生地域差异，也就相应产生了语言差异。这种语言差异并不一定是古老形式的残留，也可能是新形式的萌芽。这个现象放在全国范围内也是成立的。不管今后交流如何发达，地域间隔如何缩小，地域差异都不会消失。地域差异消失，就意味着位于日语地域两端的社区，变得像同一个社区一样。那么，会有这样的一天吗？

　　就连说话人和听话人之间都存在地域间隔。使用语言的人们都生活在某一个地域，没有与地域毫无关系的语言。虽然存在共通语和国际语这样不限地域的通用语言，但是它们的存在，是因为存在着方言或民族语等地域语言。语言无法脱离地域而存在，因此地域当然会产生语言差异。方言自不必谈，民族语也是受地域影响而分裂，进而独立的语言。语言产生了地域差异，那地域差异就应该显示出有序分布，我们就能够以此构建语言史。构建语言史也正是语言地理学的任务。

　　语言地理学的方法会随着今后的研究而更加凝练。这种方法鲜活而准确地描述语言演变的轨迹，追求其背后的成因，并且取得了长足的发展。为此，需要以地理分布为基础分析语言表述的意义，探究对应意义的物、事的世界，并最终探究使用、创造语言的人类的心理和人类社会的关系。于是在以地域为基础研究人类历史的文化科学中，语言地理学成了最基础的方法。"语言人类学"(Linguistic Anthropology)这一学科已经存在，也许这个名称改为"语言人间学"要更为恰当。如果"语言人间学"成为一门综合性文化科学，那么语言地理学将是其最基础的一部分。

参考文献

A

P. И АВАНЕСОВА: ВОПРОСЫ ТЕОРИИ ЛИНГВИСТИЧЕСКОЙ ГЕОГРАФИИ. МОСКВА. 1962

A. Bach: Deutsche Mundartforschung, Ihre Wage, Ergebnisse und Aufgaben, Heidelberg, 1950

E. Buyssens: Linguistique historique. Bruxelles. 1965

A. Dauzat: La géographie linguistique. Paris. 1922

Deutscher Sprachatlas auf Grund des von Georg Wenker begründeten Sprachatlas des Deutschen Reichs mit Einschluss von Luxemburg in vereinfachter From bearbeitet bei der Zentralstelle für den Sprachatlas des Deutschen Reichs und deutsche Mundartforschung unter Leitung von Ferdinand Wrede. Lieferung 1-4 (1926—1930); von Ferdinand Wrede und Bernhard Martin L. 5-6 (1931—1962); von Ferdinand Wrede, fortgesetzt von Walter Mitzka und Bernhard Martin L. 7-23 (1934—1950)

W. Doroszewski: Le structuralisme linguistique et les études de géographie dialectale. Proceedings of the 8 th International Congress of Linguists. Oslo. 1958

A. H. Dupree: Asa Gray. 1810-1888. Cambridge, Massachusetts. 1959

J. Fourquet: Linguistique structurale et dialectologie. Festgabe für

Theodor Frings: Fragen und Forschungen im Bereich und Umkreis der germanischen Philologie. Berlin. 1956

E. Förstemann: Über deutsche Volksetymologie. Zeitschrift für vergleichende Sprachforschung. I. 1852

W. N. Francis: The Structure of American English. New York, 1958. Chapt. 9

R. Grosse: Strukuralismus und Dialektgeographie. Biuletyn Fonograficzny. III. 1960

H. Harmjanz und E. Röhr: Volksumsgeographische Forschungen in Verbindung mit dem Atlas der deutschen Volkskunde. Leipzig. 1939

I. Iordan: Einführung in die Geschichte und Methden der Romanischen Sprachwissenschaft ins Deutsche übertragen, ergänzt und teilweise neubearbeitet von W. Bahner. Berlin. 1962. Kapitel 3. Sprachgeographie.

K. Jaberg und J. Jud: Der Sprachatlas als Forschungsinstrument. Halle a. d. s. 1928. P. 214

H. Kurath: Handbook of the Linguistic Geography of New England. Providence. 1939

H. Kurath: A Word Geography of the Eastern United States. Ann Arbor. 1949

H. Kurath and R. I McDavid: The Pronunciation of English in the Atlantic States. 1961

R. Meringer: Wörter und Sachen. Indogermanische Forschungen XVI. 1940

W. G. Moulton: The Short Vowel System of Northern Switzerland. Word 16. 1960

W. G. Moulton: The Dialect Geography of hast, hat in Swiss German. Language 37-4. 1960

W. G. Moulton: Phonetische und Phonologische Dialektkarten. Beispiele aus dem Schweizerdeutschen. Communication et rapports du Premier Congrès International de Dialectologie générale. Louvain. 1964

E. Nida: Toward a Science of Translating. Leiden. 1964

H. Orton and E. Dieth: Survey of English Dialects. Leeds. 1962

S. Pop: La dialectologie. Aperçu historique et méthods d'enquêtes linguistiques. Louvain. 1950

E. Stankiewicz: On Discretenes and Continuity in Structural Dialectology. Word 13. 1957

N. S. Trubetzkoy: Phonologie und Sprachgeographie. TCLP 4. 1931

J. Vendryes: Sur la dénomination. Bulletin de la Société de Linguistique de Paris. 1953

W. von Wartburg: Einführtrung in Problematik und Methodik der Sprachwissenschaft. Halle. 1943

U. Weinreich: Language in Contact. Findings and Problems. New York. 1953

U. Weinreich: Is a Structural Dialectology Possible? Word 10-2,3. 1954

B

糸魚川市西頸城郡教育振興会:社会科巡検資料. 1965

糸魚川中学校:糸魚川の四季. 1951

糸井寛一:大分県の四つがな弁略報--玖珠町木牟田方言について─「国文学攷 27」1962

糸井寛一:大分市近郊のサ行・ザ行・タ行・ダ行の音.「大分大学学芸学部研究紀要. 人文・社会科学. 2−2」1963

伊藤秀三:ガラパゴス諸島. 中央公論社. 1966

上田万年:方言調査と歴史地理学.「歴史地理」1908

青海町役場:青海―その生活と発展.1966

W.A.グロータース:構造言語地理学の新方法.「方言研究年報7」.広島大学文学部国語研究室内方言研究会.1964

江　実:言語地理学とその一般言語学に対する寄与(ガミルシェーク).「方言」1934.6・9・11・12

江　実:言語地理学.明治書院.1935

国立国語研究所:昭和32年度国立国語研究所年報.1958;昭和39年度同年報.1965

小林好日:方言語彙学の研究.岩波書店.1950

佐藤智雄編:地方都市―糸魚川市の実態.東京大学出版会.1961

三省堂編修所:明解日本語アクセント辞典.1958

柴田　武:方言の音韻体系.「解釈と鑑賞295」.1960

柴田　武:下北方言の分布.「人類科学17」開明堂.1965

柴田　武・加藤正信・加藤貞子・川本栄一郎・井上史雄:下北方言の分布.「下北―自然・文化・社会」平凡社.1965

ドーザ著・松原秀治訳:言語地理学.「冨山房百科文庫37」1938

東条操編:全国方言辞典.東京堂.1951

東条操編:標準語引分類方言辞典.東京堂.1954

東条　操:方言学の話.明治書院.1957

徳川宗賢・山本武:電子計算機で言語地図を作る試み.「計量国語学40」.1962

徳川宗賢:理解の等語線.「国語学64」.1966

土川正男:言語地理学.あしかび書房.1948(?)

新潟県西頸城郡教育会:西頸城郡誌.1930

保科孝一:言語地理学について.「国学院雑誌」1913.11

馬瀬良雄:もんぺの方言.「信濃XⅦ－2」.1965

松原秀治・横山紀伊子訳:ドーザ・フランス言語地理学.大学書

林.1958

　　柳田国男:蝸牛考.刀江書院.1930

　　柳田国男:小さきものの声.玉川学園出版部.1933

　　柳田国男:わたしの方言研究.「方言学講座Ⅰ」.東京堂.1961

　　吉町義雄:言語史と言語地理学(テラシエ)「方言」昭和7年1月,3月.1932

语言地理学方法

副　编

地图册

丝鱼川语言地图

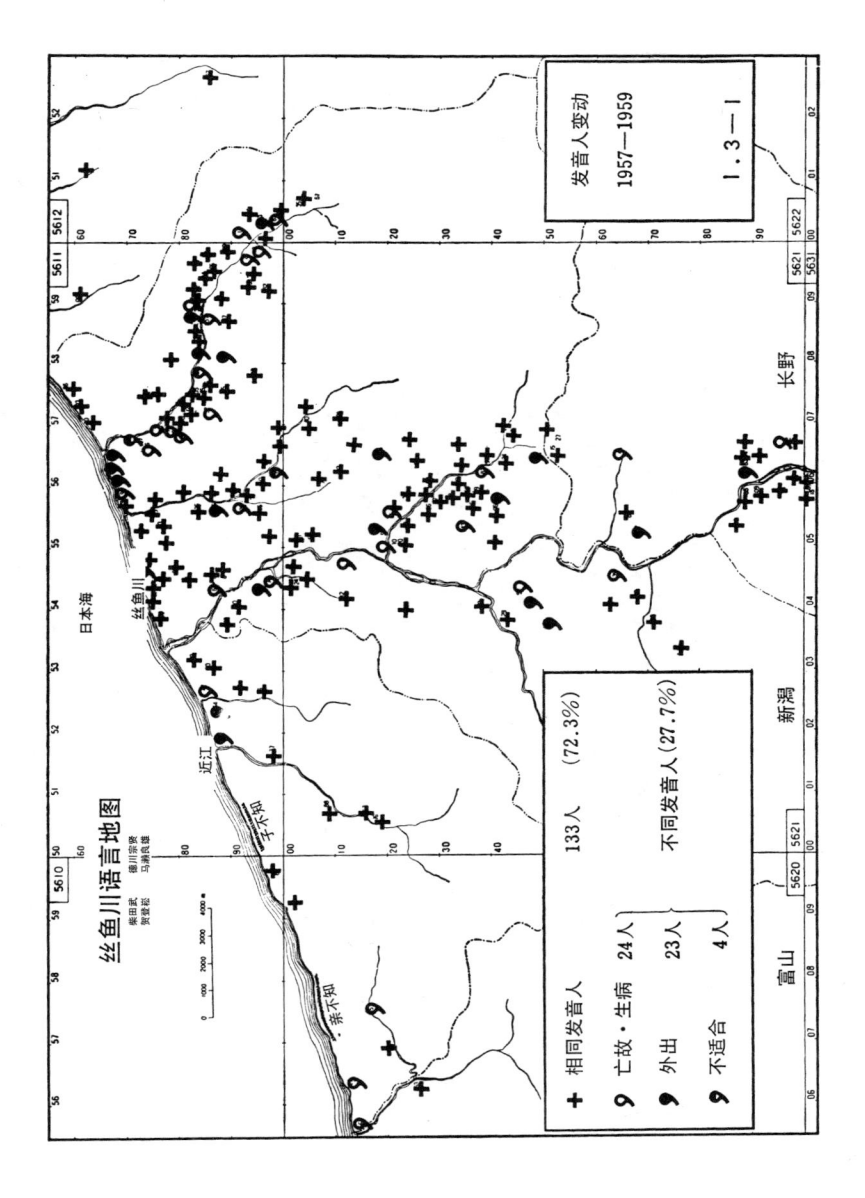

柴田武　德川宗贤
贺登稔　马濑良雄

日本海

丝鱼川

近江

亲不知

亲不知

富山

新潟

长野

发音人变动
1957—1959

1.3—1

符号	说明	人数
+	相同发音人	133人 (72.3%)
ᗡ	亡故・生病	24人
ᗡ	外出	23人	不同发音人 (27.7%)
ᗡ	不适合	4人

丝鱼川语言地图

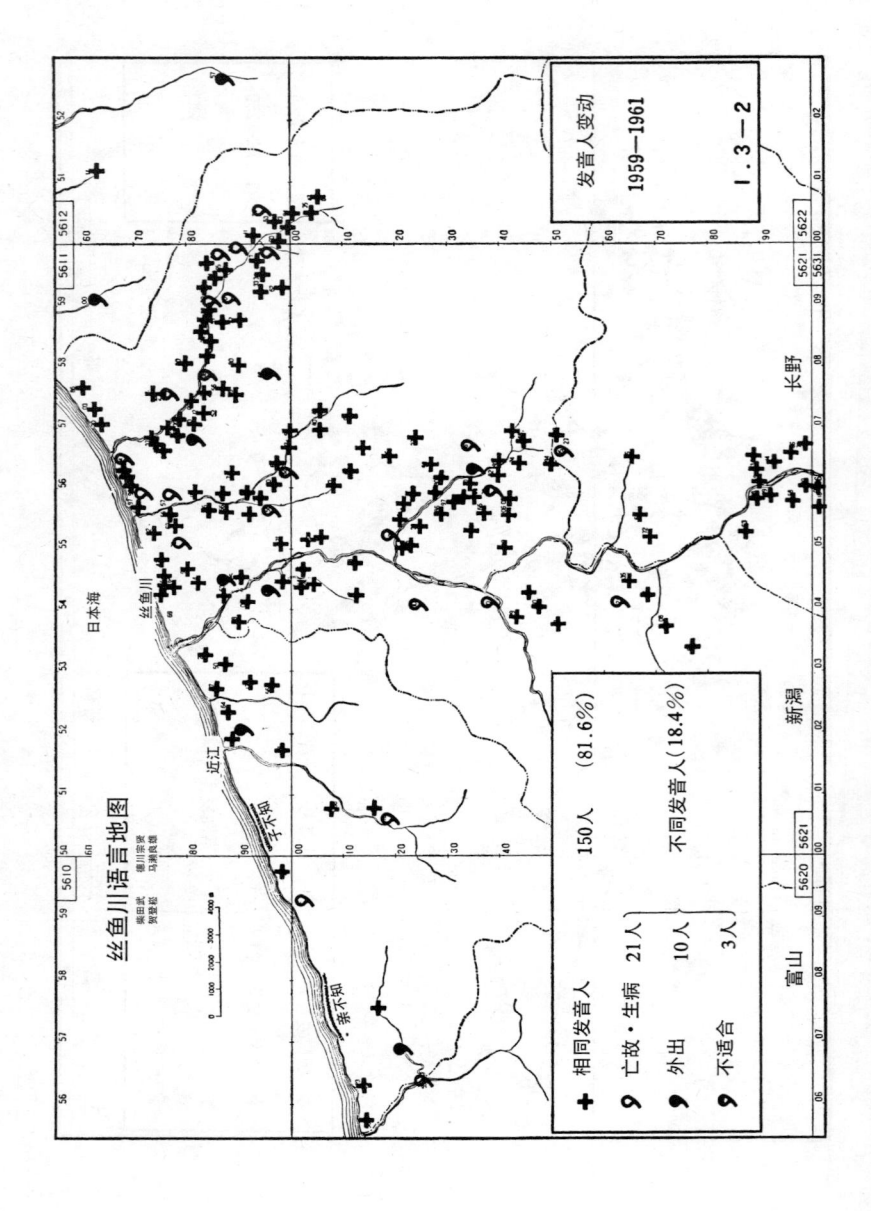

梁田武 德川宗贤
贺登崧 马濑良雄

发音人变动 1959—1961

1.3-2

+ 相同发音人　150人　(81.6%)
9 亡故・生病　21人
9 外出　　　10人　　不同发音人(18.4%)
9 不适合　　 3人

日本海　丝鱼川　近江　亲不知　字不知

富山　新潟　长野

丝鱼川语言地图

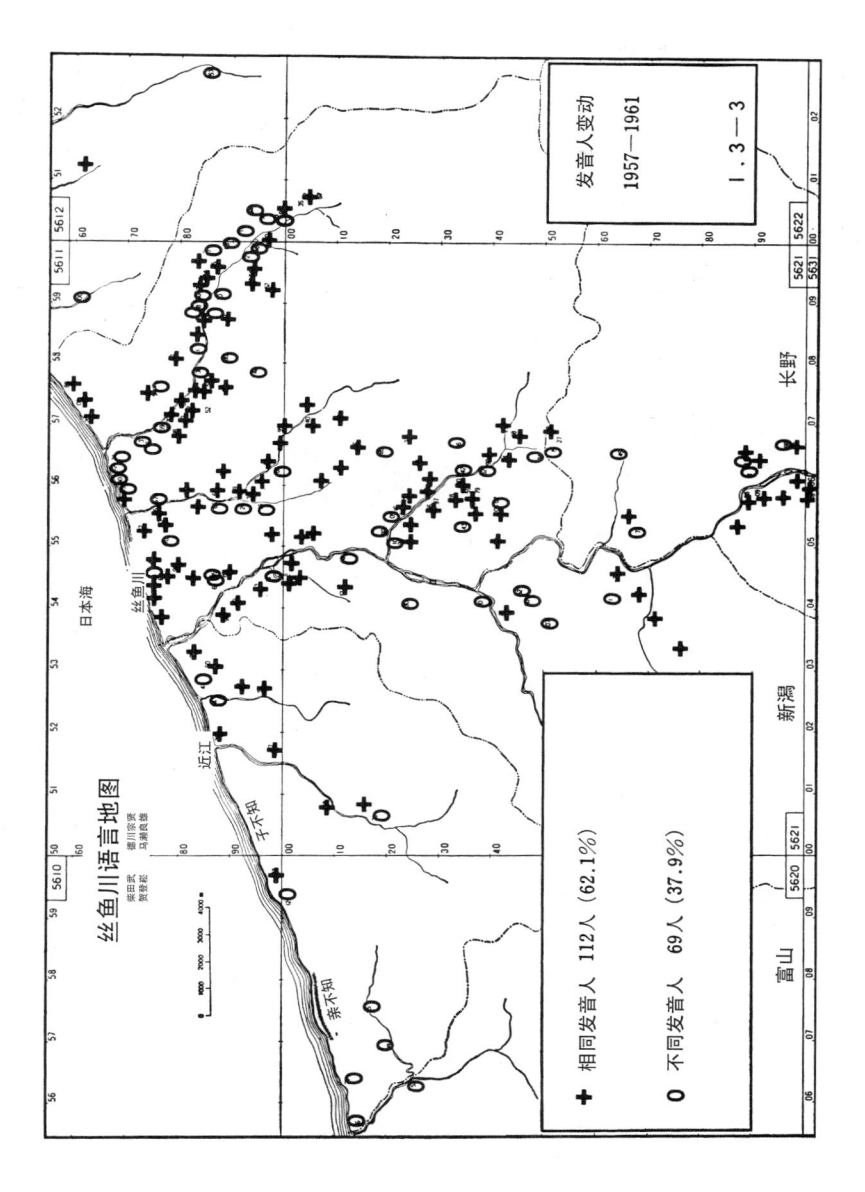

柴田武　德川宗贤
贺登崧　马濑良雄

发音人变动
1957—1961

1.3—3

日本海
长野
新潟
富山
近江
￫不知
￫不知

+ 相同发音人 112人 (62.1%)
O 不同发音人 69人 (37.9%)

丝鱼川语言地图

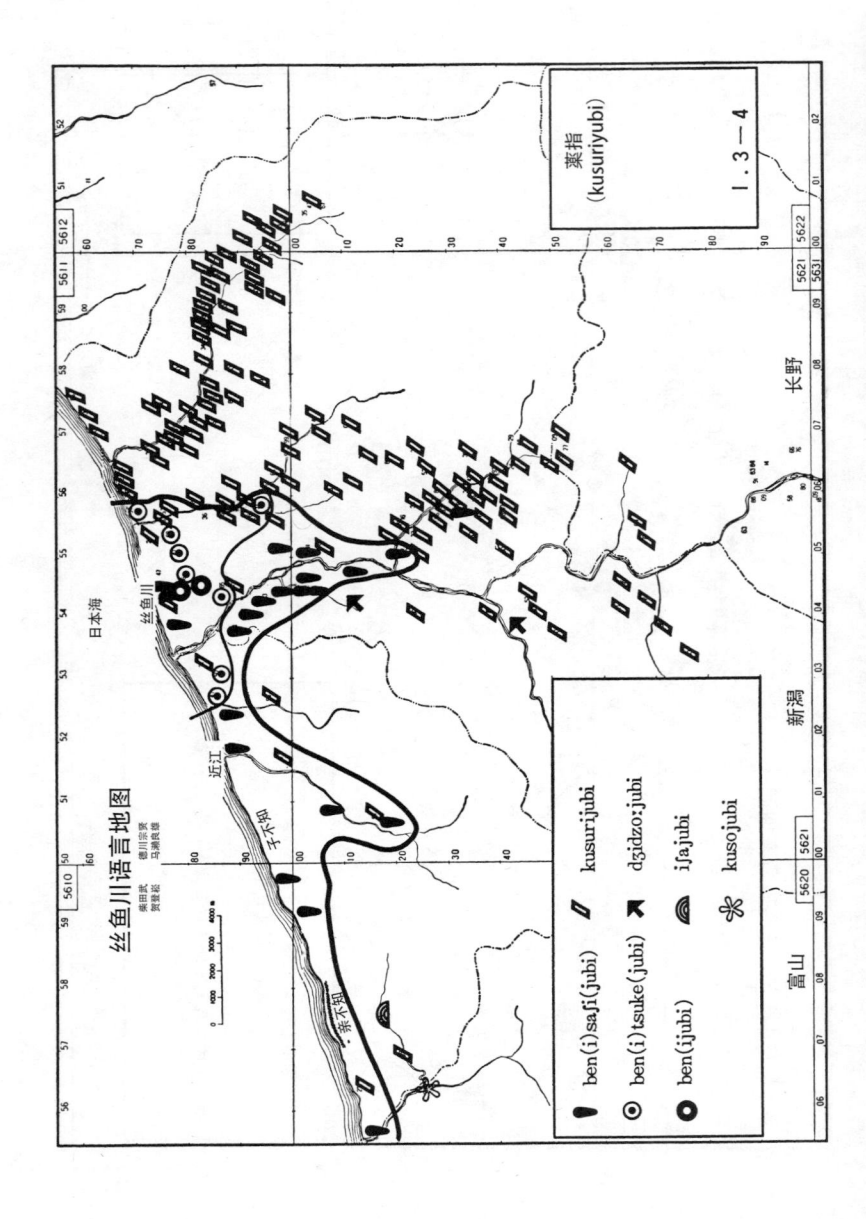

药指 (kusuriyubi)

1.3-4

凡例:
- ▬ ben(i)saɕi(jubi)
- ⊙ ben(i)tsuke(jubi)
- ◎ ben(ijubi)
- ▯ kusurijubi
- ⚓ dʑidzoːjubi
- ◖ ijajubi
- ✤ kusojubi

日本海 / 新潟 / 长野 / 富山 / 近江 / 丝鱼川

205

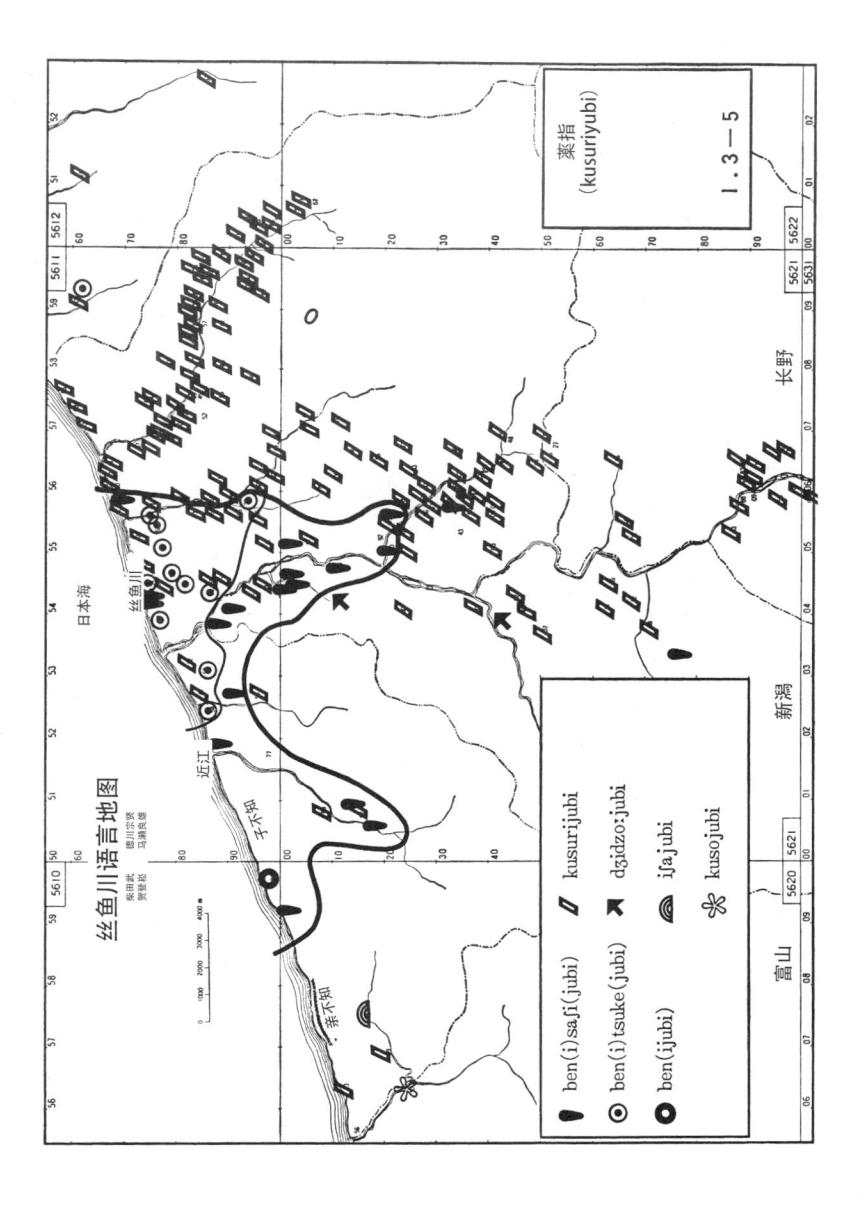

薬指
(kusuriyubi)

1. 3 — 5

丝鱼川语言地图

柴田武 徳川宗賢
賀登榮 馬瀬良雄

日本海
糸魚川
近江
子不知
親不知
富山
新潟
長野

- ben(i)saʃi(jubi)
- ⊙ ben(i)tsuke(jubi)
- ○ ben(ijubi)
- ⌐ kusurijubi
- ⚓ dʒidzo:jubi
- 🐚 iʃajubi
- ❋ kusojubi

丝鱼川语言地图

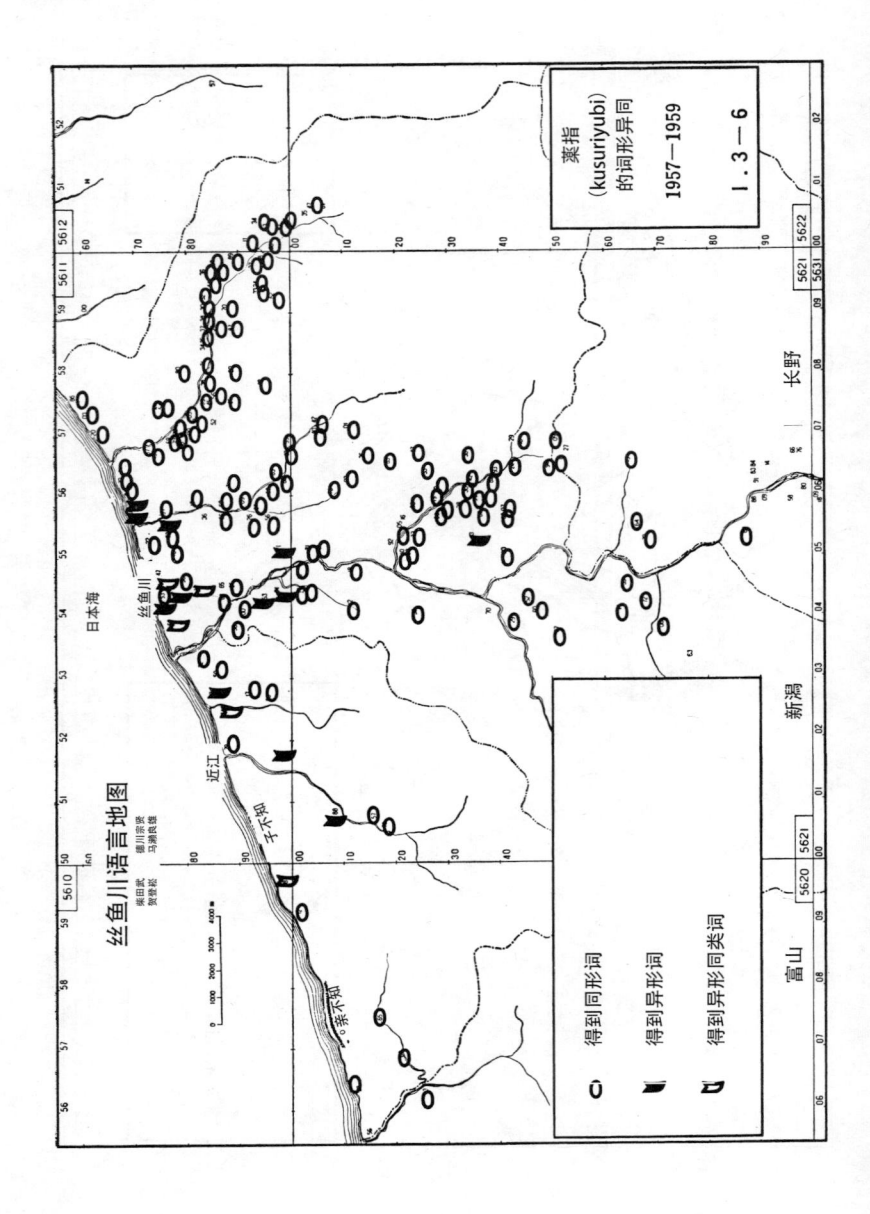

药指 (kusuriyubi) 的词形异同
1957—1959
1.3 — 6

图例：
- 得到同形词
- 得到异形词
- 得到异形同类词

丝鱼川语言地图

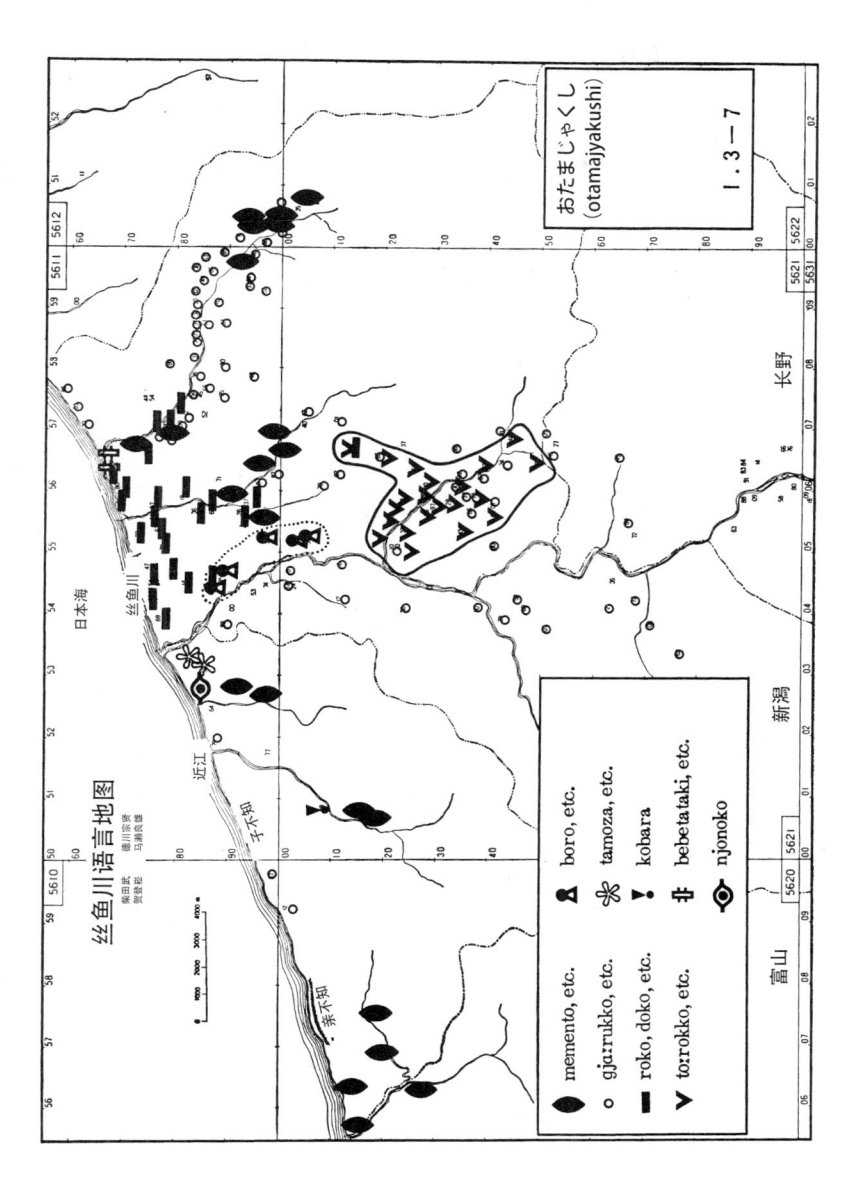

おたまじゃくし
(otamajakushi)
1.3-7

- ● memento, etc.
- ○ gjaːrukko, etc.
- ▎ roko, doko, etc.
- ▼ torrokko, etc.
- ♠ boro, etc.
- ✳ tamoza, etc.
- ▸ kobara
- ╫ bebetaki, etc.
- ◎ njonoko

糸魚川語言地図

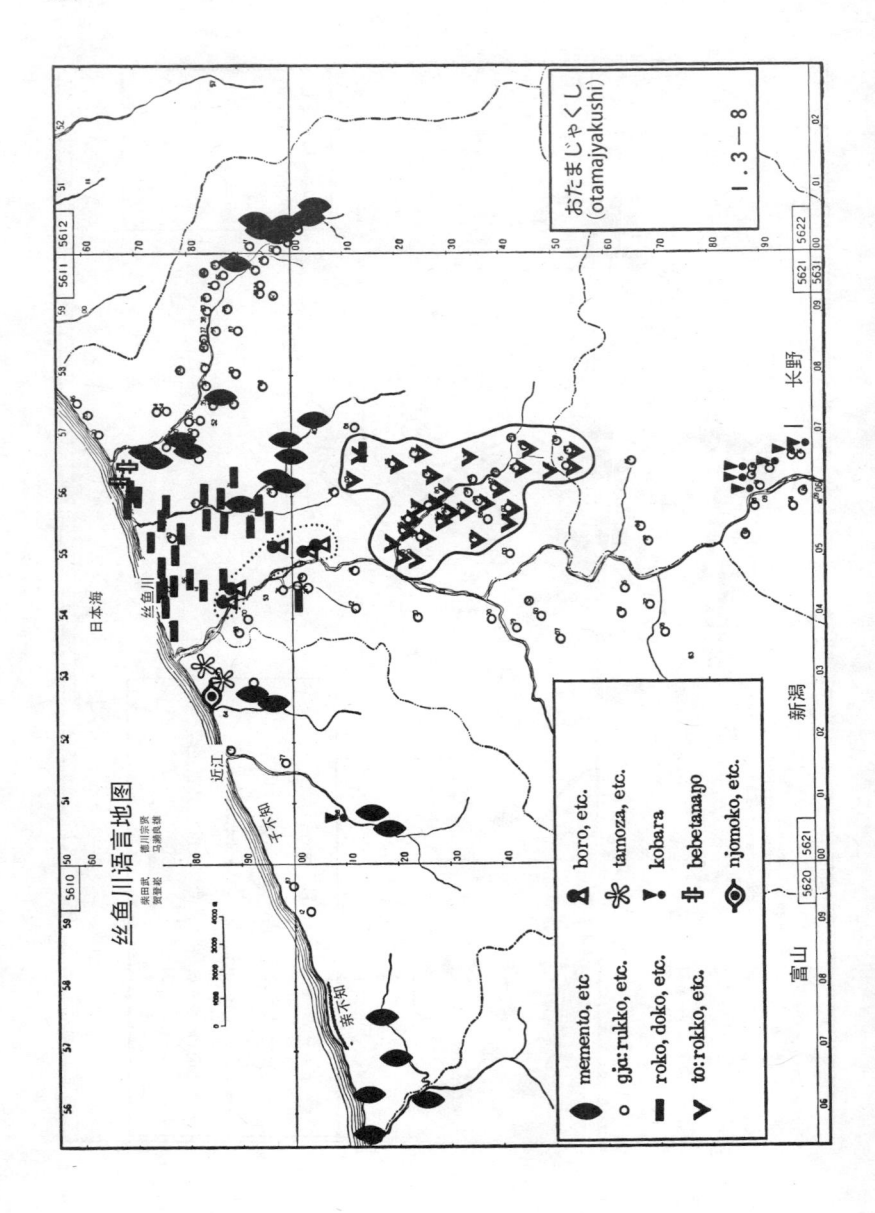

おたまじゃくし
(otamajyakushi)

1.3 — 8

⬛ boro, etc.	memento, etc
✳ tamoza, etc.	○ gja:rukko, etc.
▼ kobara	▬ roko, doko, etc.
╫ bebetanago	▶ to:rokko, etc.
⊙ njomoko, etc.	

丝鱼川语言地图

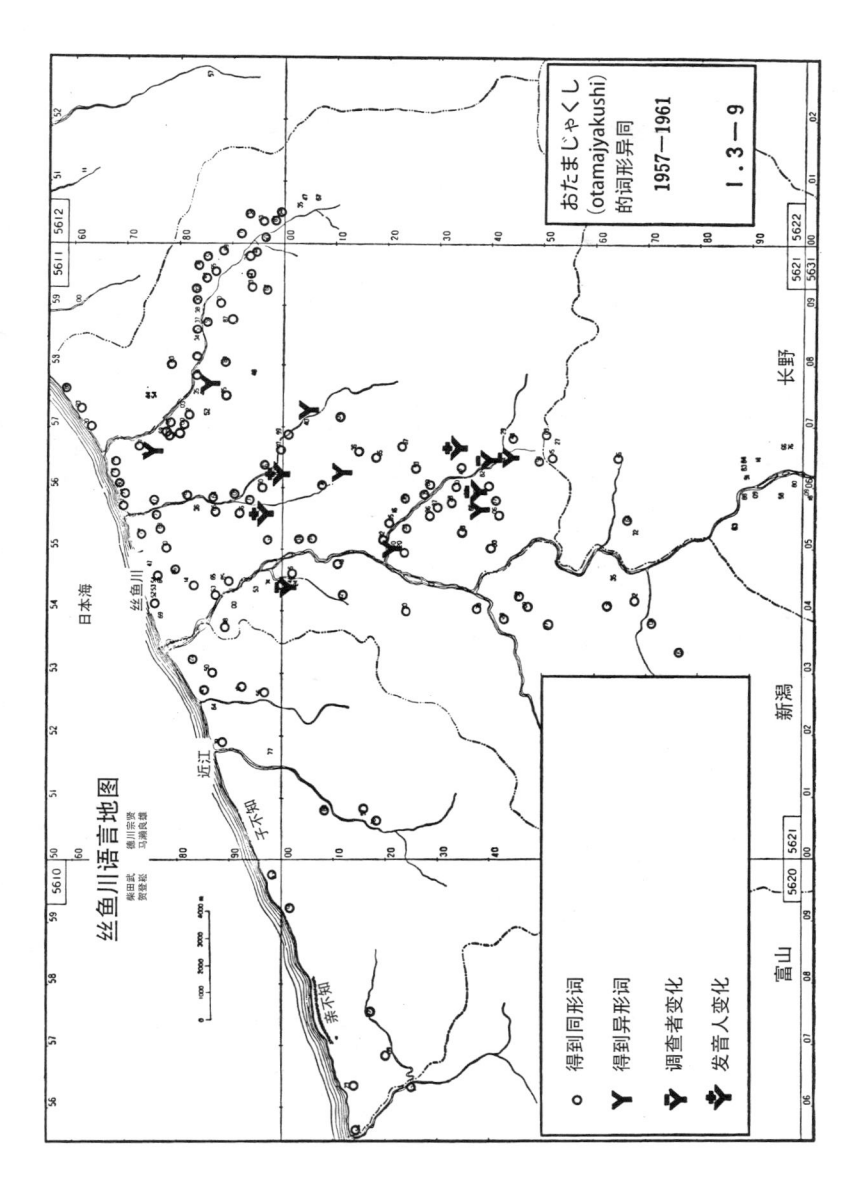

おたまじゃくし
(otamajyakushi)
的词形异同
1957—1961

1.3−9

○ 得到同形词
Y 得到异形词
✦ 调查者变化
✈ 发音人变化

丝鱼川语言地图

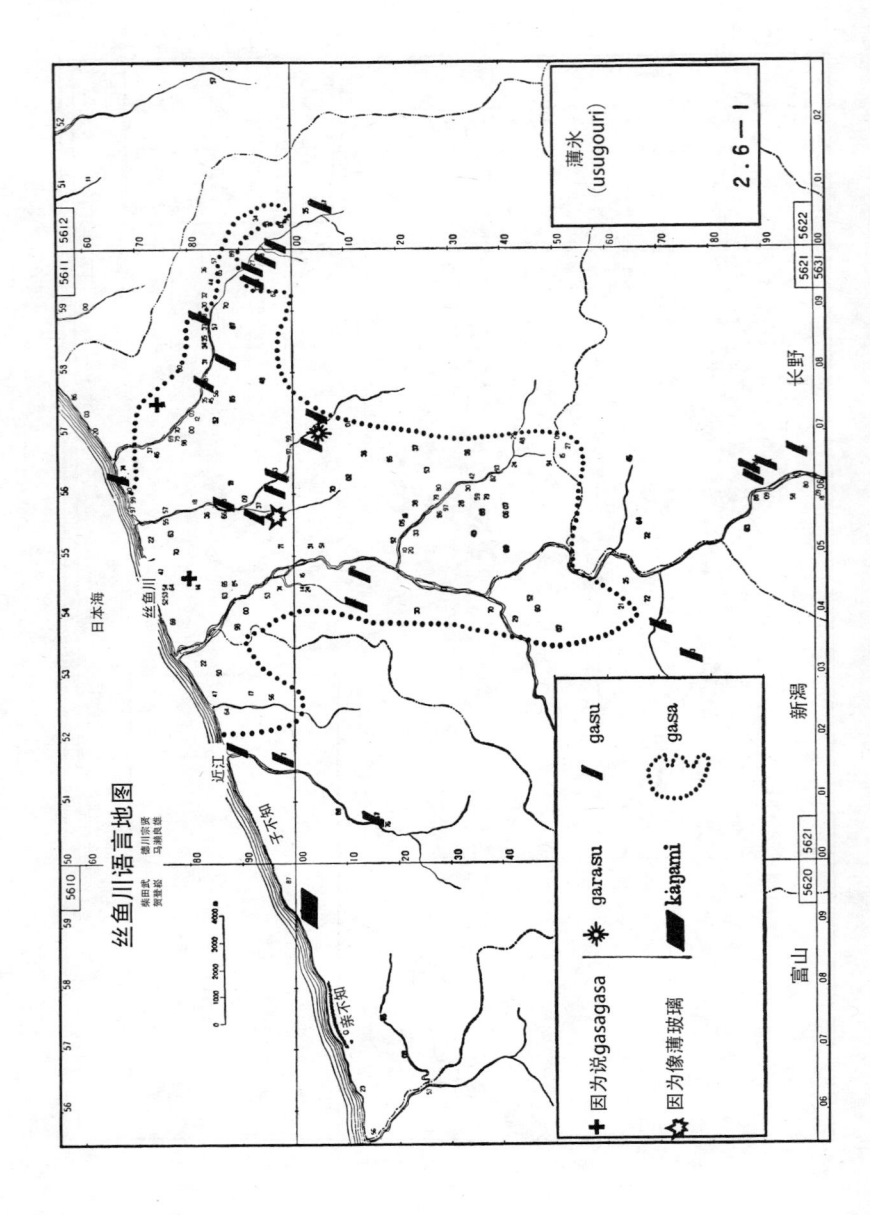

薄冰
(usugouri)

2.6-1

因为说gasagasa ✳ garasu — gasu
因为像薄玻璃 ▬ kagami ⌒ gasa

丝鱼川语言地图

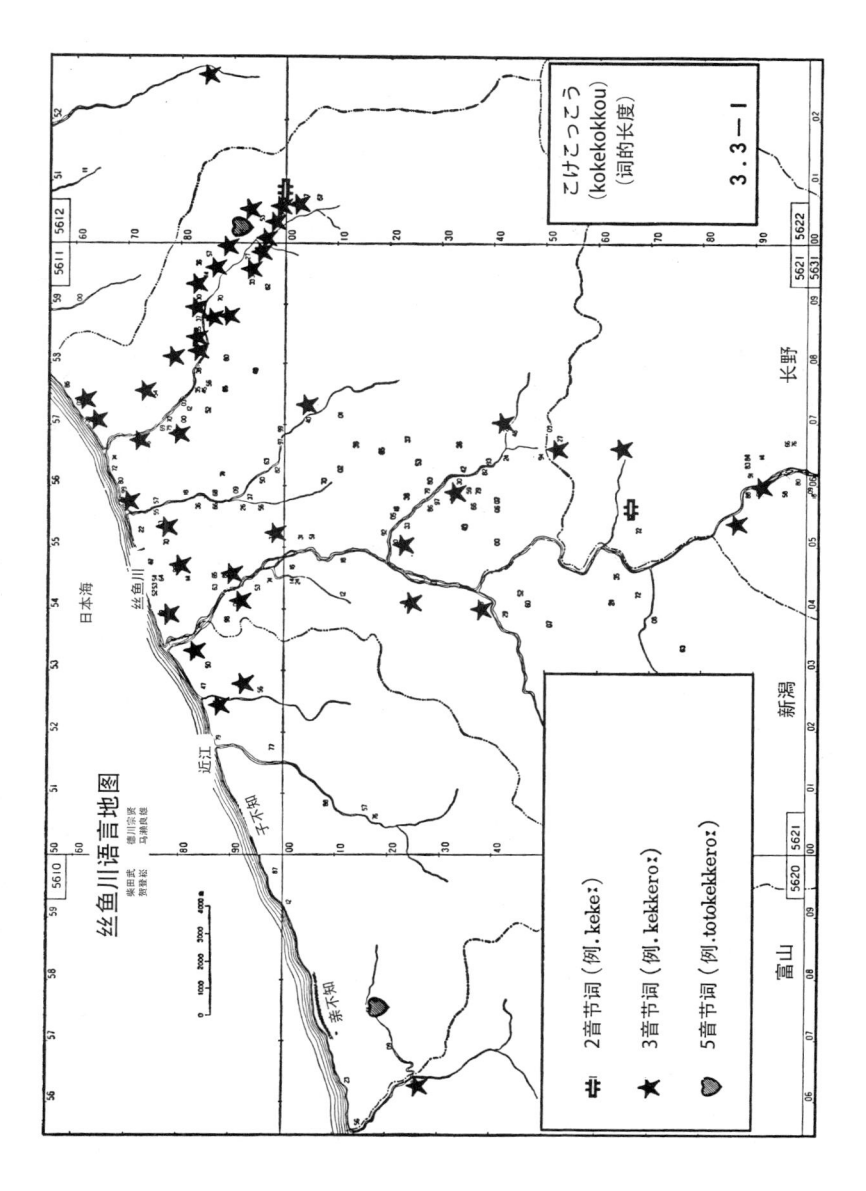

こけこっこう (kokekokkou) (词的长度)

3.3－1

- ╪ 2音节词（例．keke:）
- ★ 3音节词（例．kekkero:）
- ◆ 5音节词（例．totokekkero:）

212

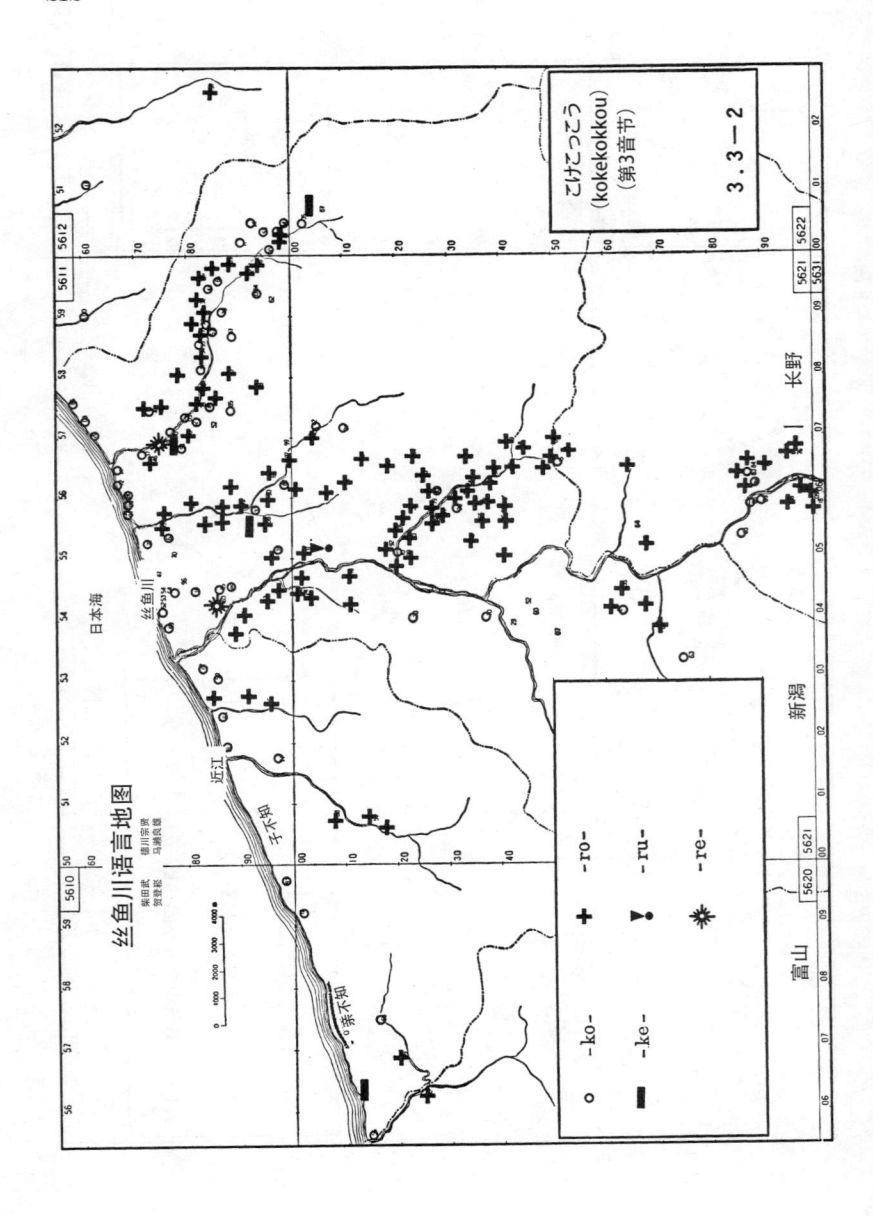

こけこっこう (kokekokkou)
(第3章节)

3.3-2

丝鱼川语言地图

日本海
丝鱼川
近江
长野
新潟
富山

符号	读音
○	-ko-
╋	-ro-
●	-ru-
※	-re-
─	-ke-

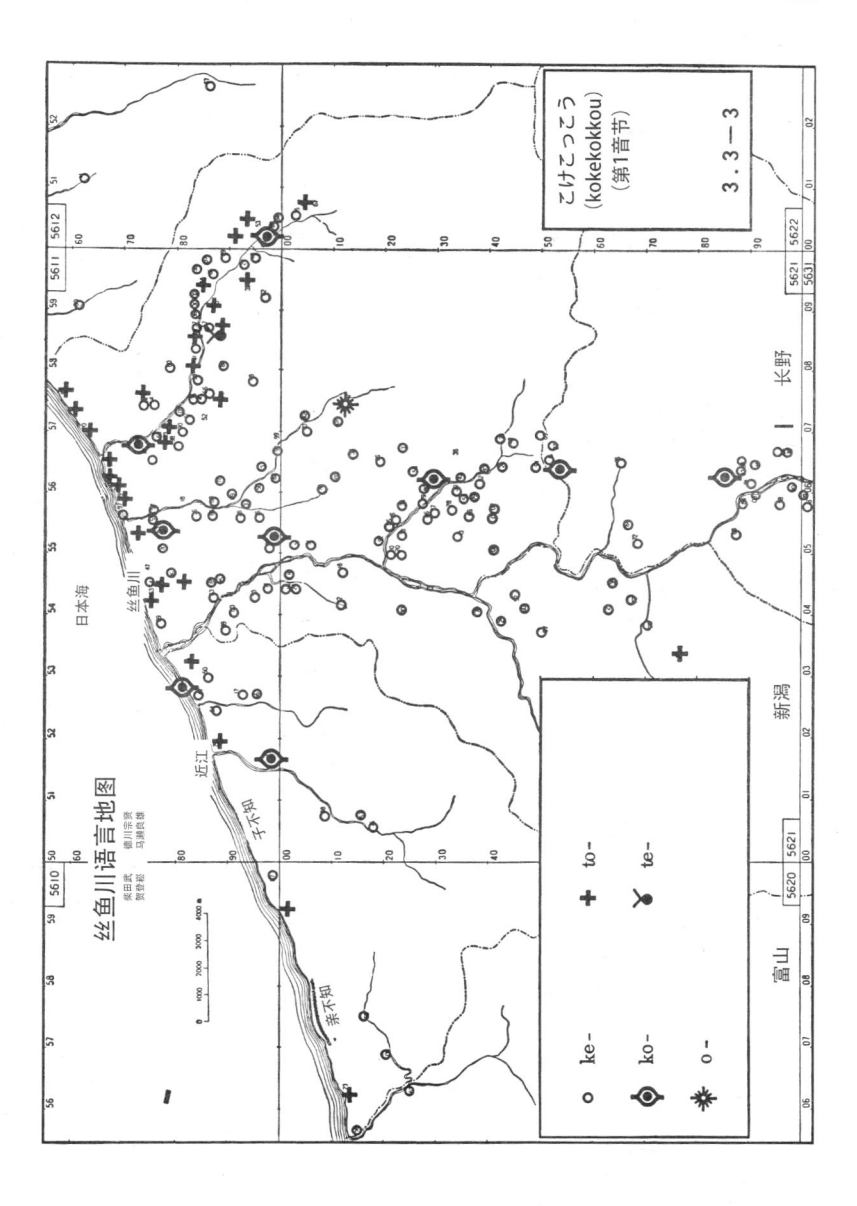

こけこっこう
(kokekokkou)
(第1音节)

3.3－3

214

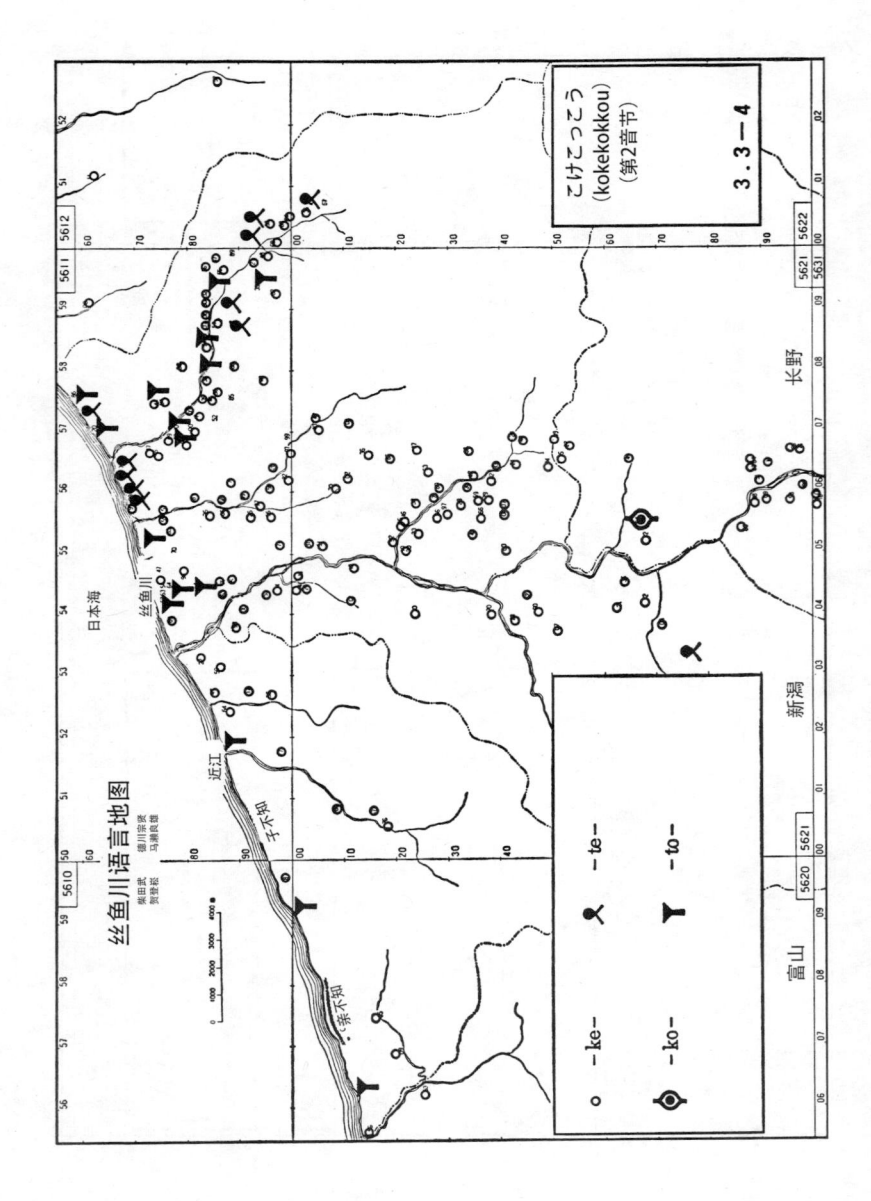

コけココう
(kokekokkou)
(第2音节)

3.3-4

丝鱼川语言地图

- -te-
- -to-
- -ke-
- -ko-

日本海
丝鱼川
近江
长野
新潟
富山

丝鱼川语言地图

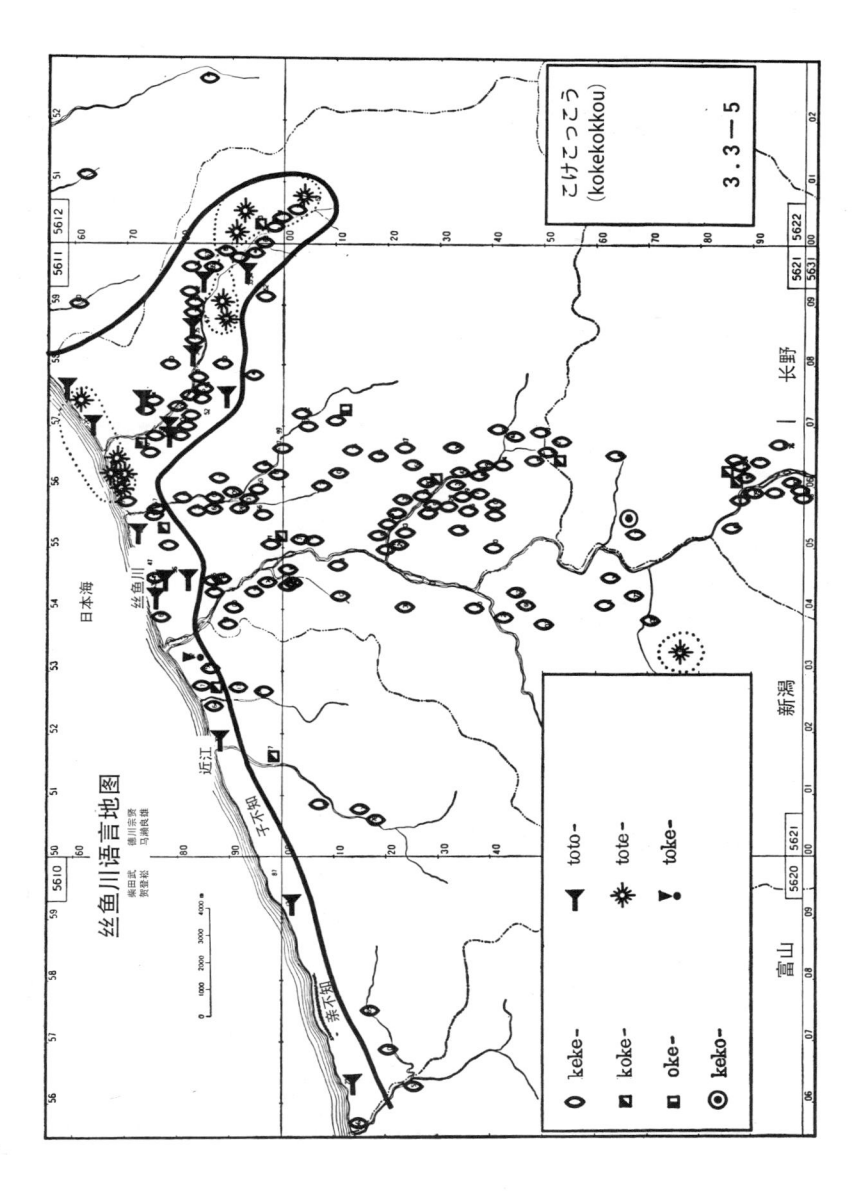

こけこっこう (kokekokkou)

3.3—5

糸魚川言语地图

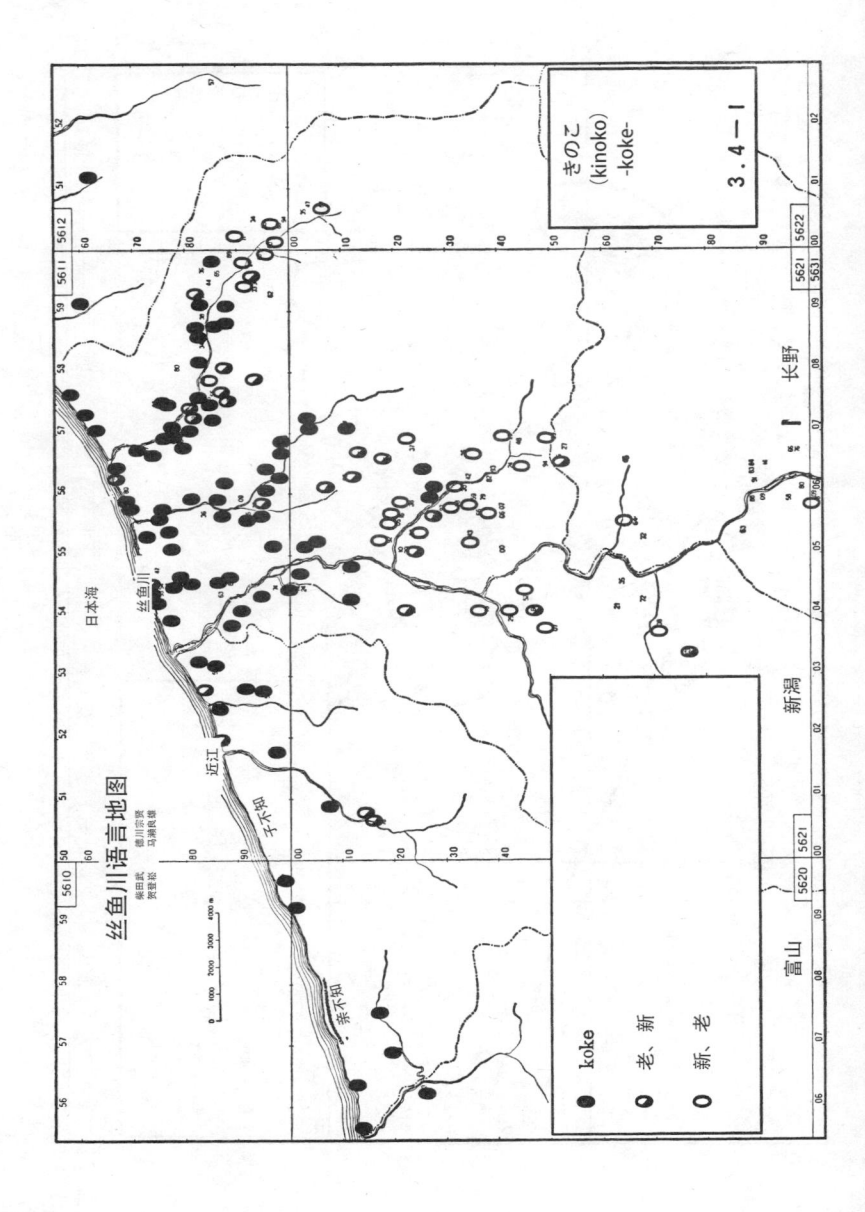

きのこ (kinoko)
-koke-

3.4-1

koke	
●	老、新
◐	老
○	新

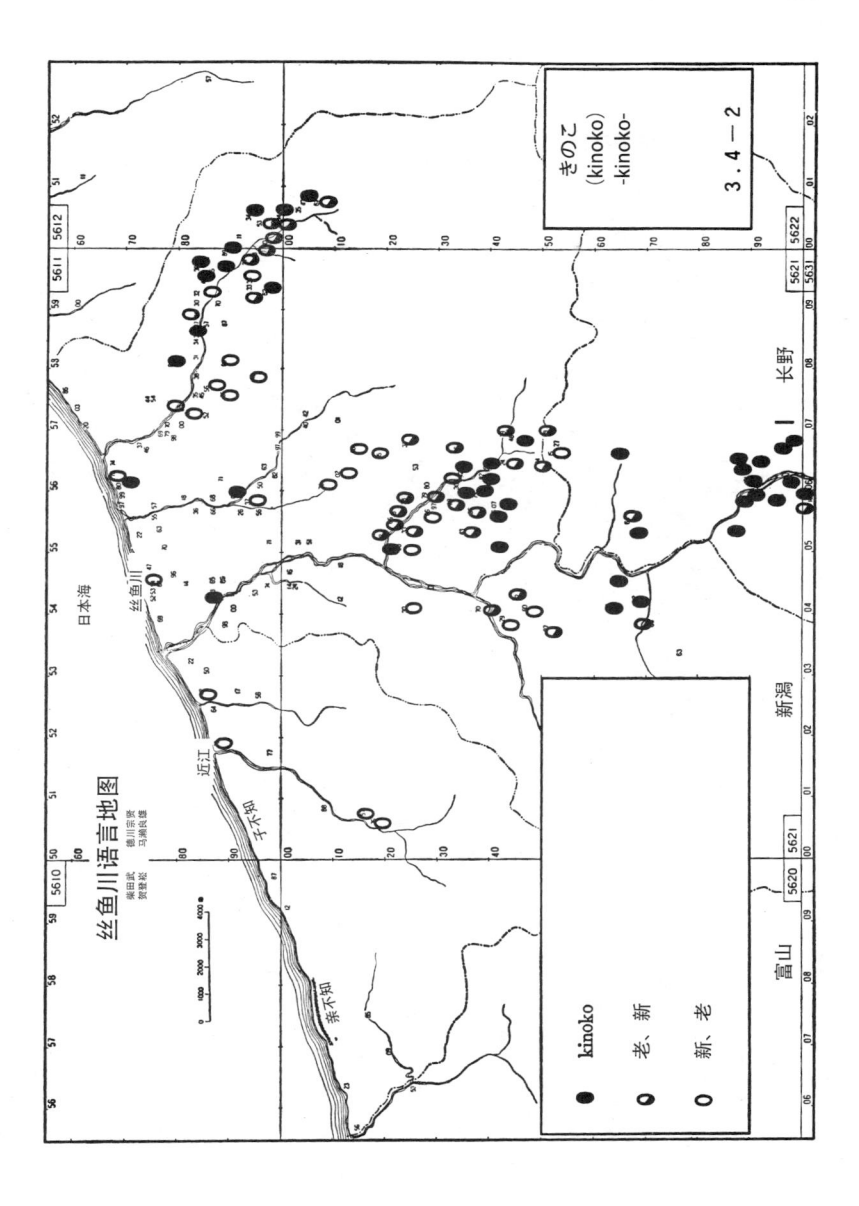

きのこ
(kinoko)
-kinoko-

3.4－2

丝鱼川语言地图

	kinoko	老、新	新、老
●			
◐			
○			

218

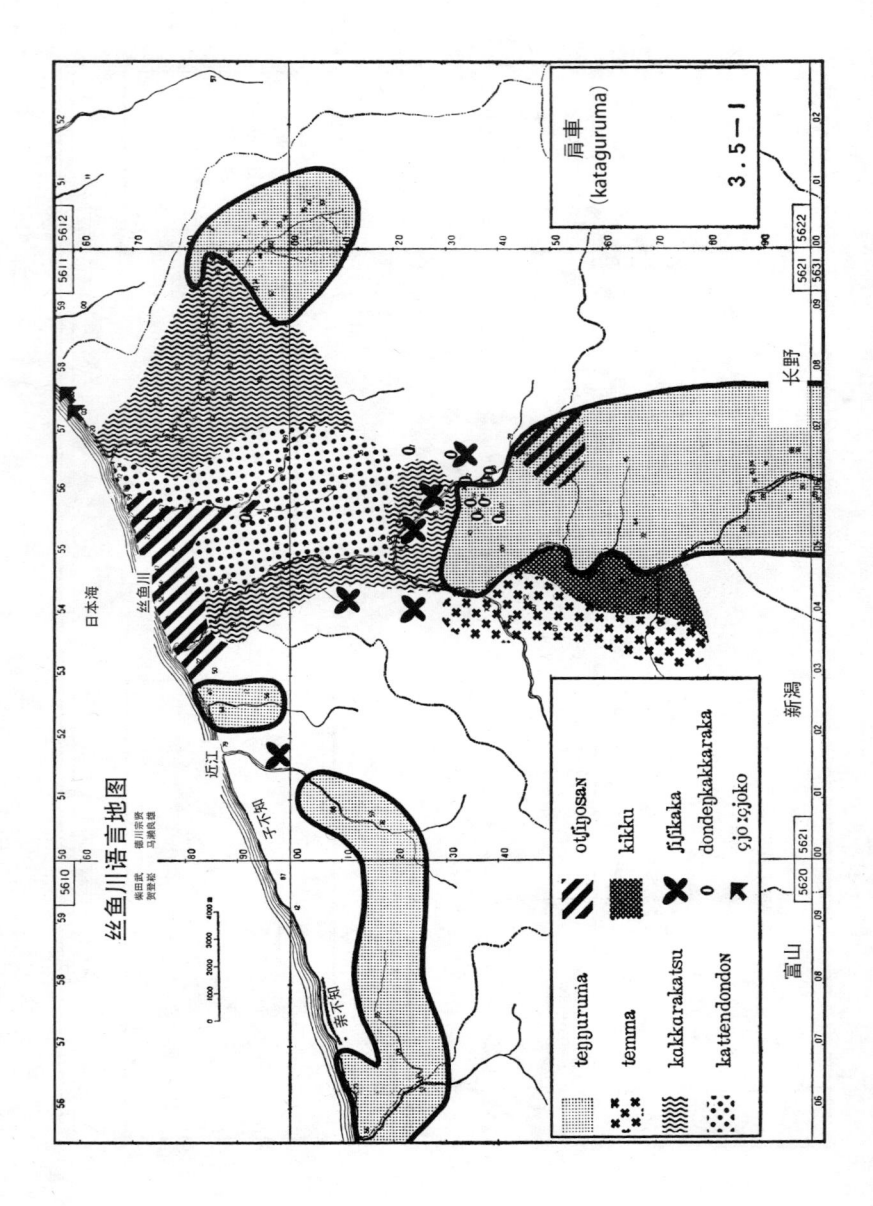

肩車
(kataguruma)

3.5-1

糸魚川语言地图

丝鱼川语言地图

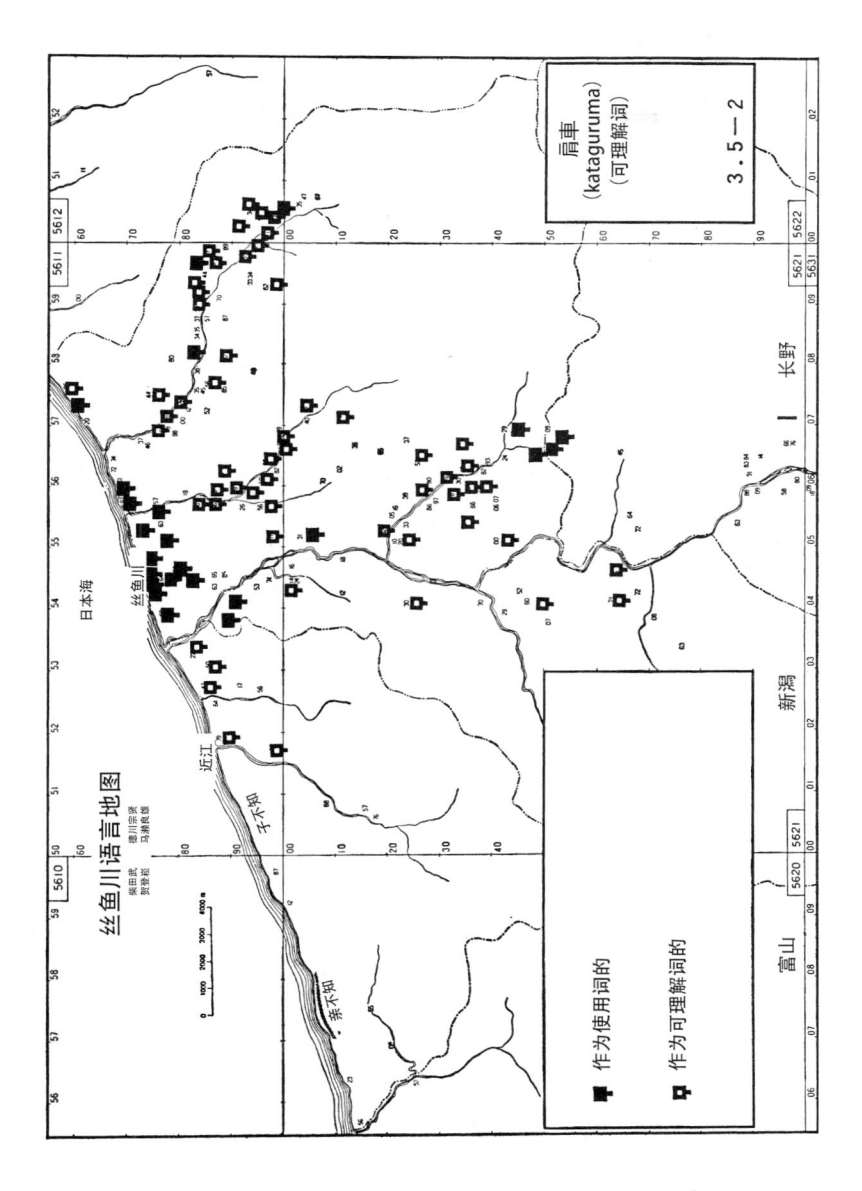

肩車
(kataguruma)
(可理解词)

3.5－2

■ 作为使用词的
□ 作为可理解词的

丝鱼川语言地图

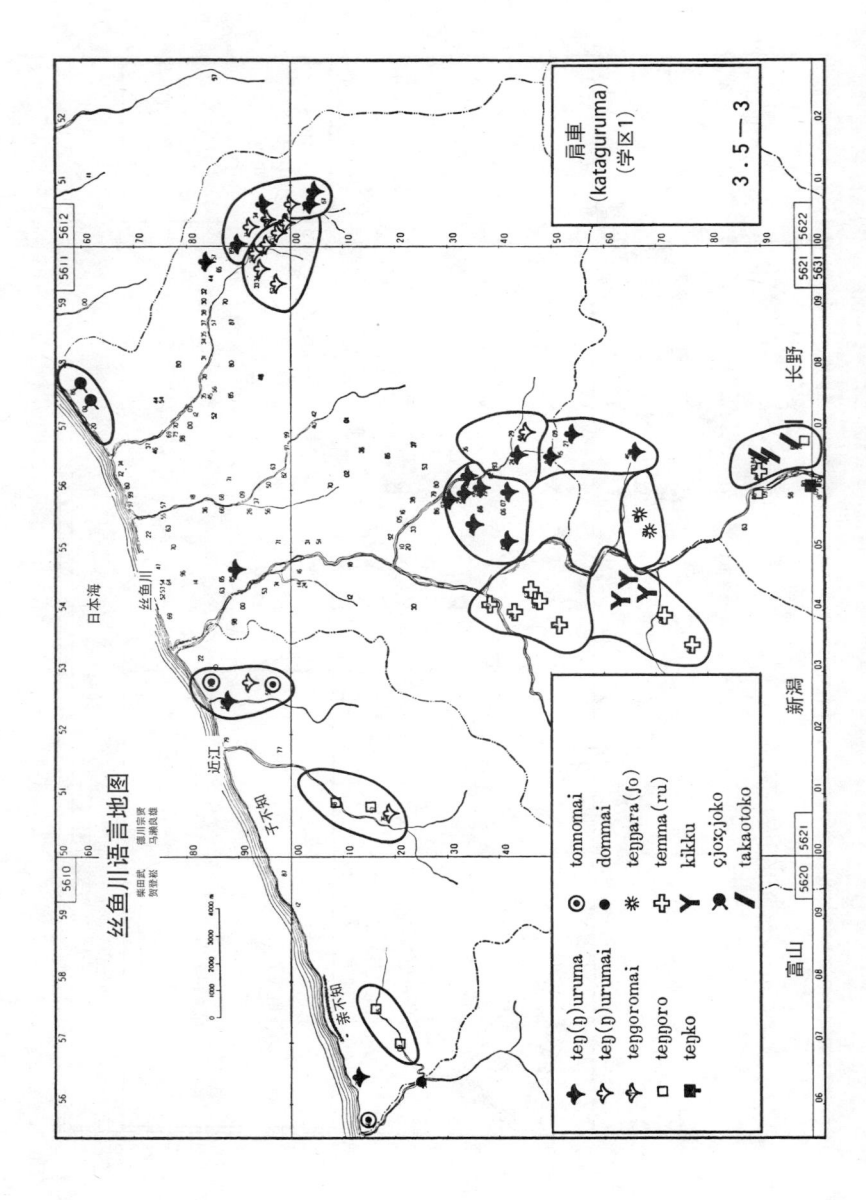

肩車 (kataguruma) (字区1)

3.5-3

⊙	teŋ(ŋ)uruma
●	teŋ(ŋ)urumai
✳	teŋgoromai
✚	teŋgoro
Y	teŋko
✦	tonnomai
✧	dommai
✱	teŋpara(ʃo)
✜	temma(ru)
□	kikku
■	ɕjoɕjoko
▌	takaotoko

福田武 贺登崧 德川宗贤 马濑良雄

丝鱼川语言地图

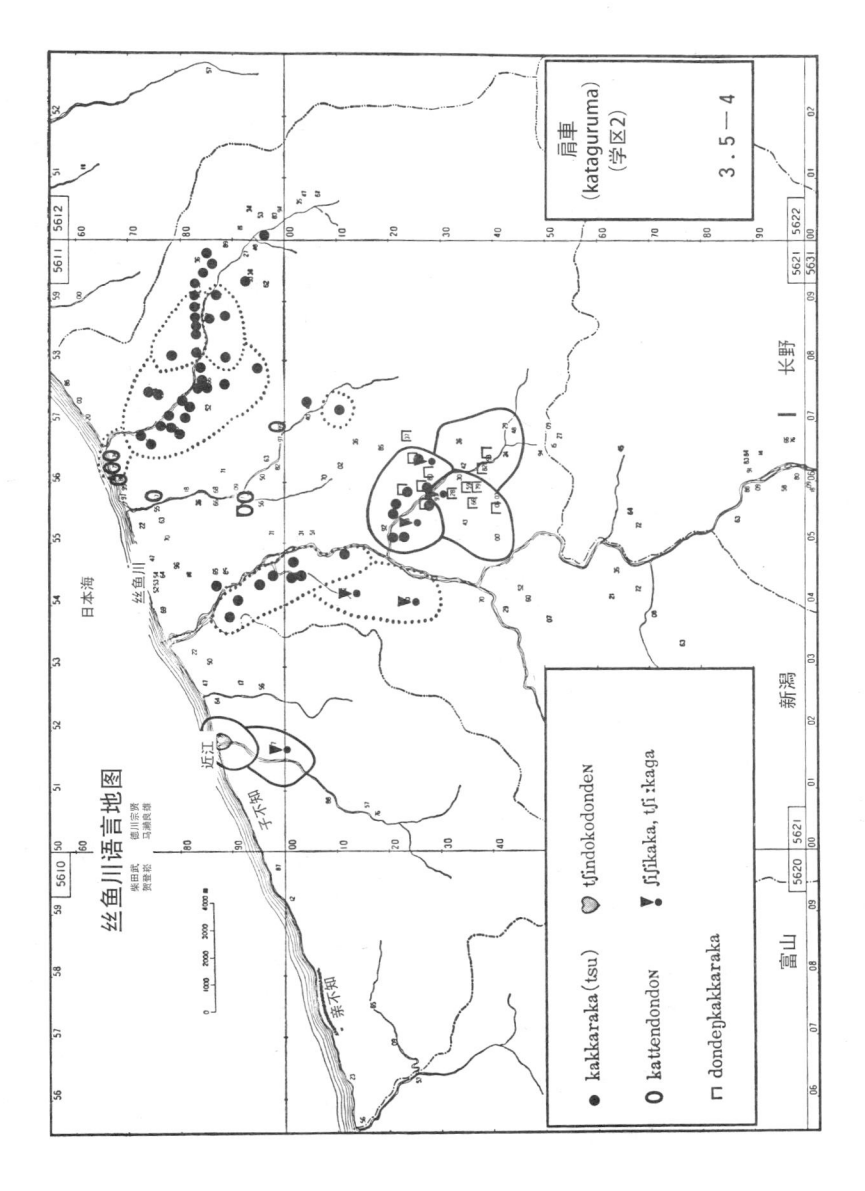

肩車
(kataguruma)
(学区2)

3.5－4

- ● kakkaraka(tsu)
- ◐ tʃindokodonden
- ○ kattendondon
- ▼ ʃʃikaka, tʃiːkaga
- ⊓ dondeŋkakkaraka

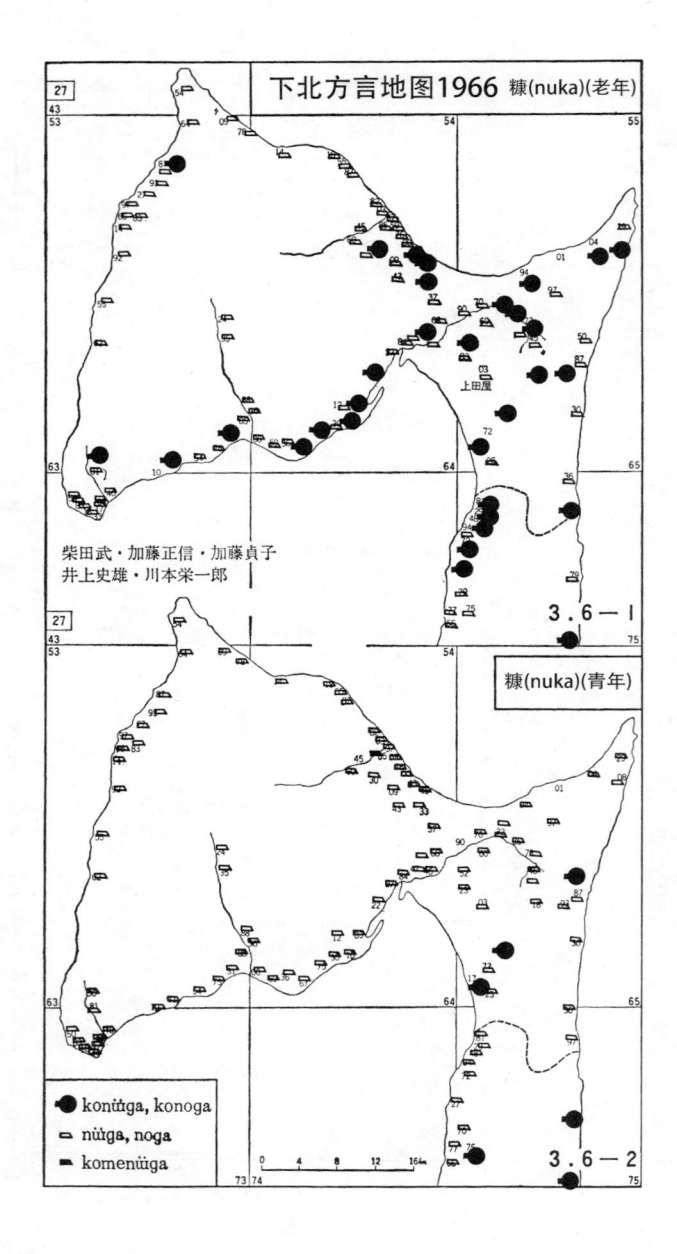

下北方言地図1966 糠(nuka)(老年)

3.6—1

糠(nuka)(青年)

柴田武・加藤正信・加藤貞子
井上史雄・川本栄一郎

- ● konüga, konoga
- ▱ nüga, noga
- ▬ komenüga

3.6—2

額
(hitai)

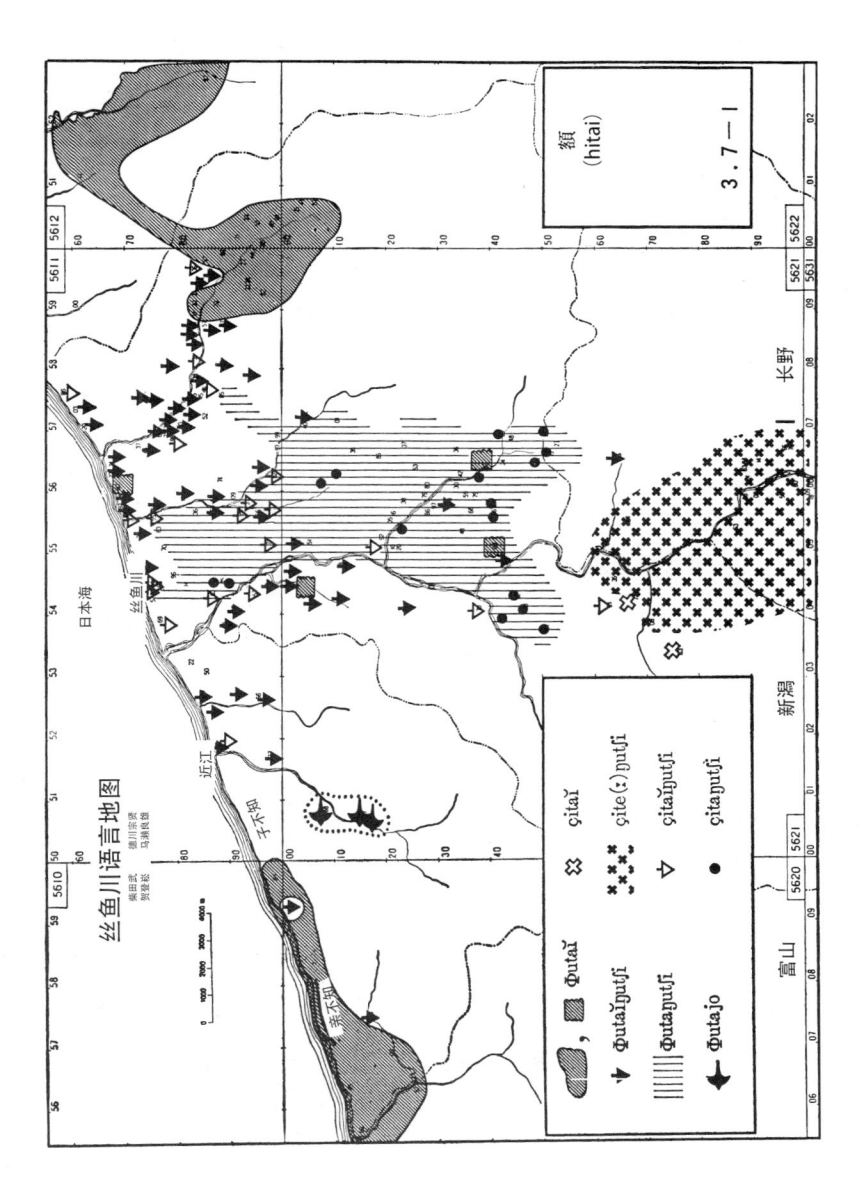

3.7−1

丝鱼川语言地图

日本海

丝鱼川
近江
亲不知

富山 新潟 长野

福田武 德川宗贤
贺登 马濑良雄

çitaǐ
çite(ː)put∫i
çitaĭnput∫i
çitaŋput∫i

Фutaǐ
Фutaǐput∫i
Фutaŋput∫i
Фutajo

丝鱼川语言地图

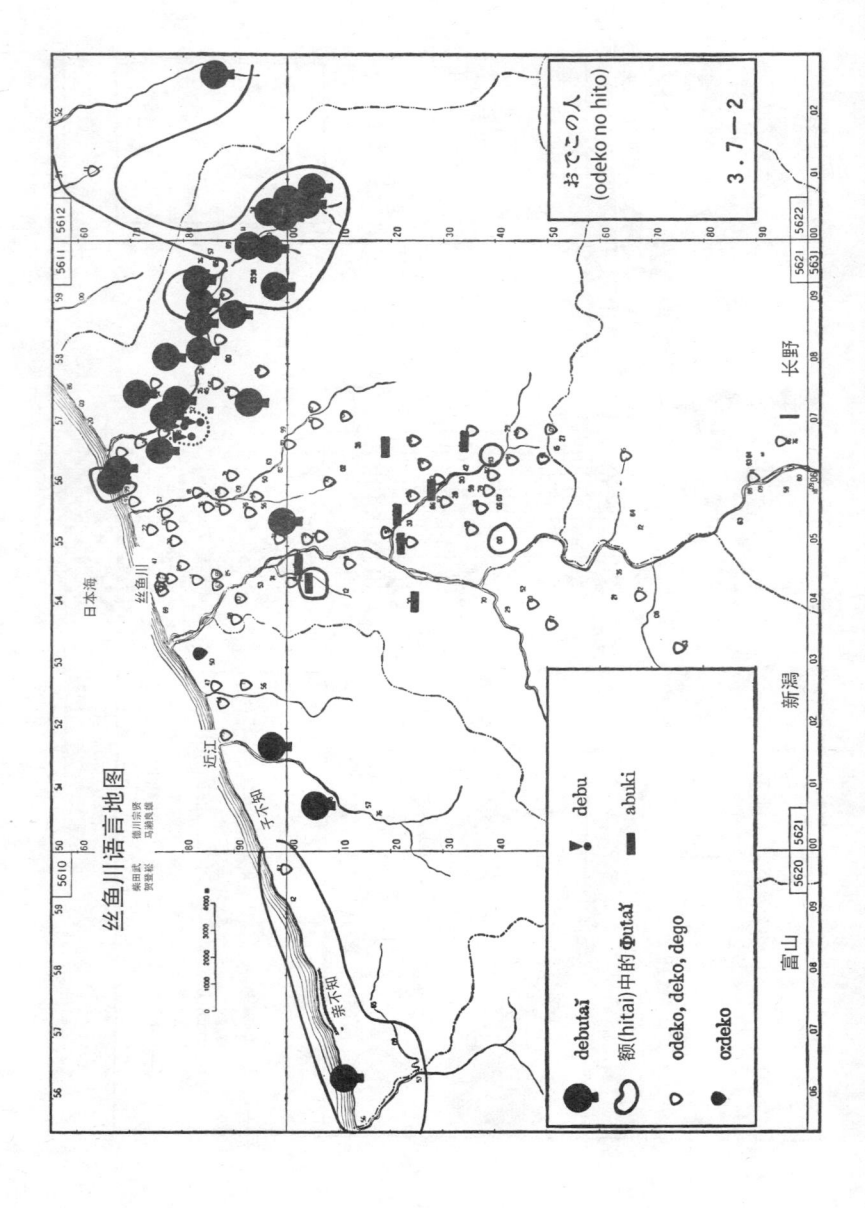

おでこの人
(odeko no hito)

3.7−2

日本海　丝鱼川　长野　新潟　富山

近江　于不知　柴不知

柴用武
贺登系　丝鱼川宗誉
　　　　马濑炊器

debutaĩ
額(hitai)中的ɸutaĩ
odeko, deko, dego
oɔdeko

debu
abuki

丝鱼川语言地图

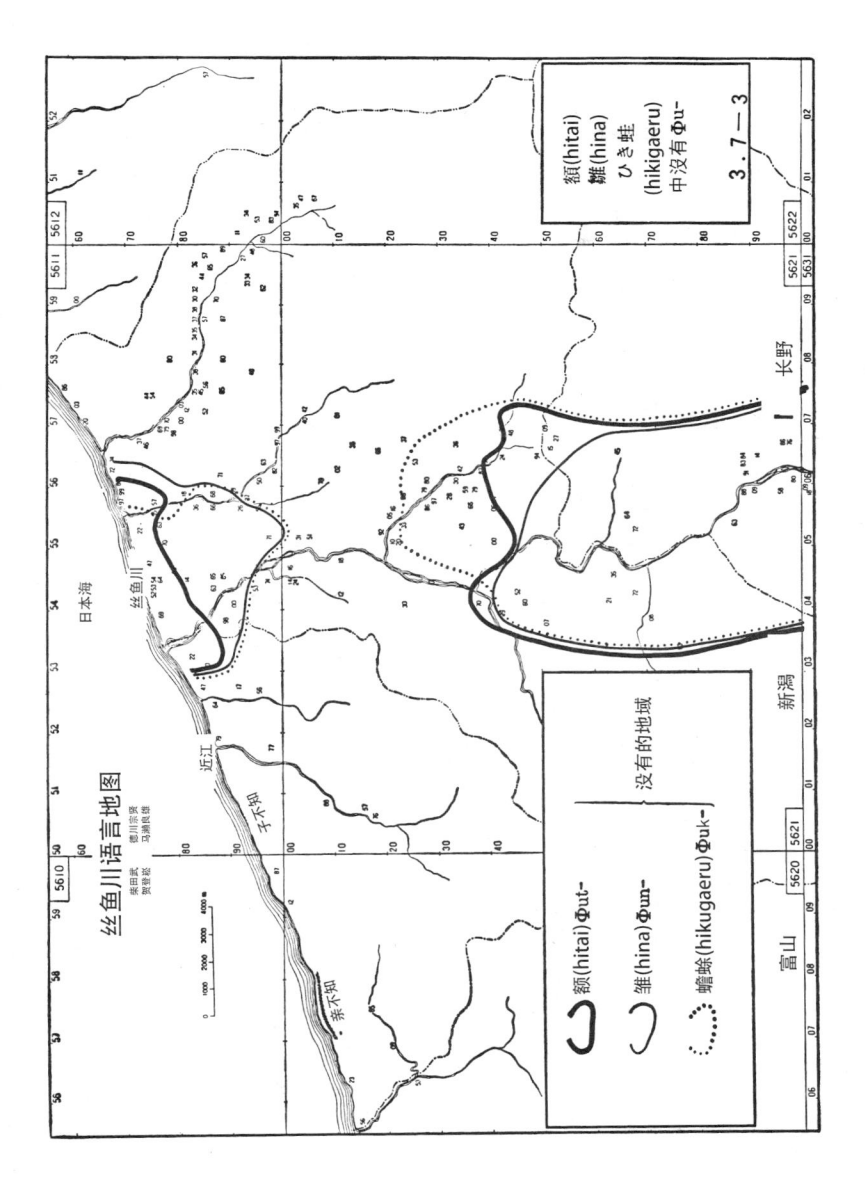

額(hitai) Φɯt-
雛(hina) Φɯn-
蟾蜍(hikugaeru) Φɯk-
没有的地域

額(hitai)
雛(hina)
ひき蛙
(hikigaeru)
中没有 Φɯ-

3.7—3

丝鱼川语言地图

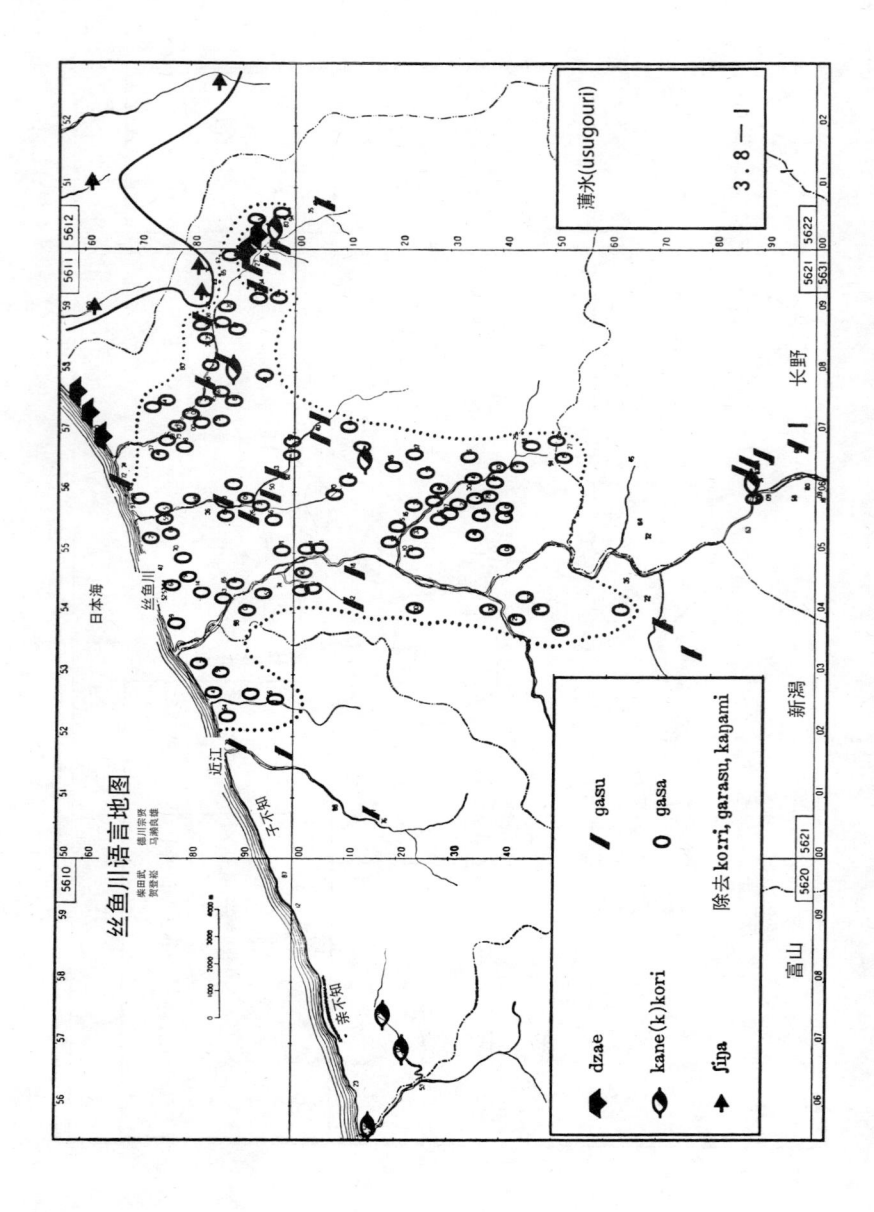

薄水 (usugouri)

3.8-1

/ gasu
O gasa

除去 koːri, garasu, kaɲami

▼ dzae
◊ kane(k)kori
▲ ʃiɲa

丝鱼川语言地图

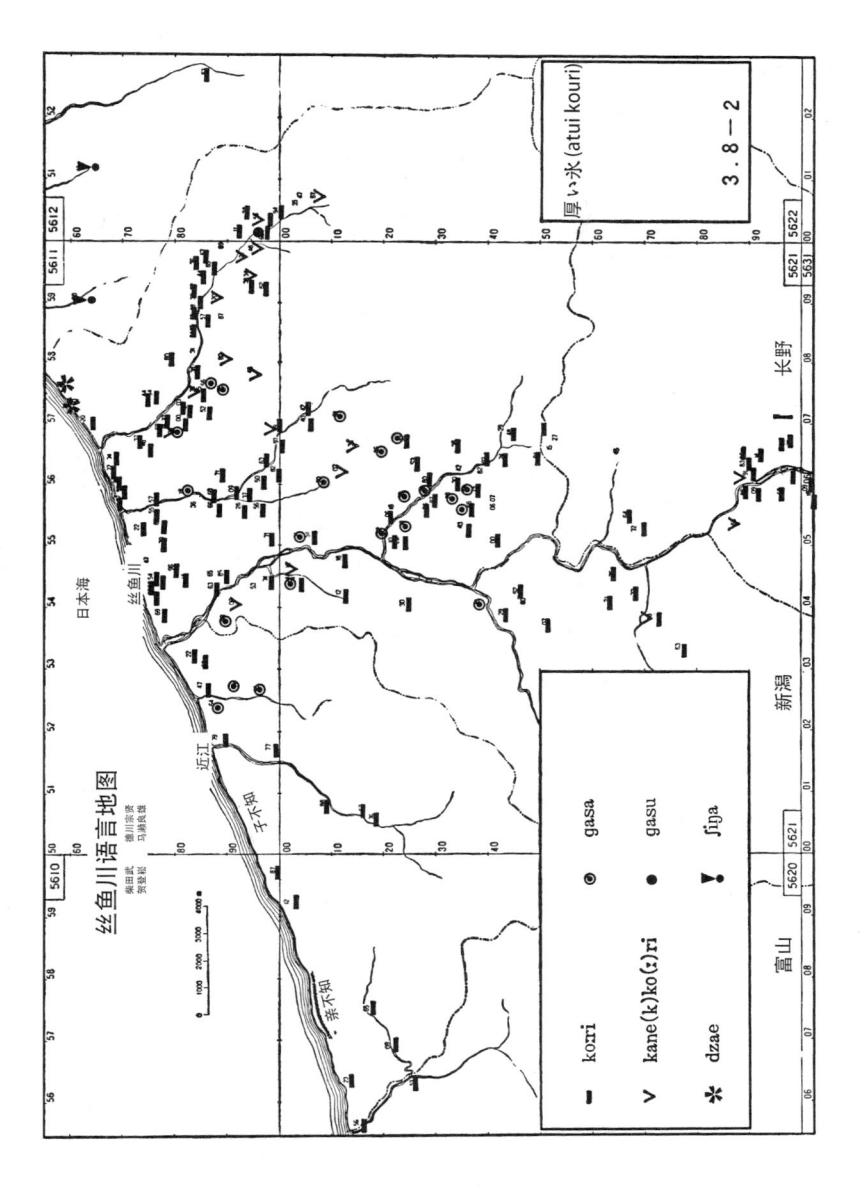

厚い水 (atui kouri)

3.8－2

— koori
⊙ kane(k)ko(:)ri
∨ gasa
● gasu
※ dzae
Y ʃiŋa

糸鱼川语言地图

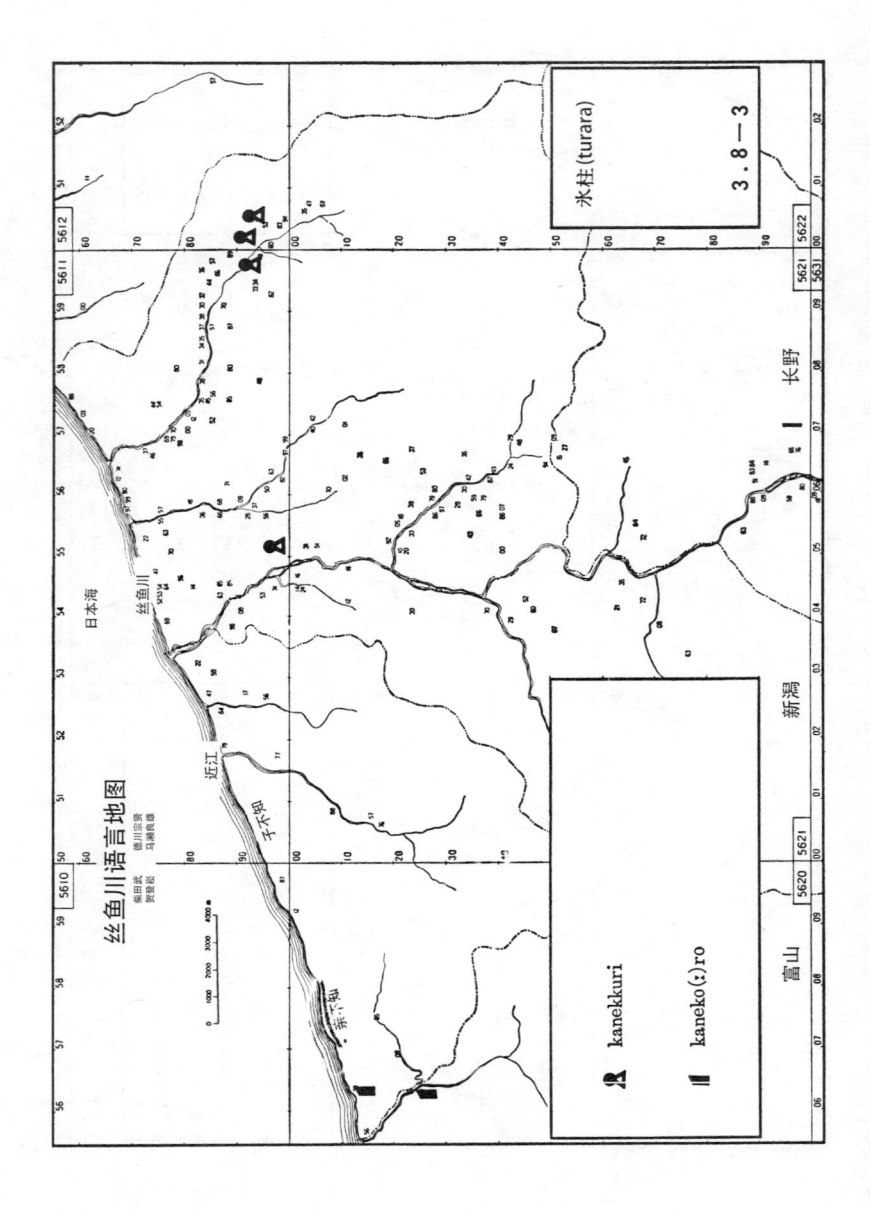

水柱 (turara)

3.8-3

♛ kanekkuri
‖ kaneko(ː)ro

229

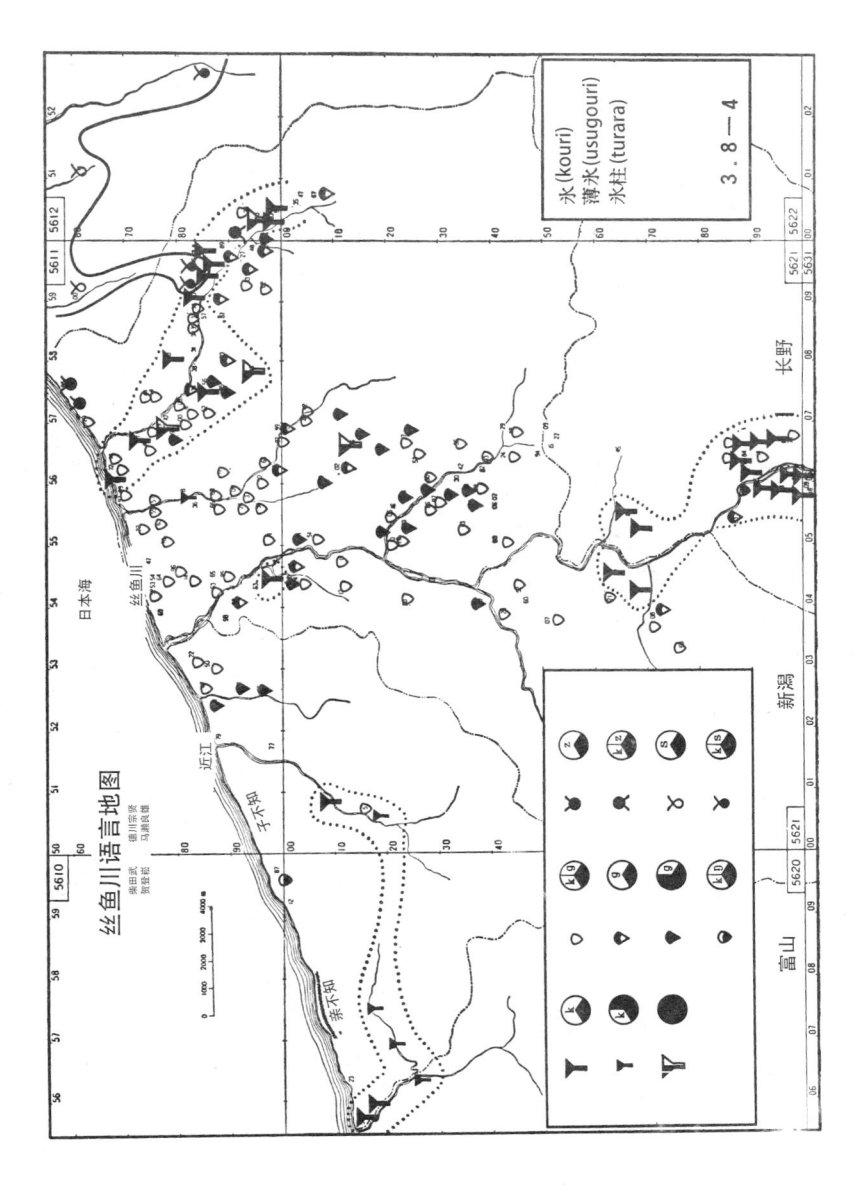

氷 (kouri)
薄氷 (usugouri)
氷柱 (turara)

3.8－4

糸魚川语言地图

230

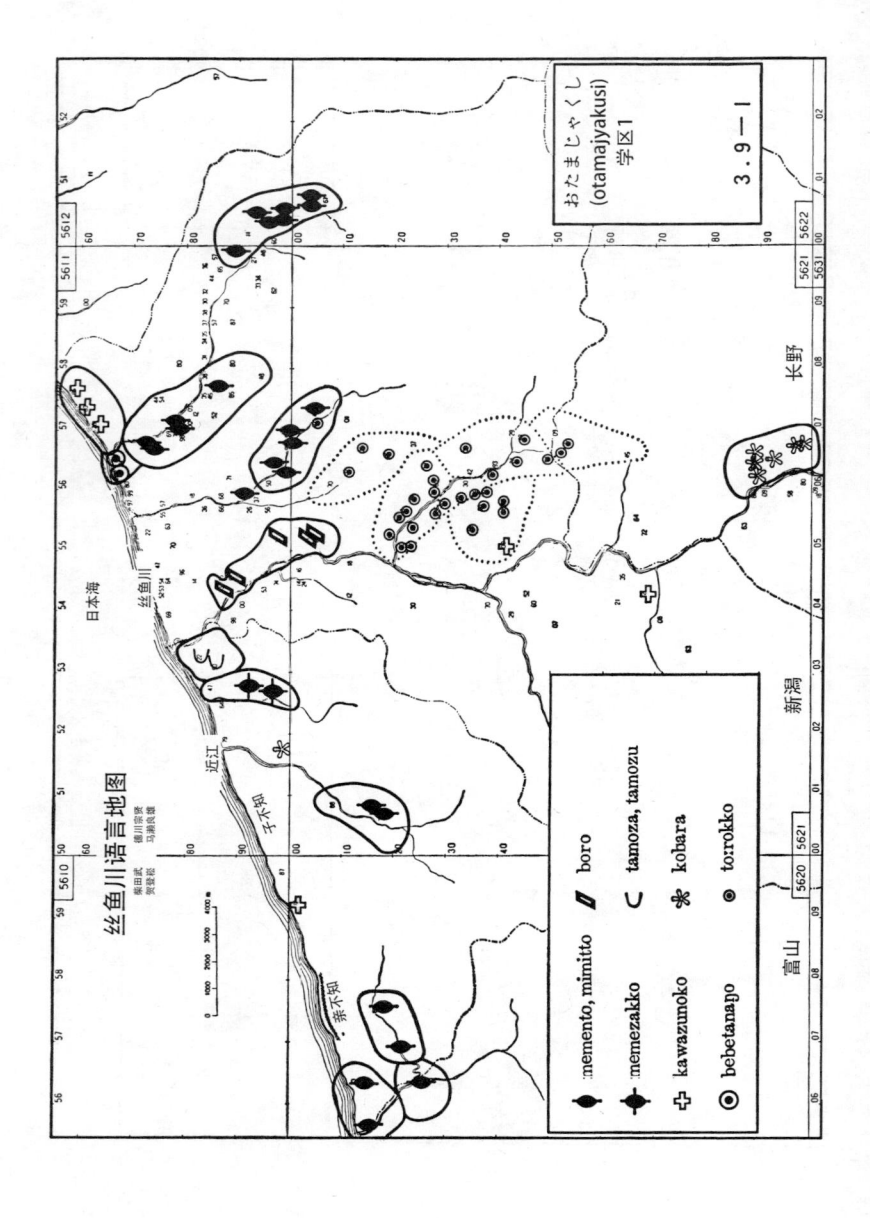

おたまじゃくし (otamajyakusi)
学区1

3.9－1

丝鱼川语言地图
堀川宗雲
奥發稔 馬瀬良雄

◆ memento, mimito	∥ boro	
✦ memezakko	⊂ tamoza, tamozu	
✚ kawazumoko	✱ kobara	
⦿ bebetanago	⦿ torrokko	

丝鱼川语言地图

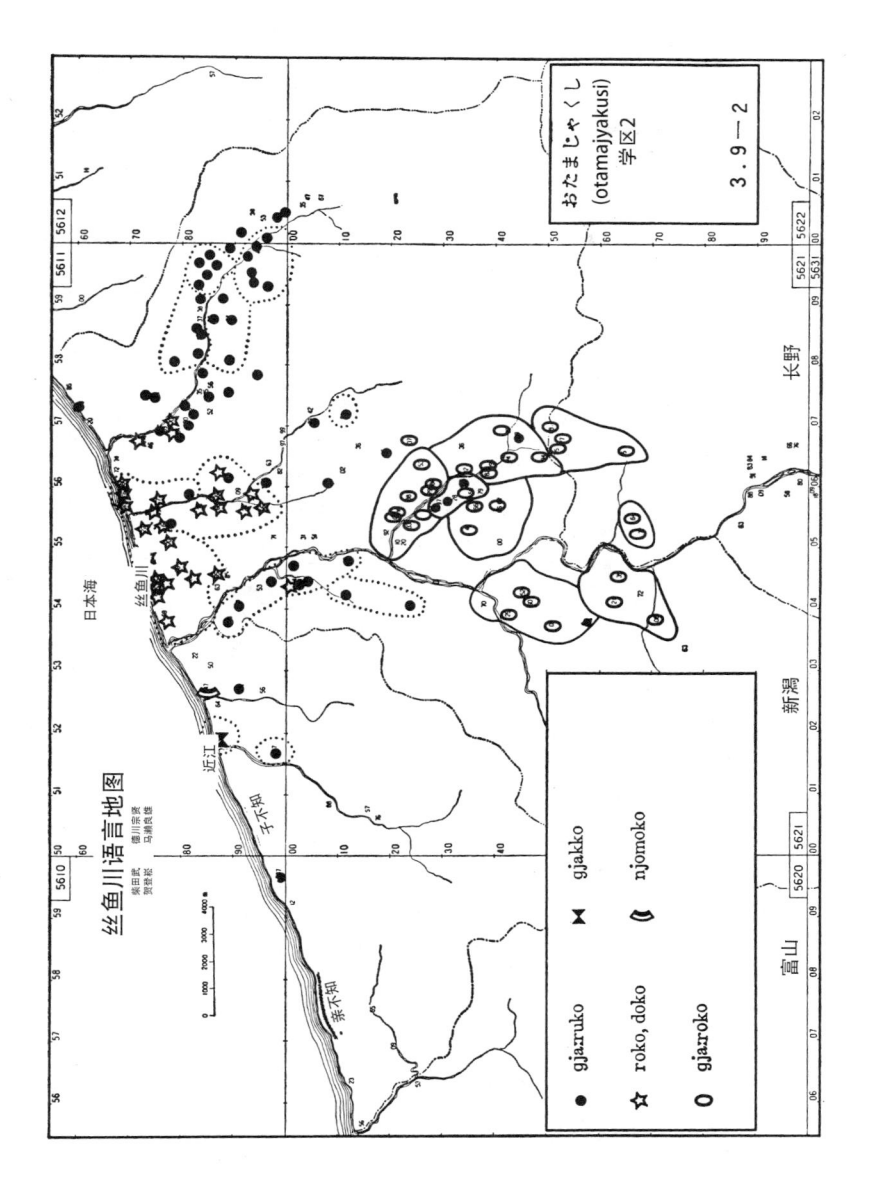

おたまじゃくし
(otamajyakusi)
学区2

3.9−2

● gjaruko
☆ roko, doko
○ gjaroko
✗ gjakko
❨ njomoko

糸魚川言語地図

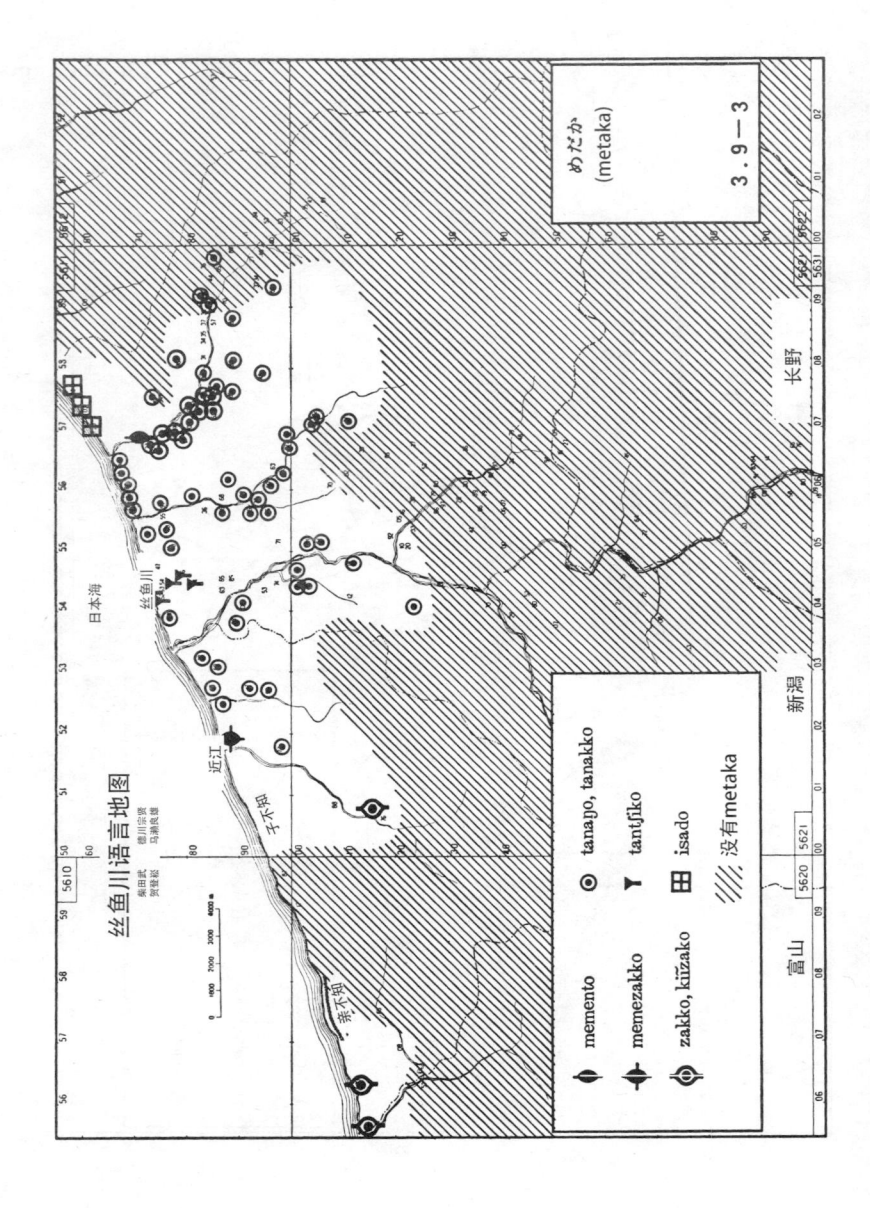

3.9-3
めだか
(metaka)

- ● memento
- ▼ memezakko
- ⊙ zakko, kiꭣzako
- ⊙ tanayo, tanakko
- ▼ tantʃiko
- ⊞ isado
- ///// 没有 metaka

233

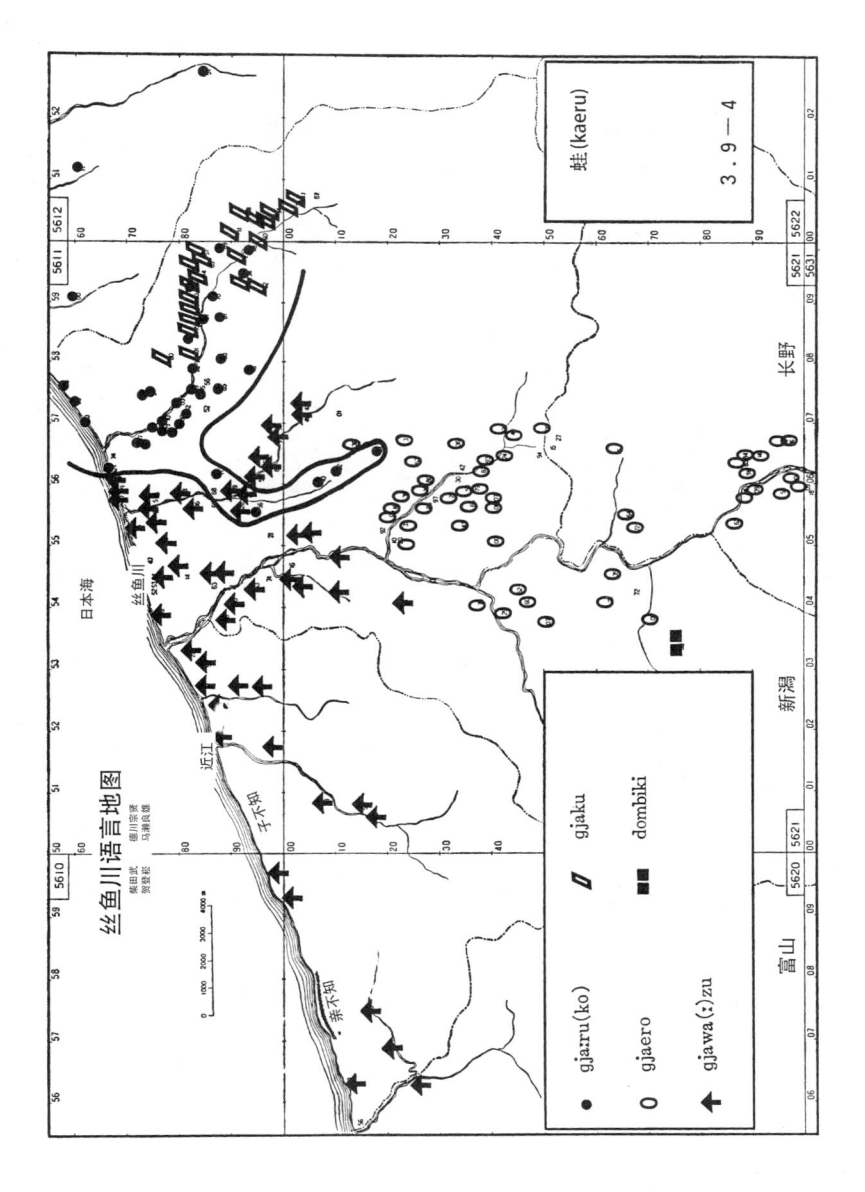

丝鱼川语言地图

蛙 (kaeru)

3.9—4

・ gjairu(ko)   ⌀ gjaku
○ gjaero   ■ dombiki
← gja:wa(:)zu

丝鱼川语言地图

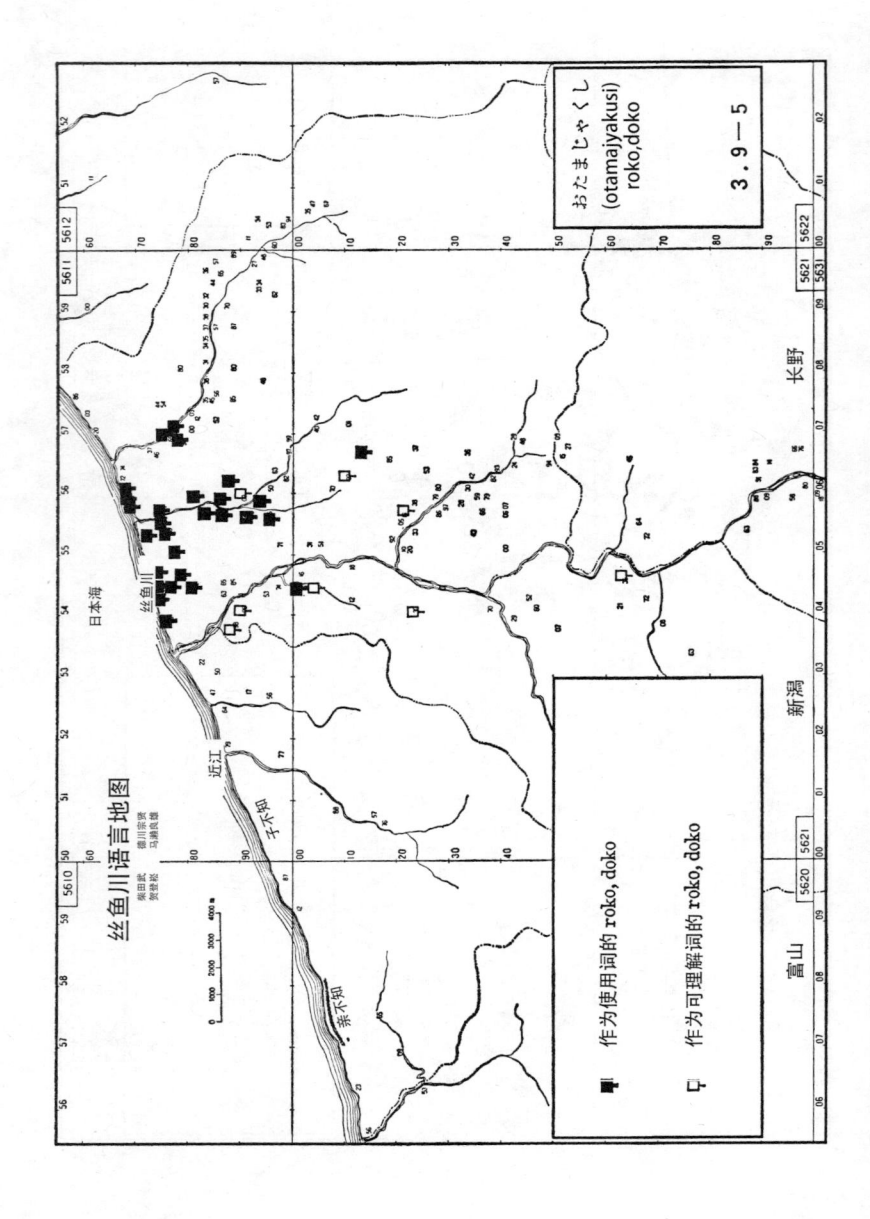

おたまじゃくし
(otamajyakusi)
roko, doko

3.9—5

■ 作为使用词的 roko, doko
ロ 作为可理解词的 roko, doko

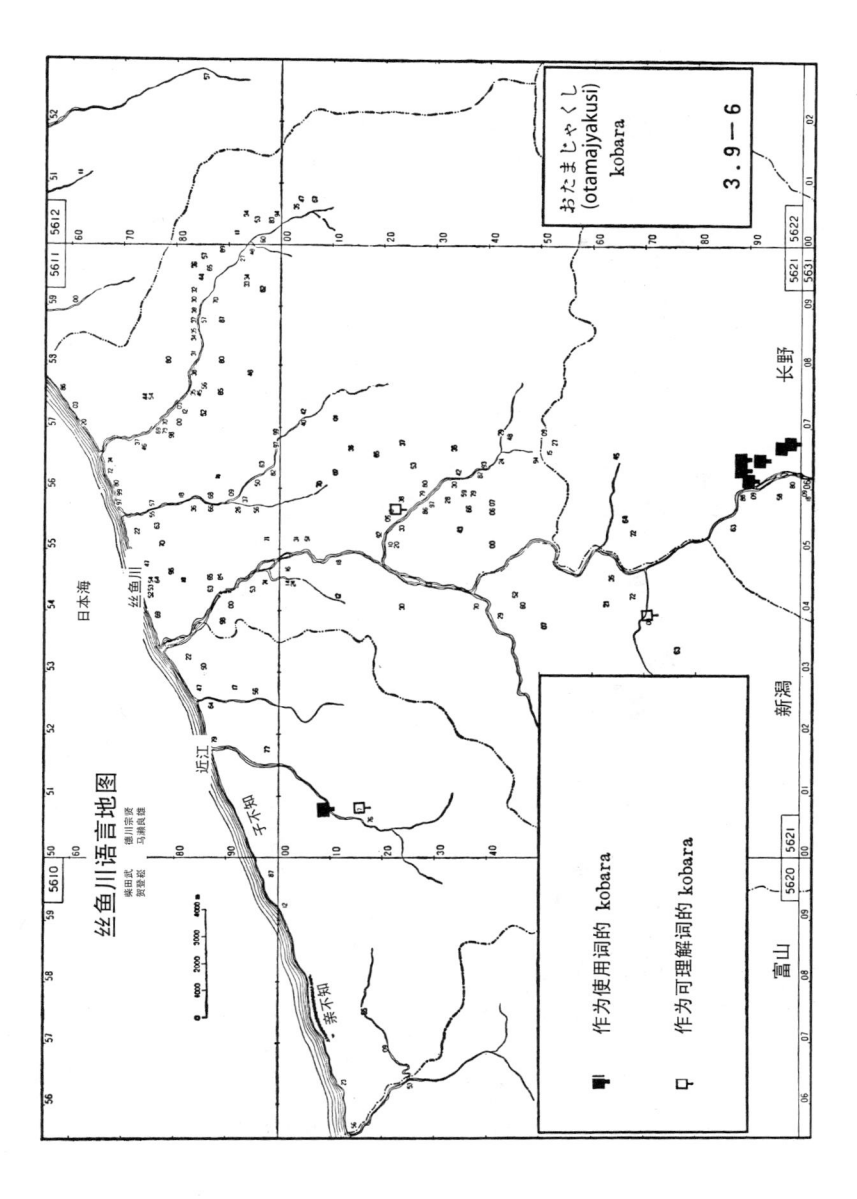

おたまじゃくし
(otamajyakusi)
kobara

3.9−6

丝鱼川语言地图

作为使用词的 kobara
作为可理解词的 kobara

丝鱼川语言地图

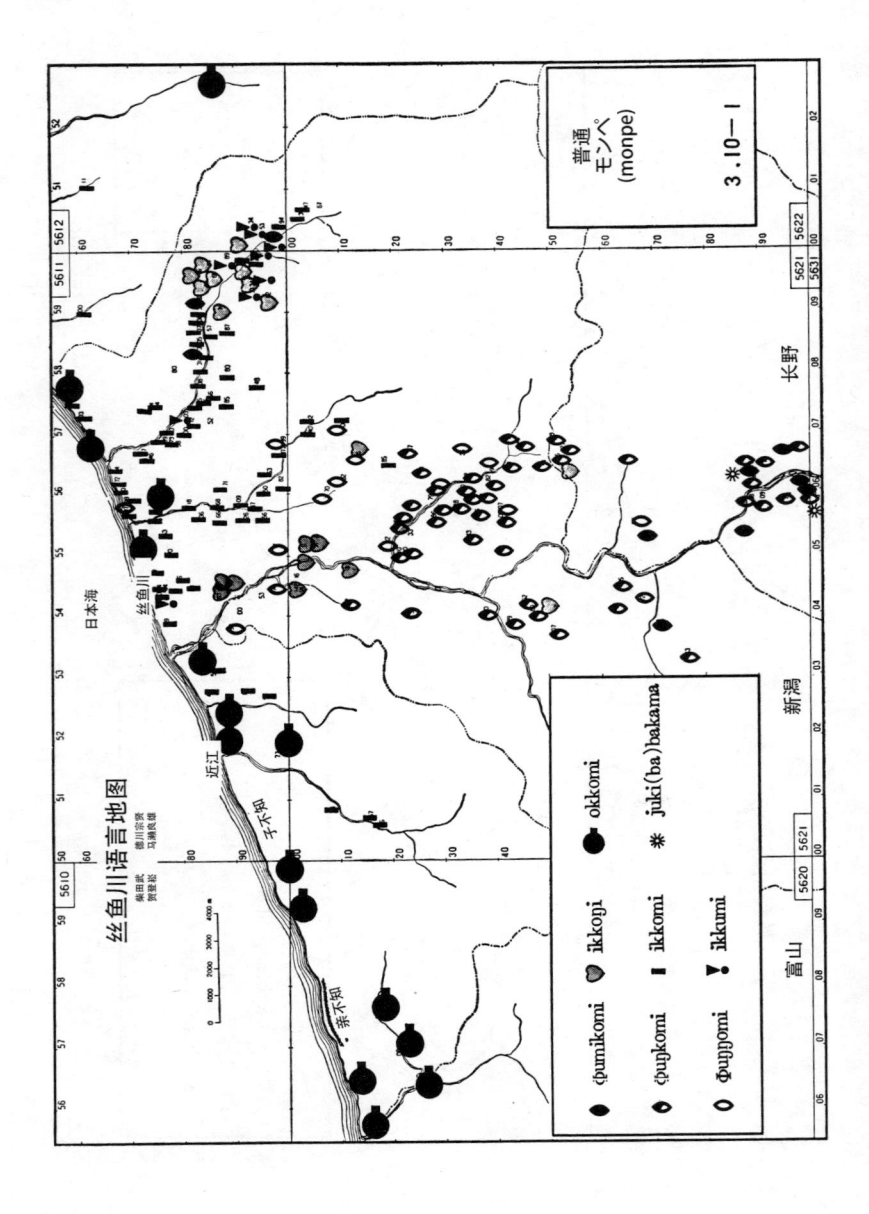

普通
モンペ
(monpe)

3.10—1

ɕɯmikomi	okkomi
ɕɯŋkomi	ikkomi
ɸɯɲɲomi	ikkumi
ikkoʥi	juki(ba)bakama

丝鱼川语言地图

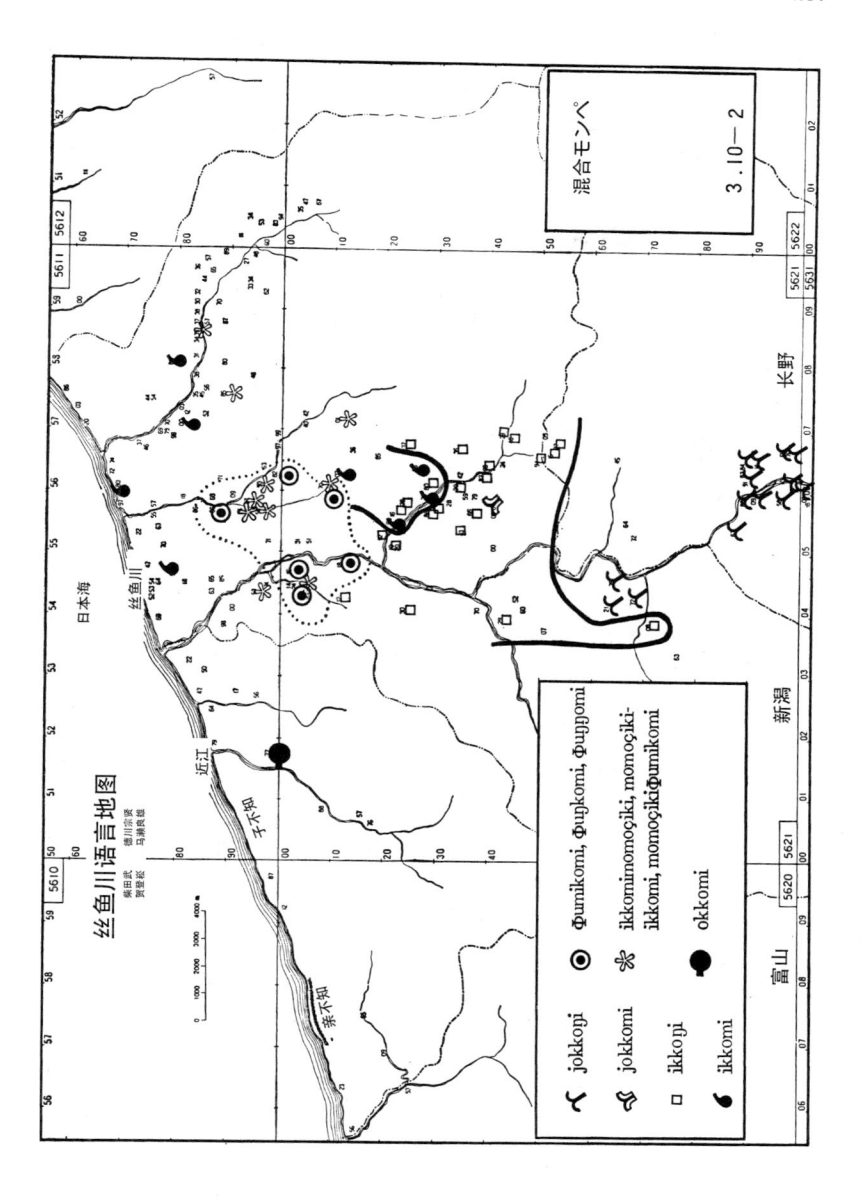

混合モンペ

3.10-2

凡例:
- ʏ jokkoɲi
- ✽ jokkomi
- □ ikkoɲi
- 🐚 ikkomi
- ⊙ ɸumikomi, ɸuŋkomi, ɸuŋɲomi
- ✳ ikkomiɲomoʑiki, momoʑiki-ikkomi, momoʑikiɸumikomi
- ● okkomi

日本海
丝鱼川
近江
长野
新潟
富山

丝鱼川语言地图

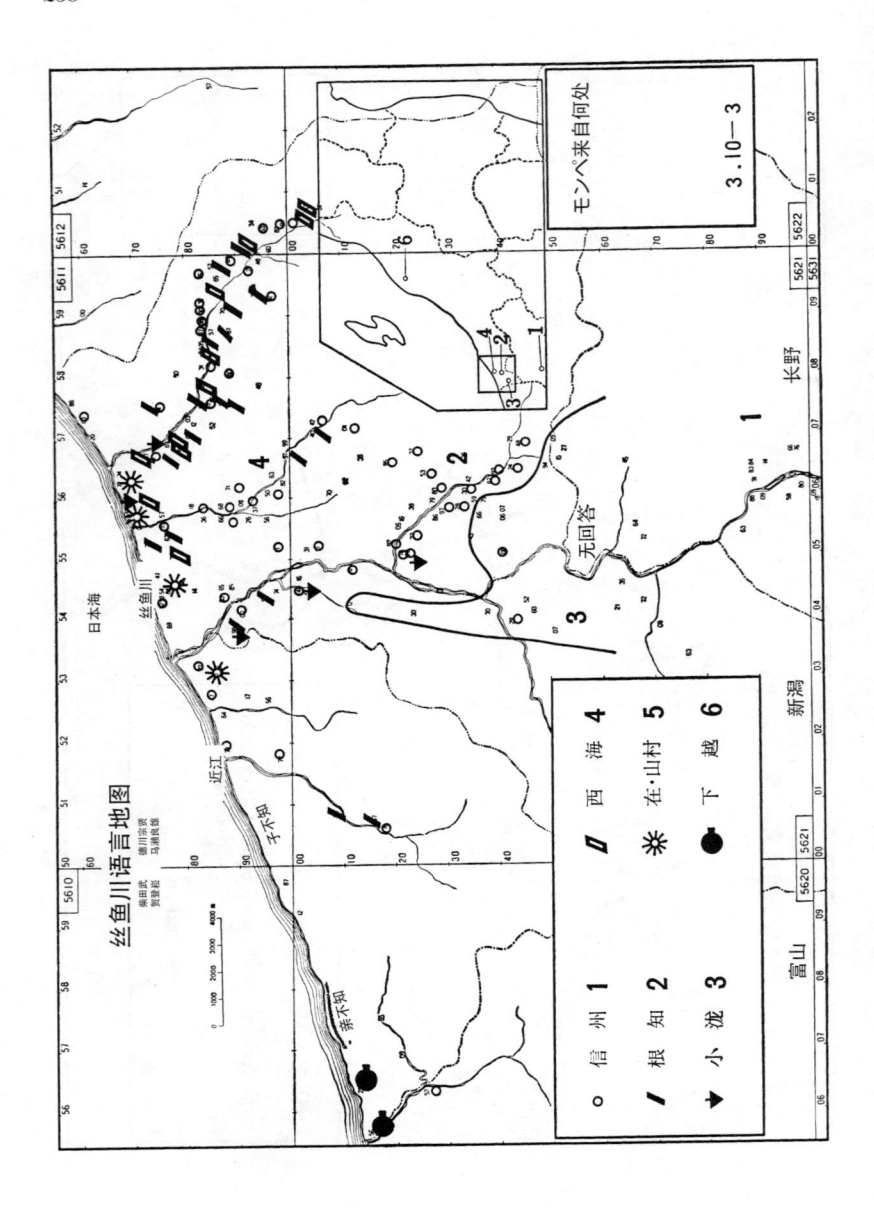

モンペ来自何处
3.10—3

日本海　丝鱼川　近江　手不知　长野　无回答　新潟　富山　来不知

德田武　賀騒松　马濑良器

信州　1　〇
根知　2　―
小滝　3　▶
西海　4　◻
在・山村　5　✳
下越　6　⬤

239

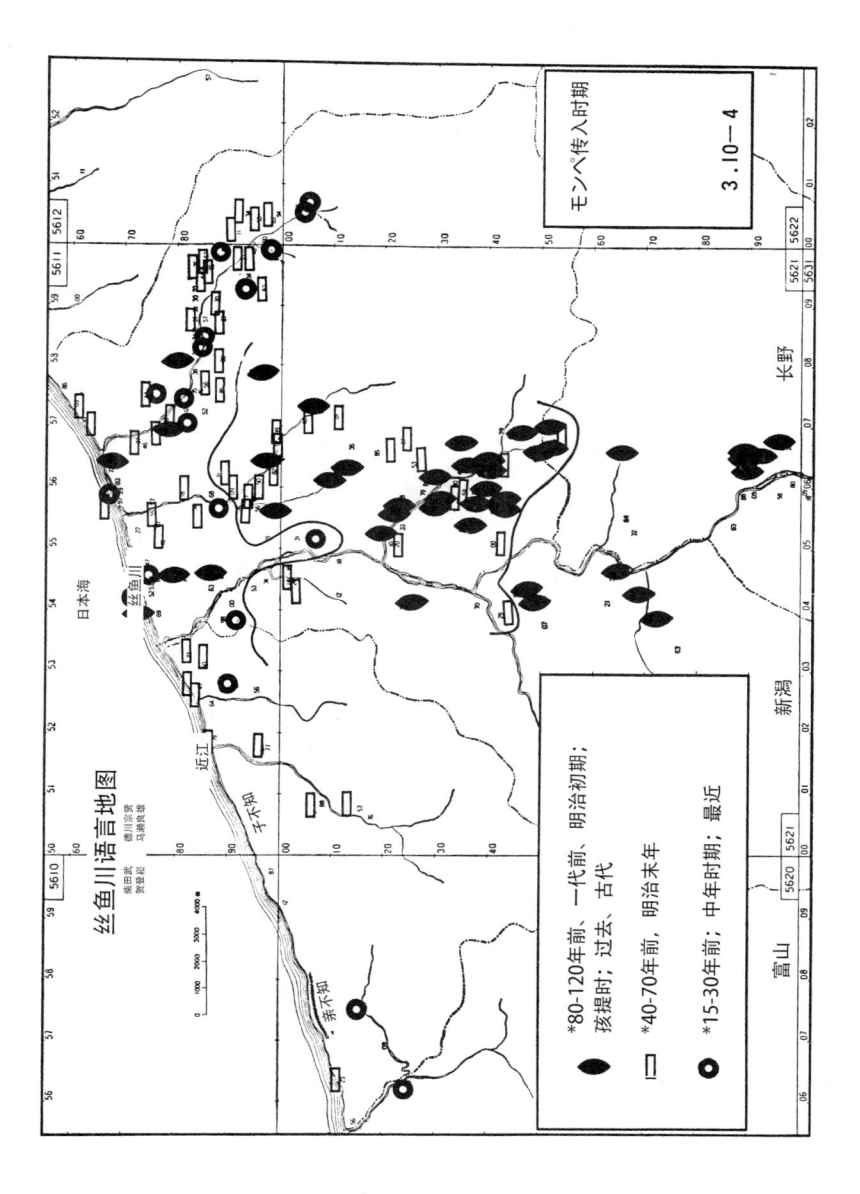

丝鱼川语言地图

モンペ传入时期

3.10—4

* 80-120年前，一代前，明治初期；孩提时；过去，古代 ●
* 40-70年前，明治末年 ▢
* 15-30年前；中年时期；最近 ◎

丝鱼川语言地图

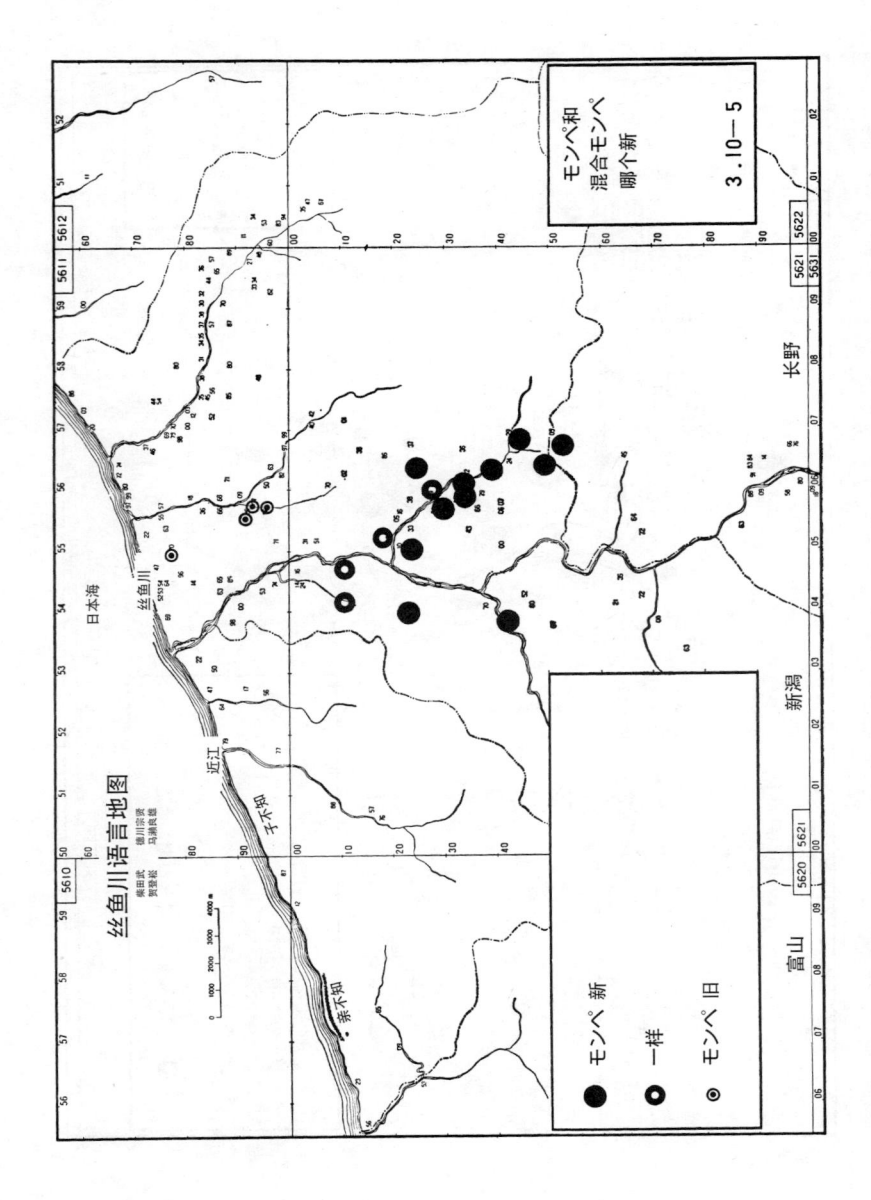

モンペ和
混合モンペ
哪个新

3.10—5

モンペ新 ●
一样 ◉
モンペ旧 ◎

丝鱼川语言地图

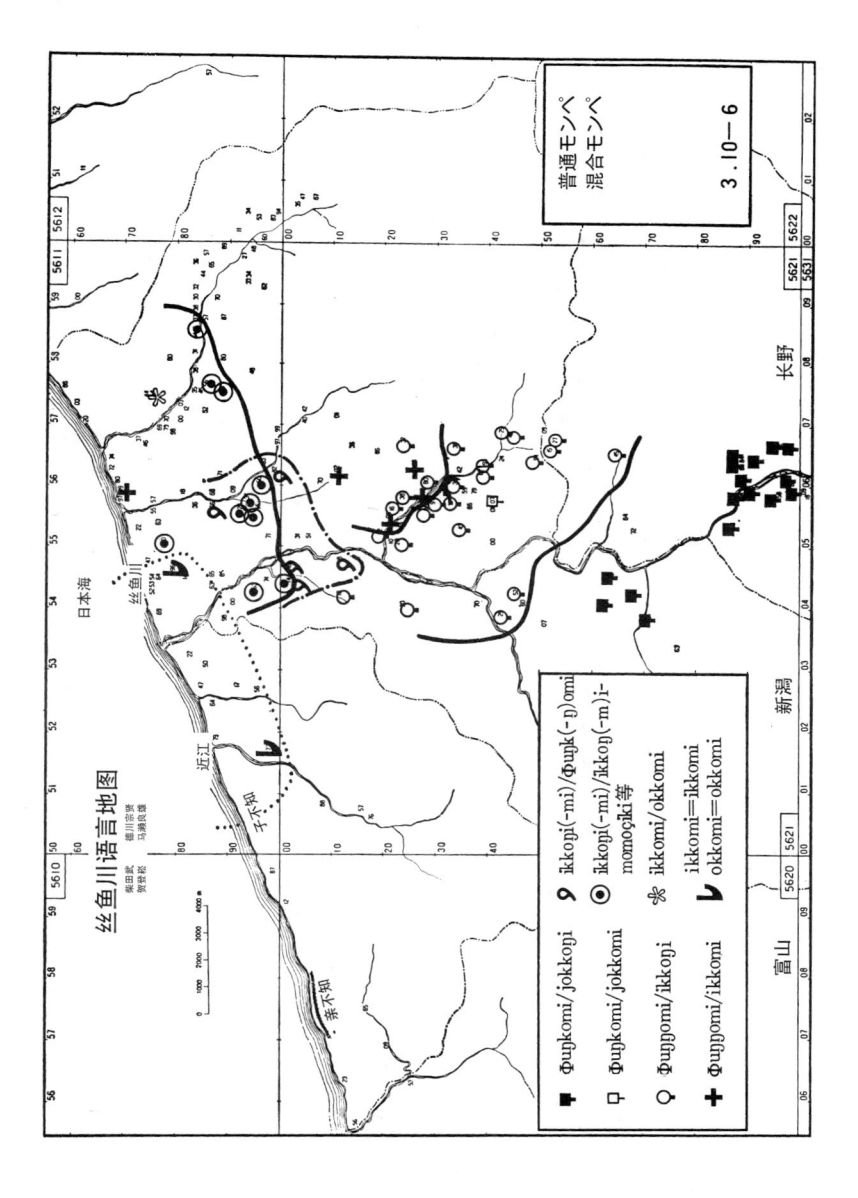

塚田武
磬登良松
徳川宗賢
馬瀬良雄

普通モンペ
混合モンペ

3.10-6

■ Фuɲkomi/jokkoɲi
□ Фuɲkomi/jokkomi
○ Фuɲɲomi/ikkoɲi
＋ Фuɲɲomi/ikkomi

◗ ikkoɲi(-mi)/Фuɲk(-ŋ)omi
◉ ikkoɲi(-mi)/ikkoɲi(-m)i-momooki等
❋ ikkomi/okkomi
L ikkomi=ikkomi
  okkomi=okkomi

丝鱼川语言地图

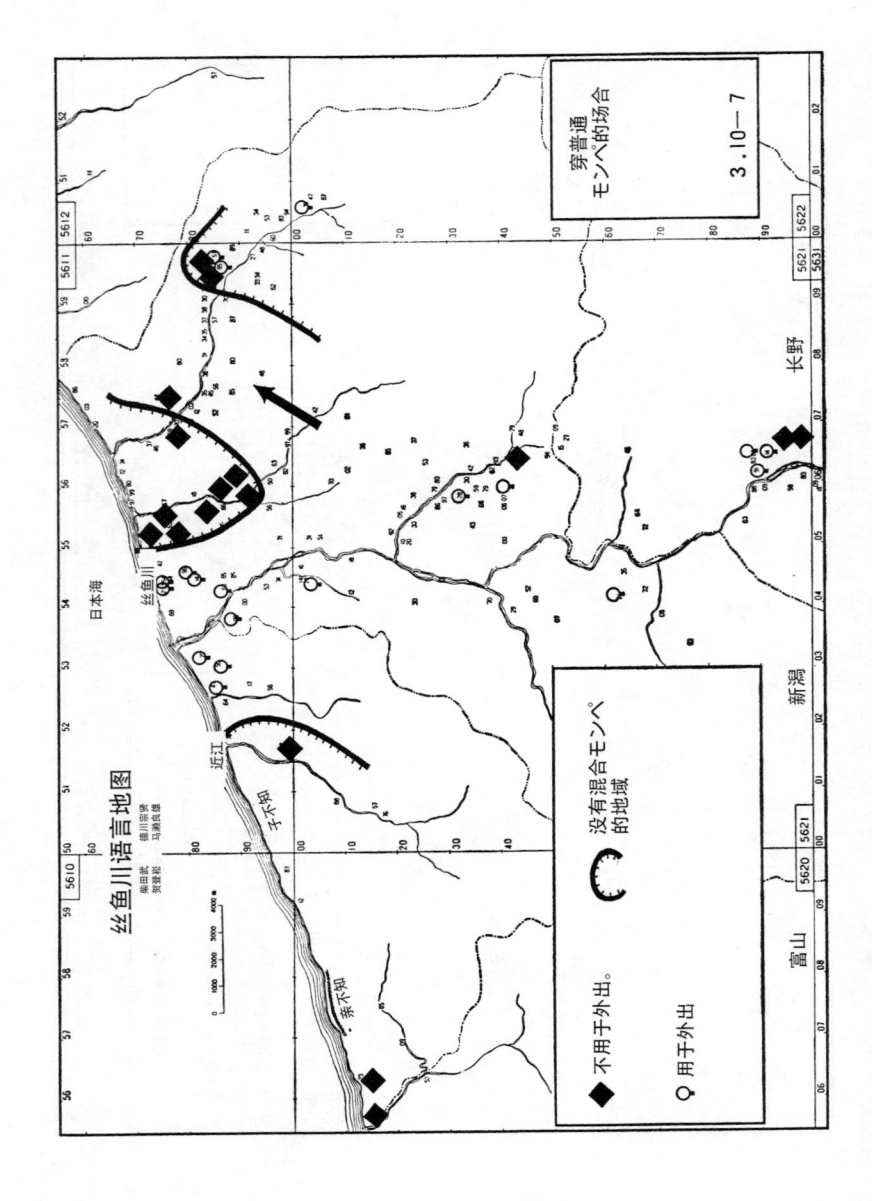

穿普通モンペ的场合

3.10—7

没有混合モンペ的地域

◆ 不用于外出。
○ 用于外出

丝鱼川语言地图

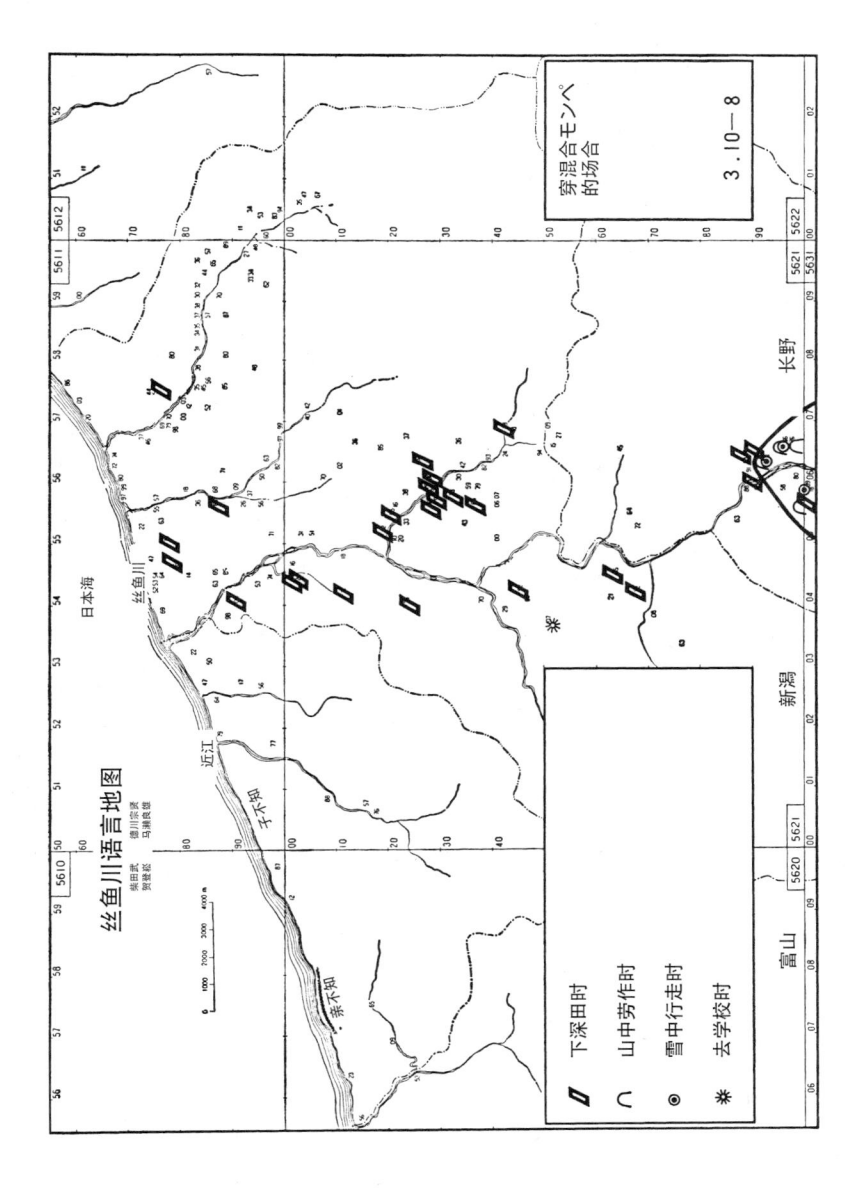

芽混合モンベ
的场合

3.10—8

- 厂 下深田时
- ⌒ 山中劳作时
- ◎ 雪中行走时
- ✳ 去学校时

丝鱼川语言地图

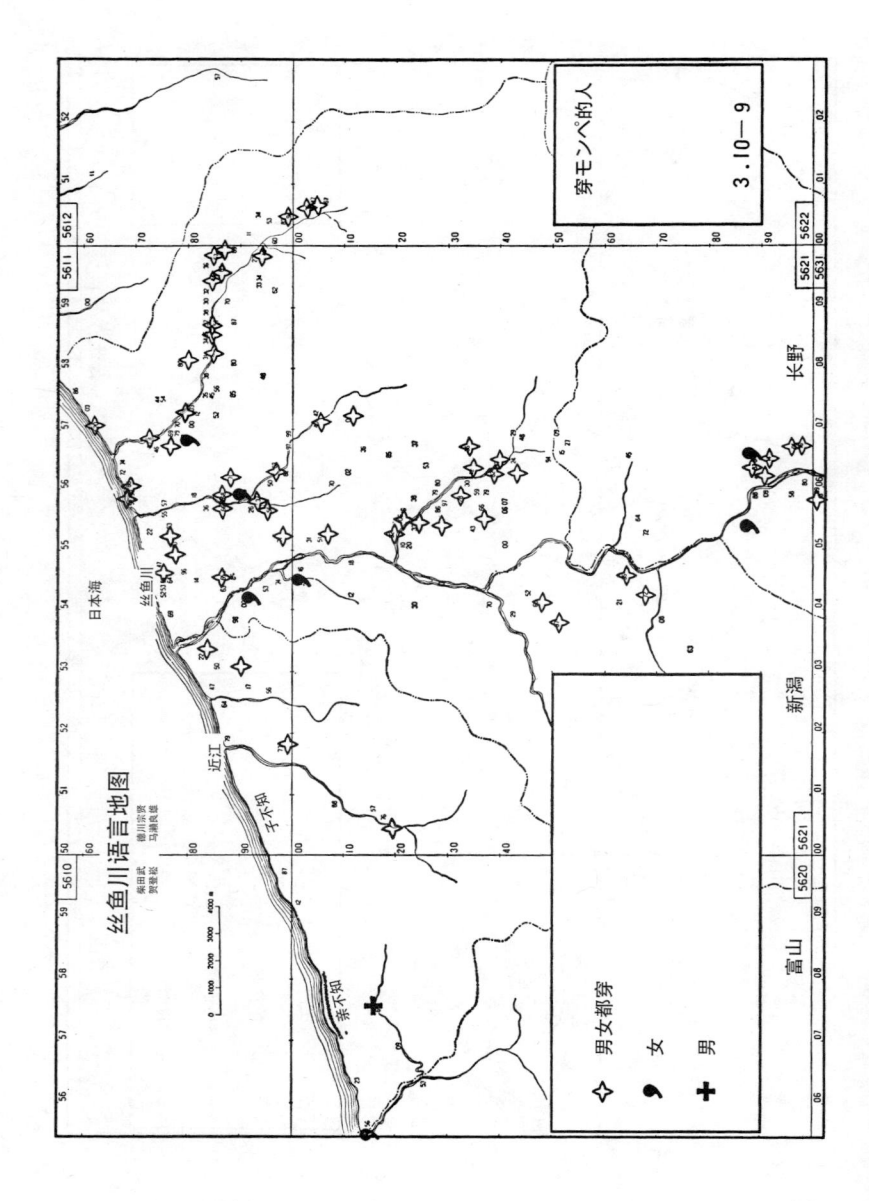

穿モンペ的人

3.10—9

男女都穿 ☆
女 ◗
男 ✚

穿混合モンペ
的人

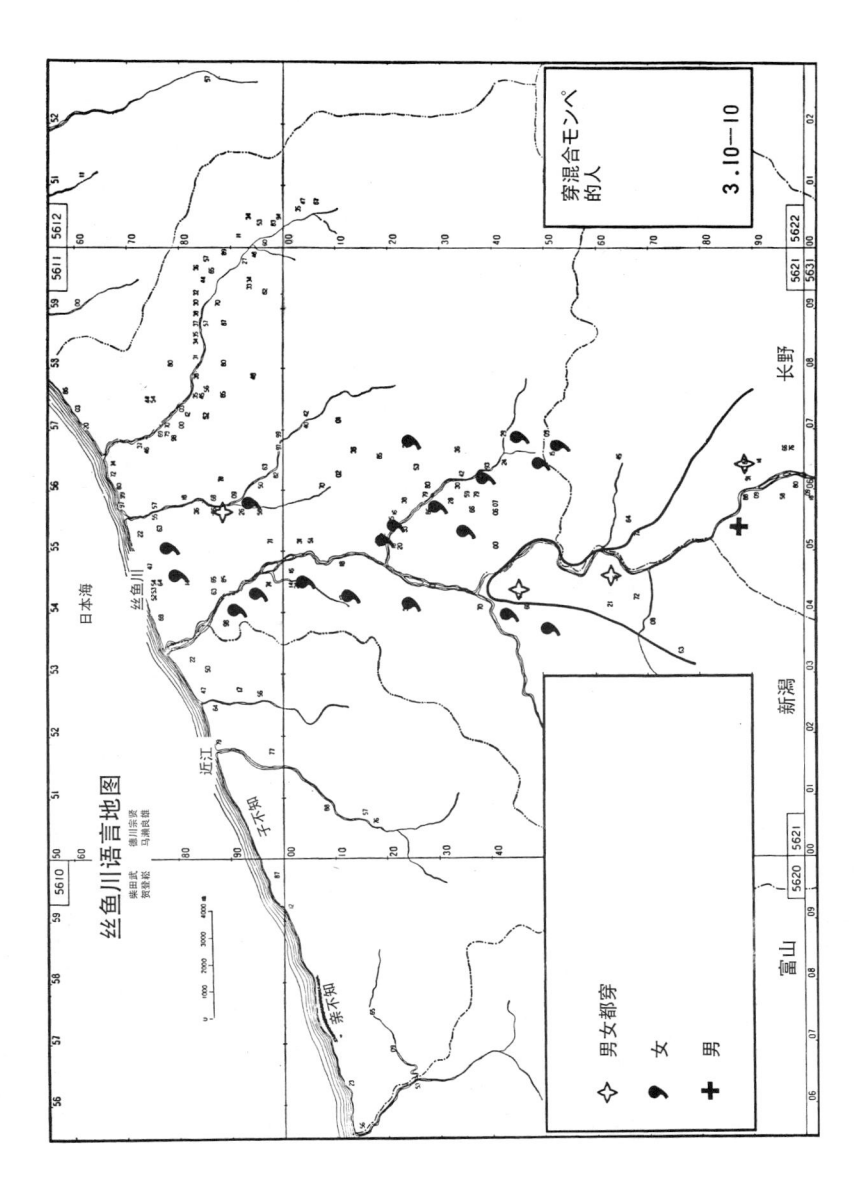

3.10—10

丝鱼川语言地图

男女都穿 ✧
女 🌙
男 ✚

丝鱼川语言地图

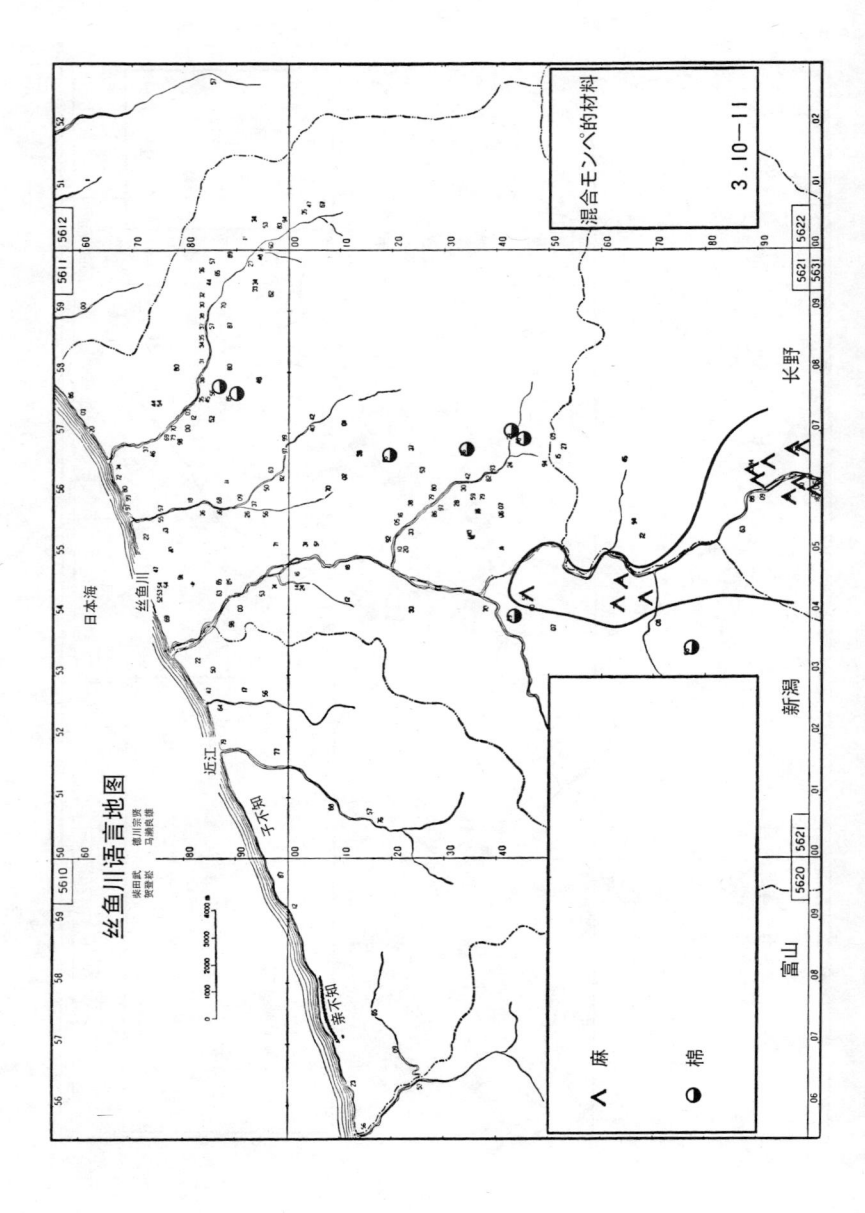

混合モンペ的材料

3.10—11

ヘ 麻
◐ 棉

丝鱼川语言地图

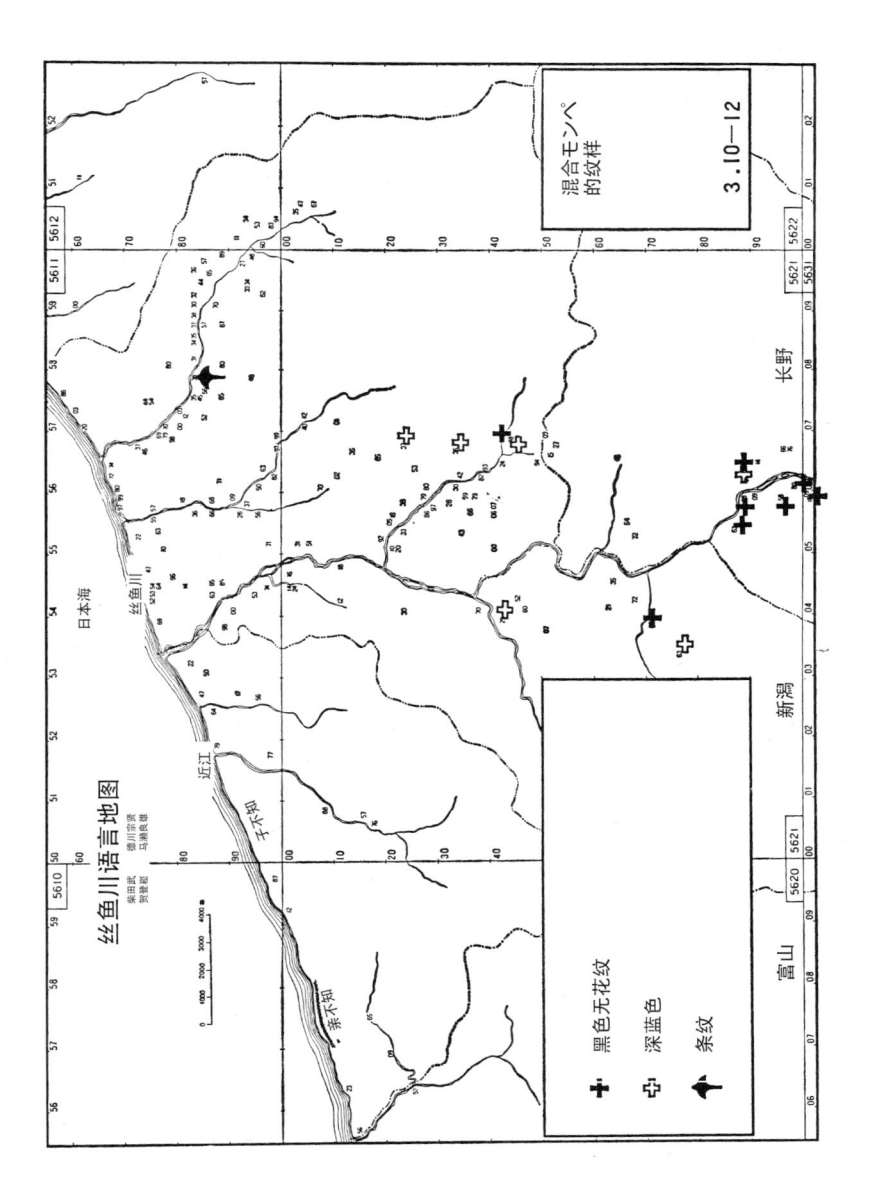

柴田武　徳川宗贤
贺登崧　马濑良雄

混合モンペ
的纹样

3.10–12

日本海

丝鱼川

近江

手不知

长野

新潟

富山

+ 黑色无花纹
✛ 深蓝色
← 条纹

248

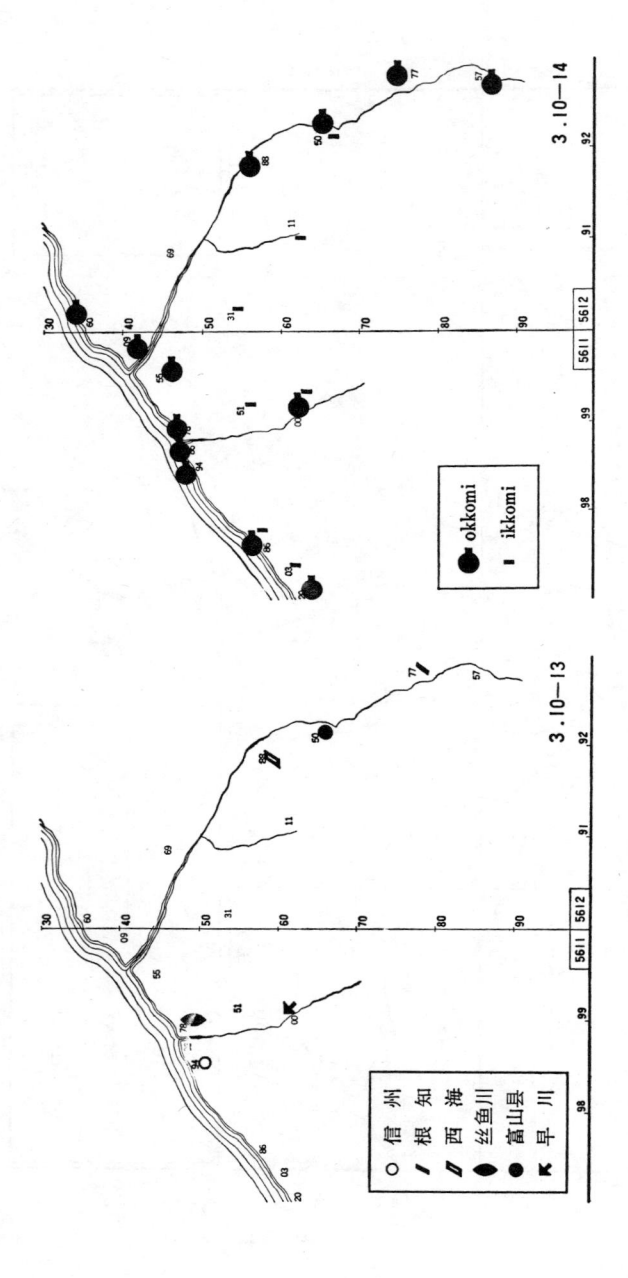

249

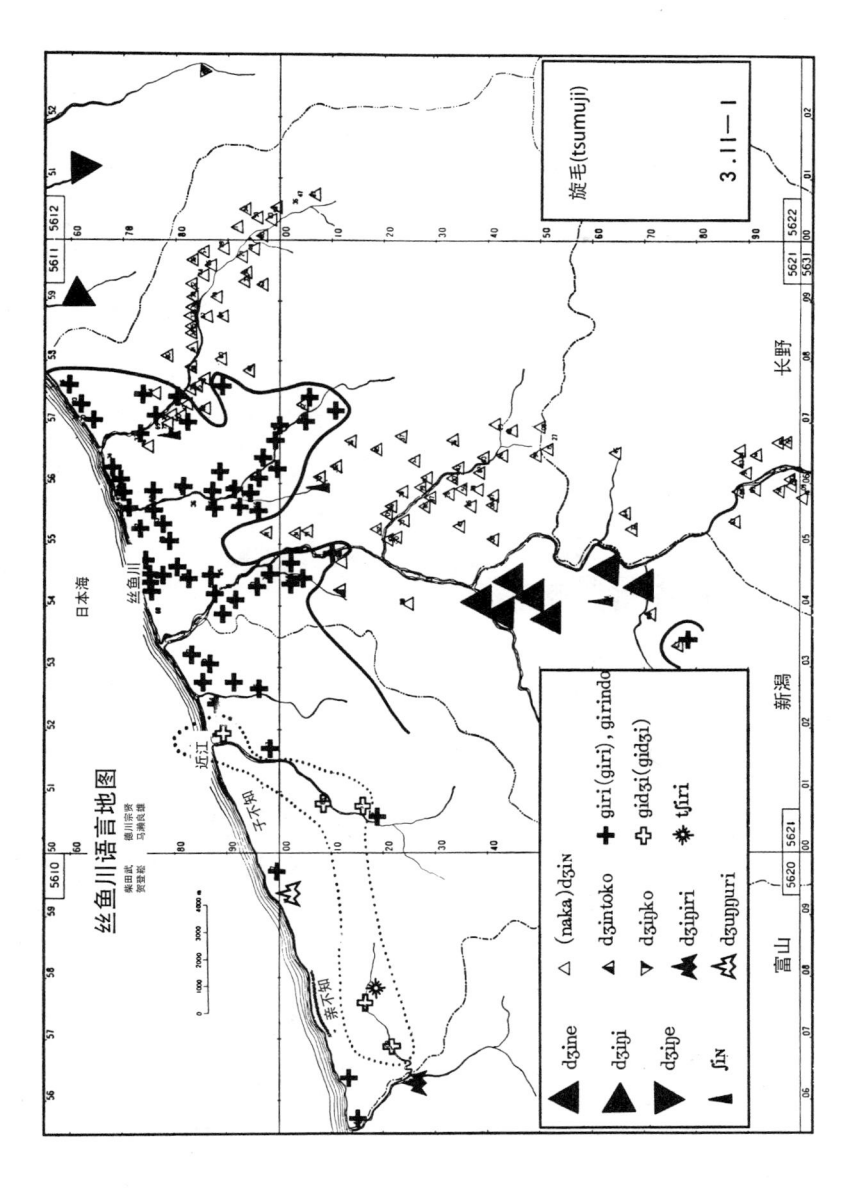

丝鱼川语言地图

旋毛 (tsumuji)

3.11—1

丝鱼川语言地图

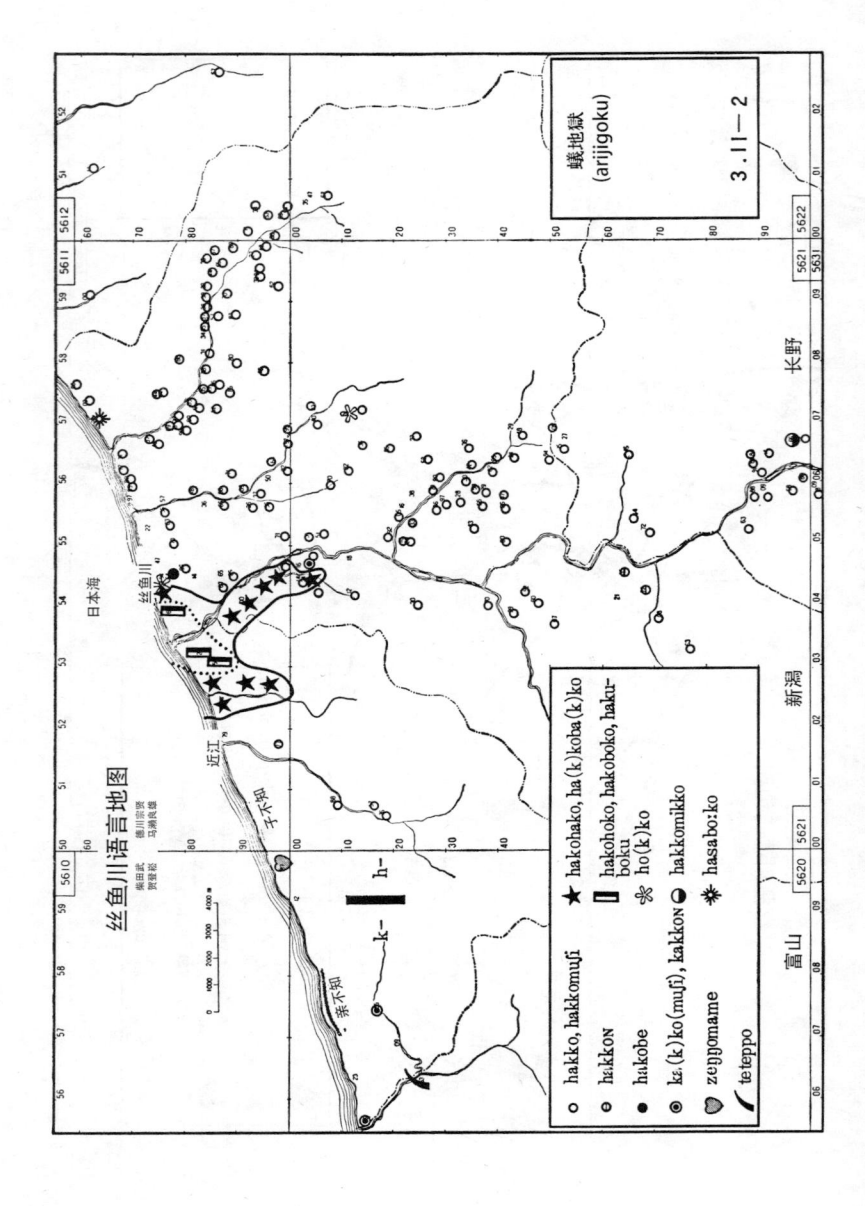

蟻地獄
(arijigoku)

3.11-2

- ○ hakko, hakkomuʃi
- ⊖ hakkon
- ● hukobe
- ◎ kɛ(k)ko(muʃi), kakkoN
- ⊙ zeŋgomame
- ︵ teteppo
- ★ hakohako, ha(k)koba(k)ko
- ▯ hakohoko, hakoboko, hakuboku
- ✻ ho(k)ko
- ◐ hakkomikko
- ❋ hasaboːko

251

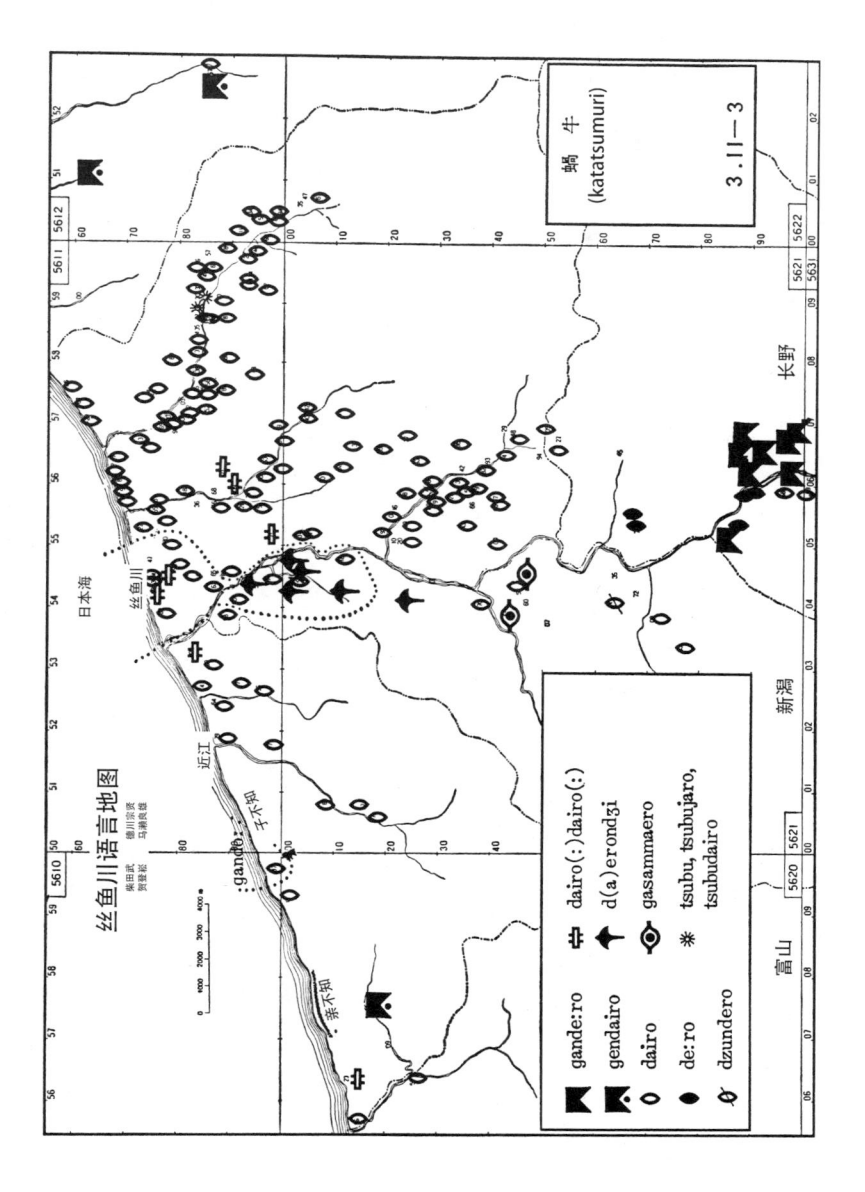

丝鱼川语言地图

蜗 牛
(katatsumuri)

3.11—3

⚏ gande:ro	⇹ dairo(:)dairo(:)		
▰ gendairo	✦ d(a)erondʒi		
○ dairo	◉ gasamnaero		
● de:ro	✳ tsubu, tsubujaro, tsubudairo		
∅ dzundero			

柴田武 徳川宗賢
贺登良雄 马瀬良雄

日本海
丝鱼川
近江
亲不知
:gandō:

富山　新潟　长野

丝鱼川语言地图

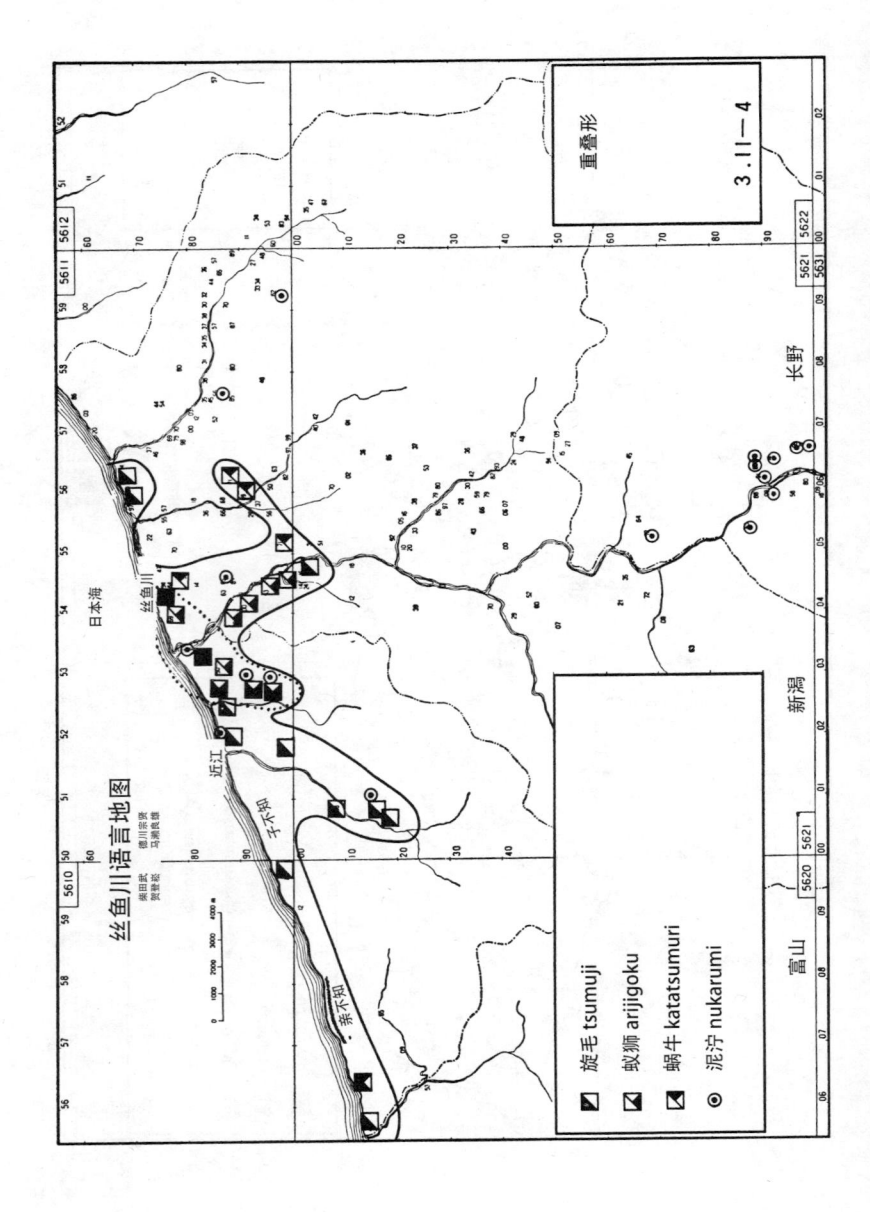

重叠形
3.11—4

旋毛 tsumuji
蚁狮 arijigoku
蜗牛 katatsumuri
泥泞 nukarumi

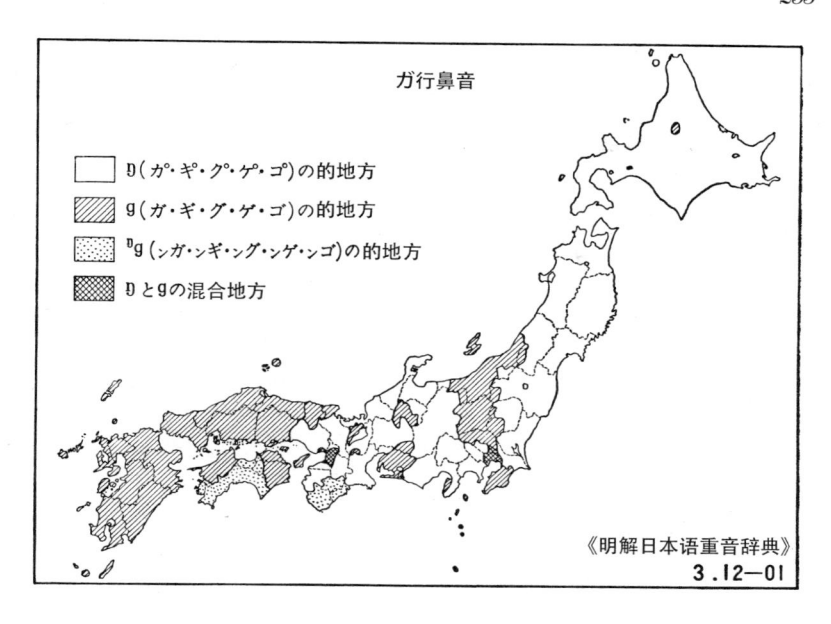

ガ行鼻音

- ☐ ŋ(カ°・キ°・ク°・ケ°・コ°)の的地方
- ▨ g(ガ・ギ・グ・ゲ・ゴ)の的地方
- ▦ ᵑg(ンガ・ンギ・ング・ンゲ・ンゴ)の的地方
- ▩ ŋとgの混合地方

《明解日本语重音辞典》
3.12—01

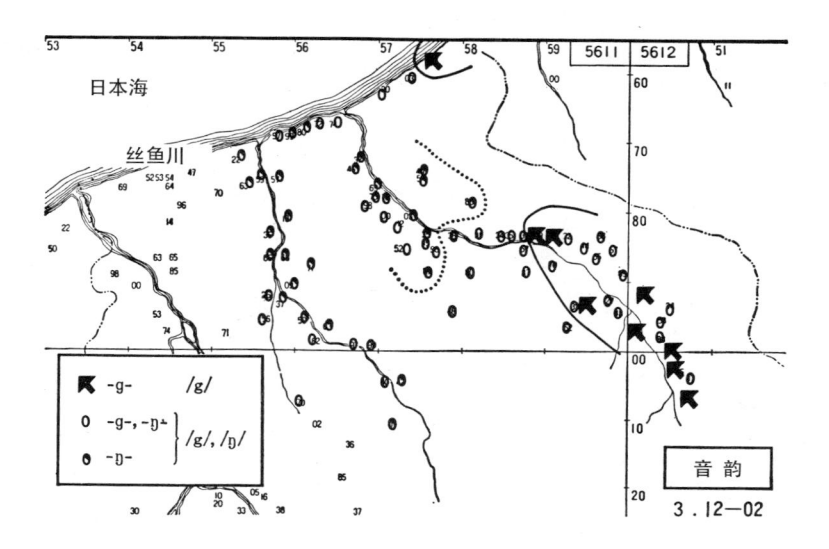

日本海

丝鱼川

- ◤ -g- /g/
- ◯ -g-, -ŋ⊥ /g/, /ŋ/
- ◉ -ŋ-

音韵
3.12—02

254

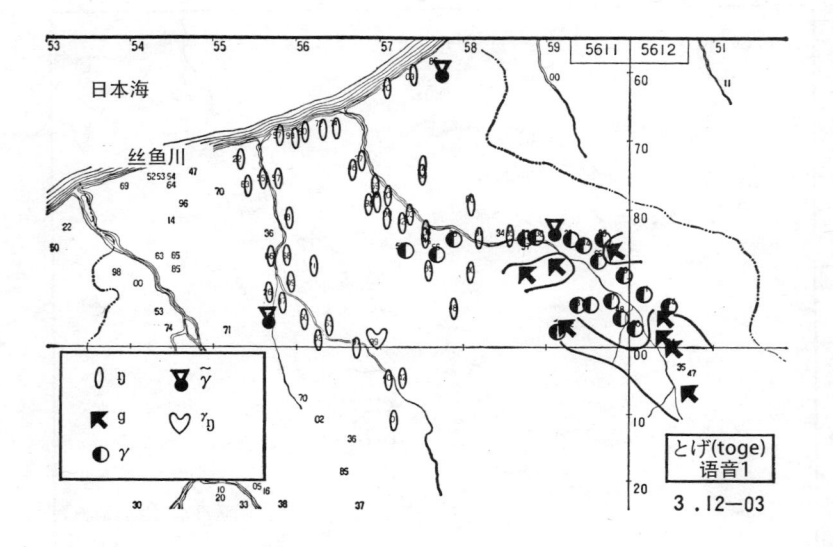

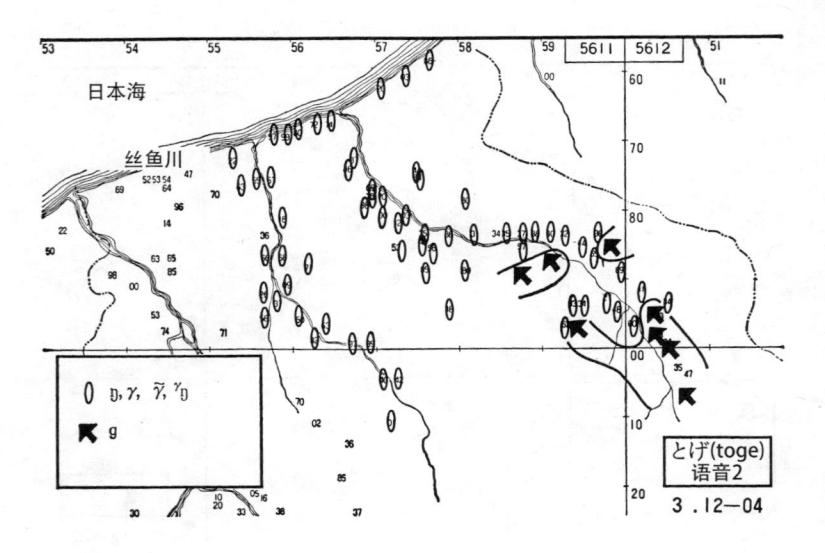

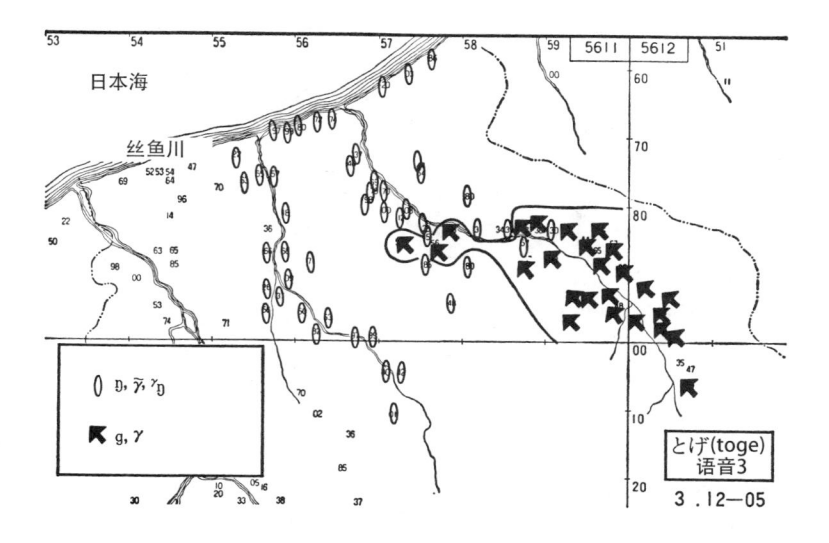

日本海

丝鱼川

○ ɒ, ɒ̃, ɣɒ

◄ g, ɣ

とげ(toge)
语音3
3.12—05

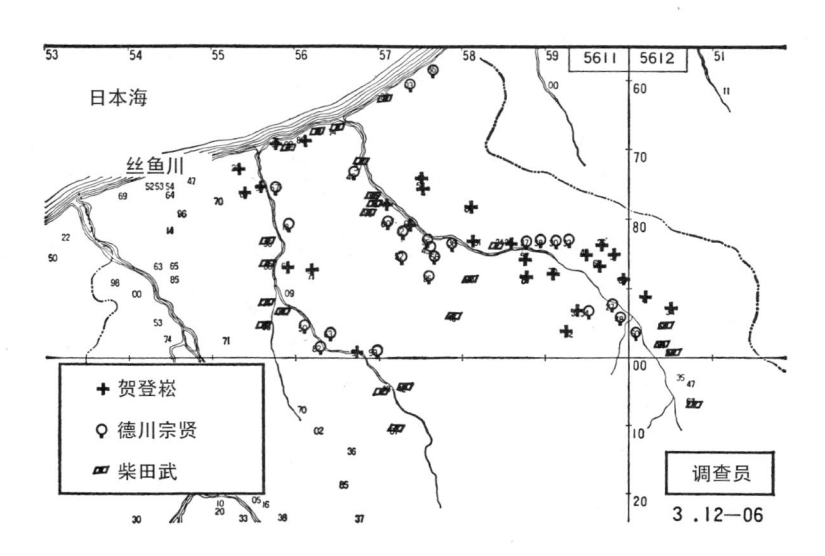

日本海

丝鱼川

+ 贺登崧

♀ 德川宗贤

▱ 柴田武

调查员
3.12—06

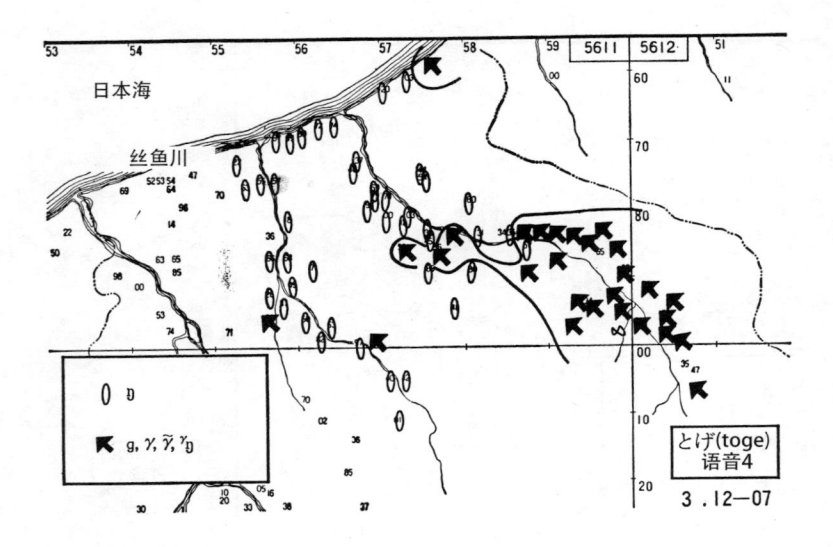

256

日本海
丝鱼川

○ ŋ

🅚 g, γ, γ̃, ʸŋ

とげ(toge)
语音4
3.12—07

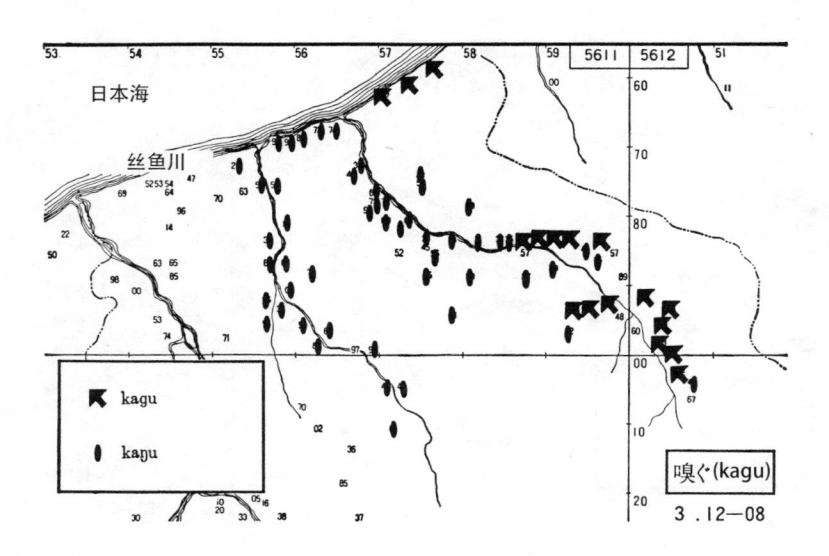

日本海
丝鱼川

🅚 kagu

⬬ kaŋu

嗅ぐ(kagu)
3.12—08

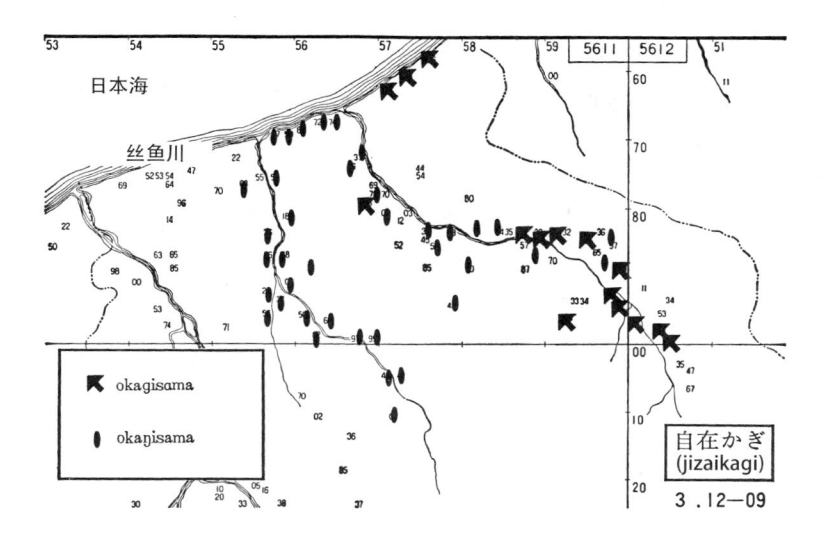

日本海
丝鱼川

| ▼ okagisama |
| ● okaɲisama |

自在かぎ
(jizaikagi)
3.12-09

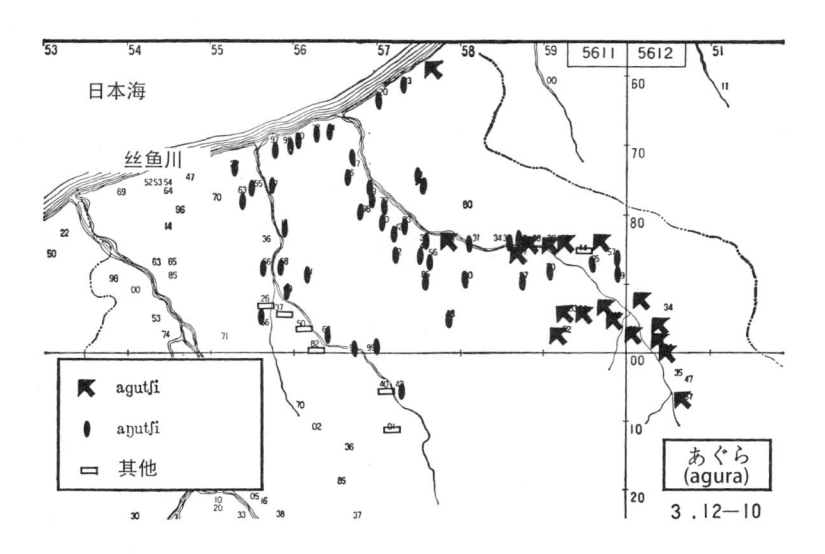

日本海
丝鱼川

| ▼ agutʃi |
| ● aɲutʃi |
| ▭ 其他 |

あぐら
(agura)
3.12-10

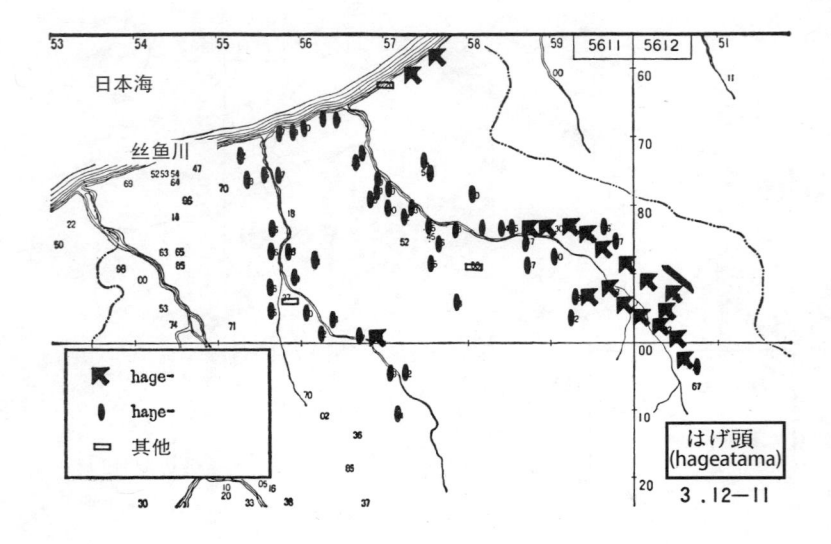

258

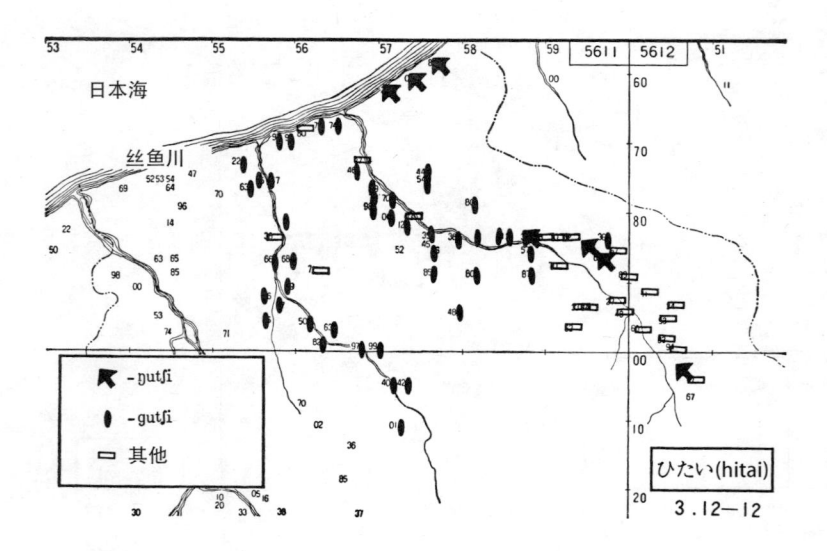

はげ頭
(hageatama)
3.12—11

ひたい(hitai)
3.12—12

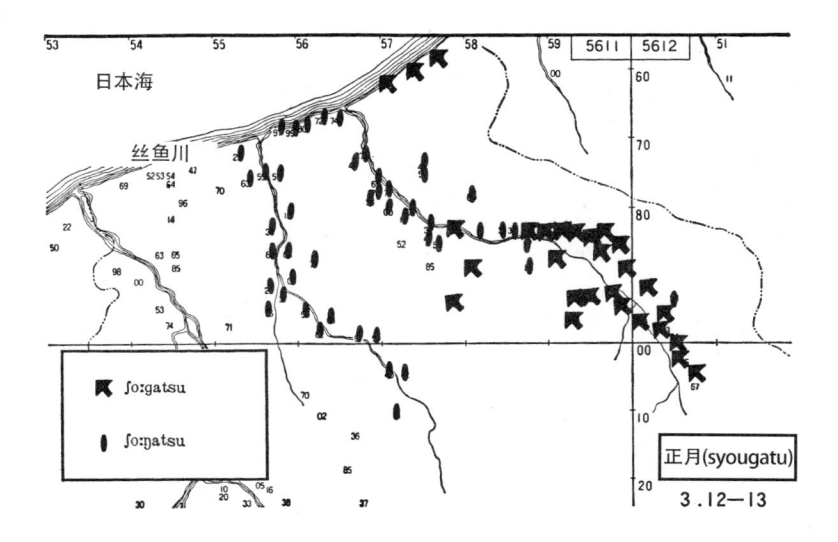

259

日本海
丝鱼川

🭬 ʃoːgatsu
● ʃoːŋatsu

正月(syougatu)
3.12—13

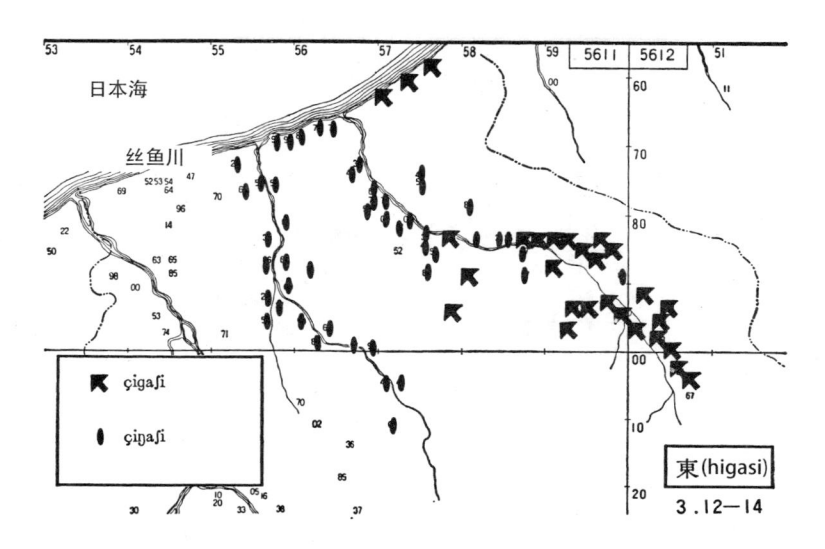

日本海
丝鱼川

🭬 çigaʃi
● çiŋaʃi

東(higasi)
3.12—14

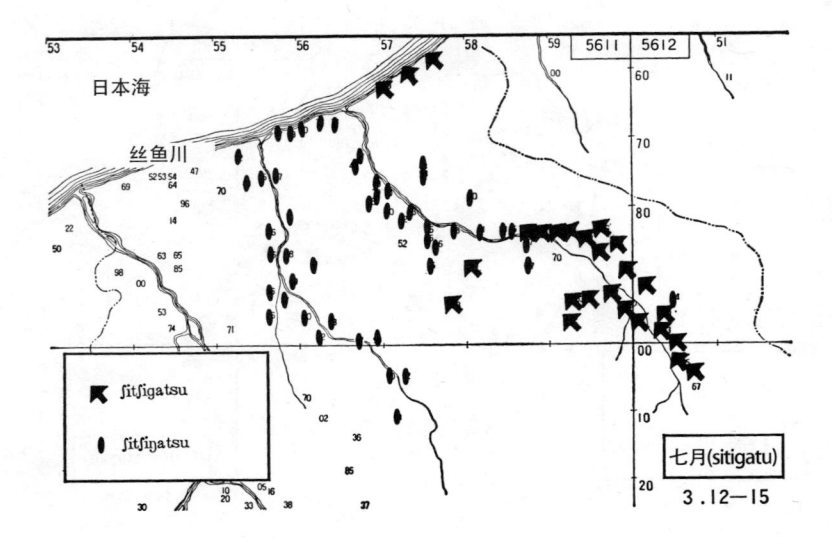

260

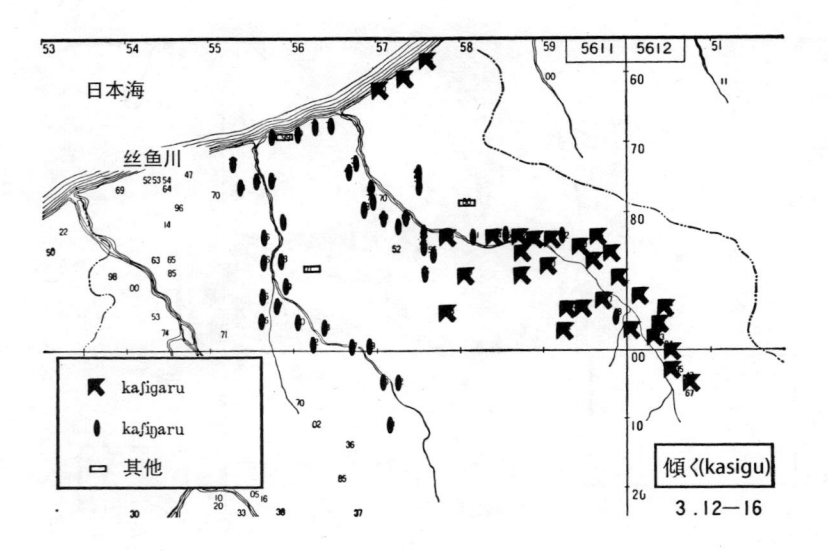

日本海
丝鱼川

ʃitʃigatsu
ʃitʃiŋatsu

七月(sitigatu)
3.12—15

日本海
丝鱼川

kaʃigaru
kaʃiŋaru
其他

傾く(kasigu)
3.12—16

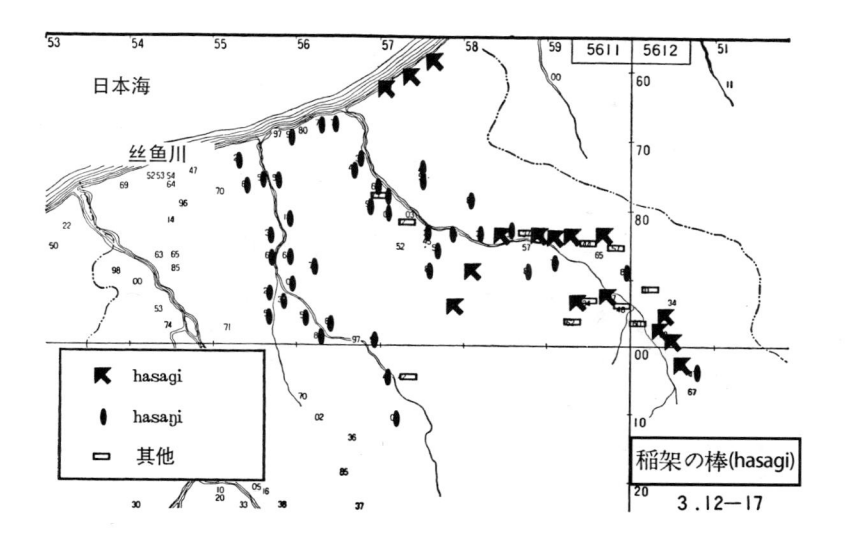

261

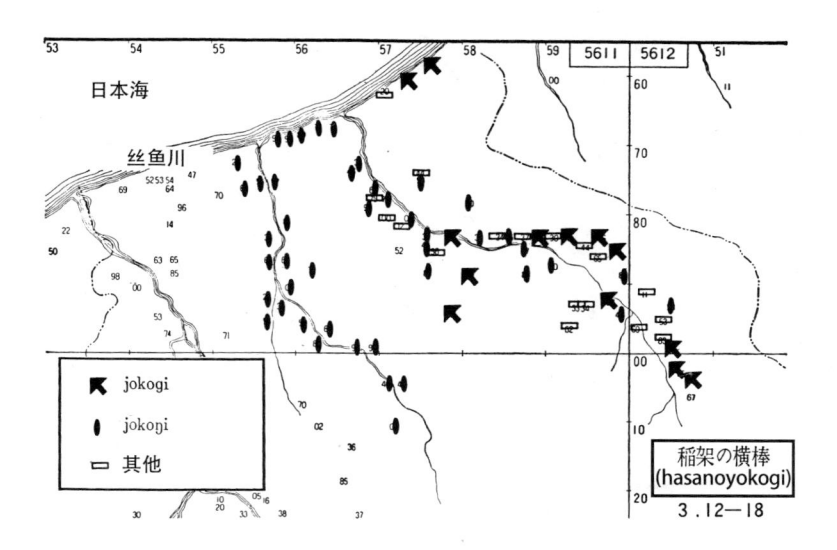

稲架の棒(hasagi)
3.12−17

稲架の横棒(hasanoyokogi)
3.12−18

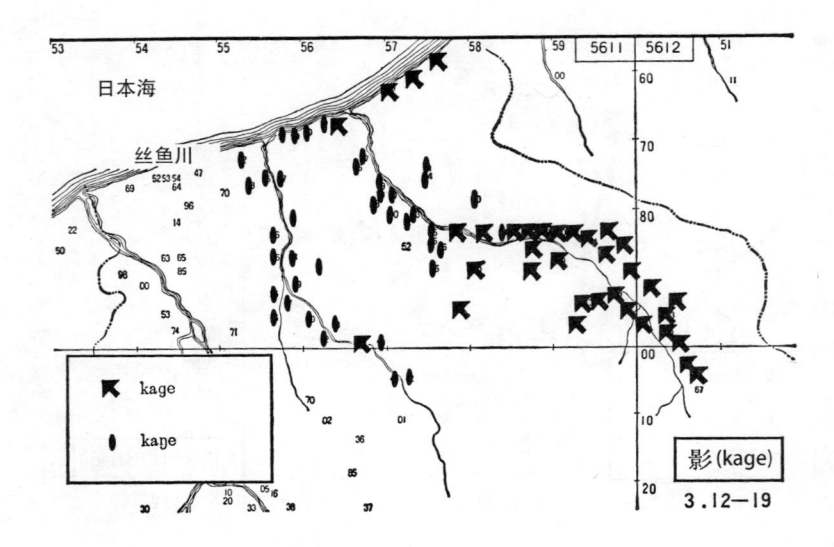

日本海
丝鱼川

▼ kage
● kaŋe

影 (kage)
3.12—19

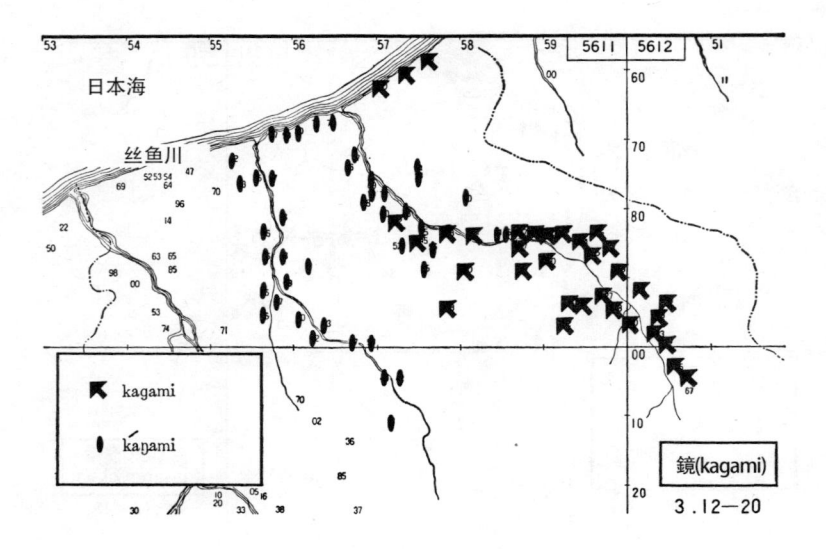

日本海
丝鱼川

▼ kagami
● kaŋami

鏡 (kagami)
3.12—20

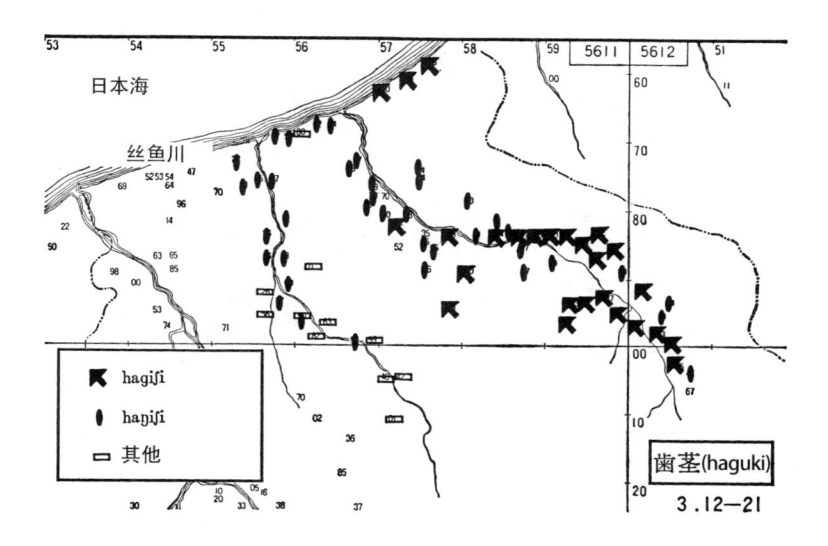

263

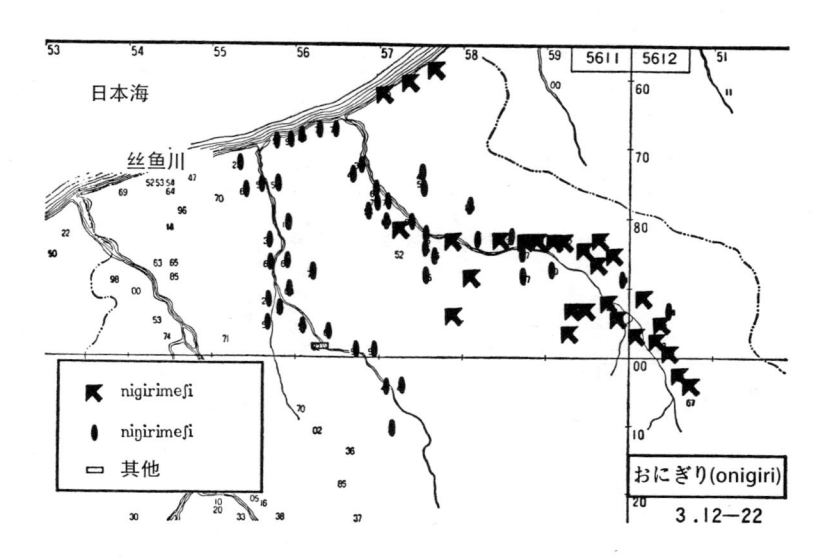

歯茎(haguki)
3.12—21

おにぎり(onigiri)
3.12—22

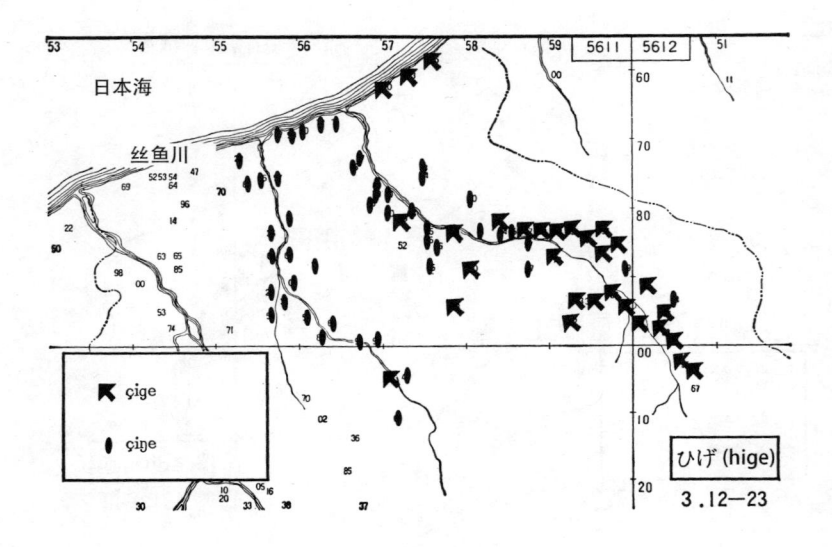

日本海
丝鱼川

çige
çiɲe

ひげ (hige)
3.12—23

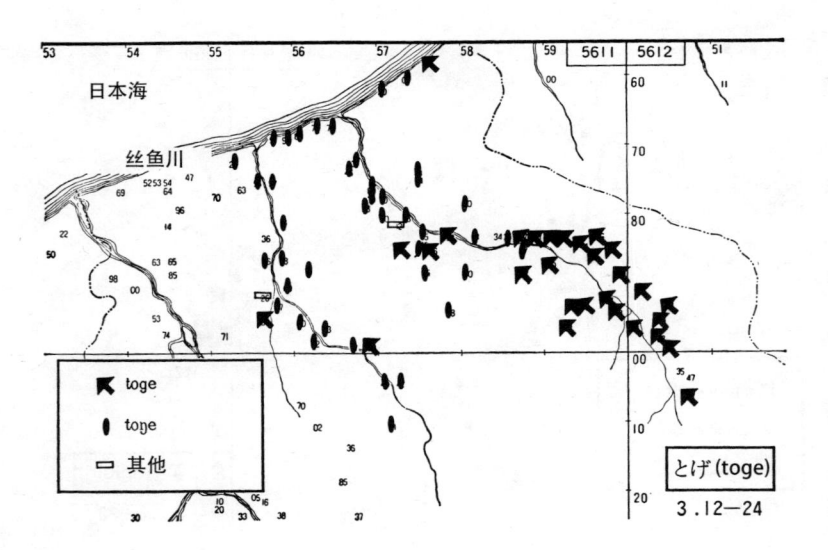

日本海
丝鱼川

toge
toɲe
其他

とげ (toge)
3.12—24

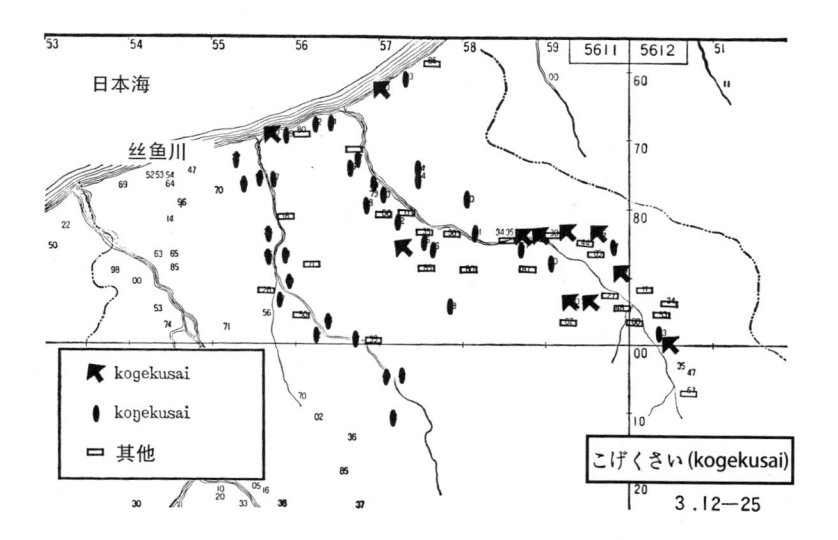

265

日本海
丝鱼川

凡例:
- ▶ kogekusai
- ● koŋekusai
- ▭ 其他

こげくさい (kogekusai)
3.12—25

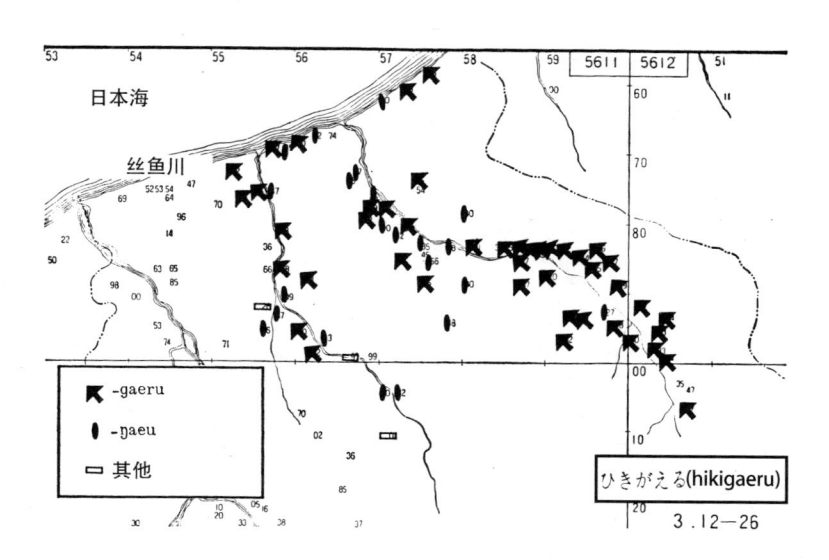

日本海
丝鱼川

凡例:
- ▶ -gaeru
- ● -ŋaeu
- ▭ 其他

ひきがえる (hikigaeru)
3.12—26

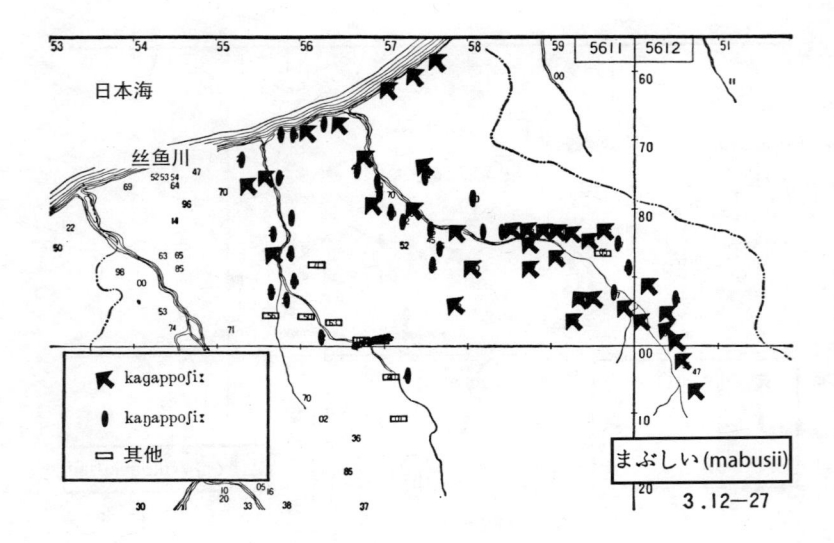

266

日本海
糸魚川

■ kagappoʃiː
● kaŋappoʃiː
▭ 其他

まぶしい (mabusii)
3.12—27

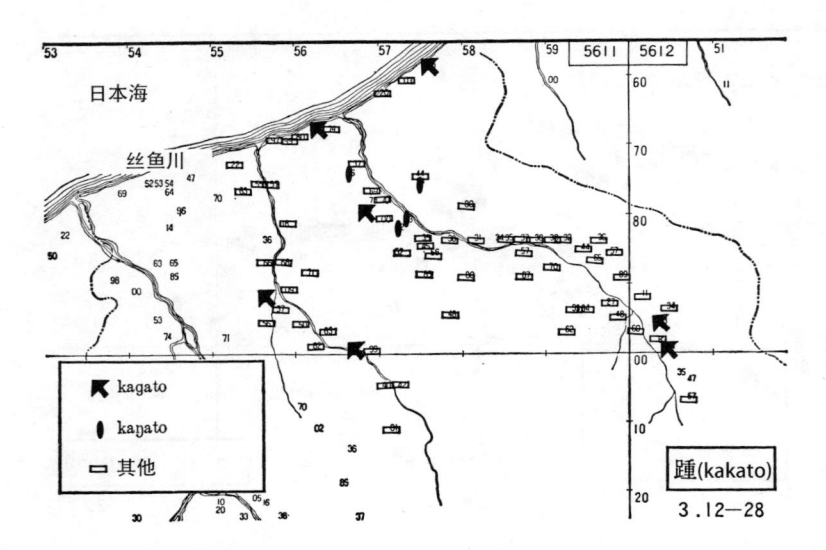

日本海
糸魚川

■ kagato
● kaŋato
▭ 其他

踵 (kakato)
3.12—28

日本海
丝鱼川

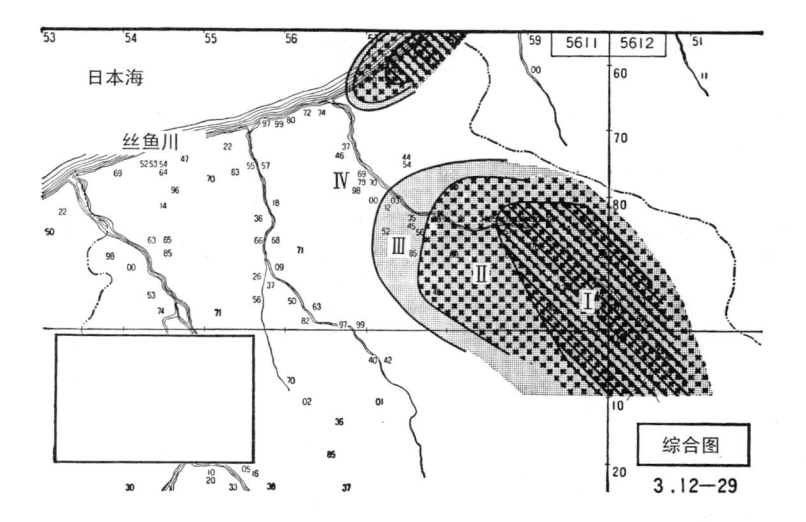

综合图
3.12—29

268

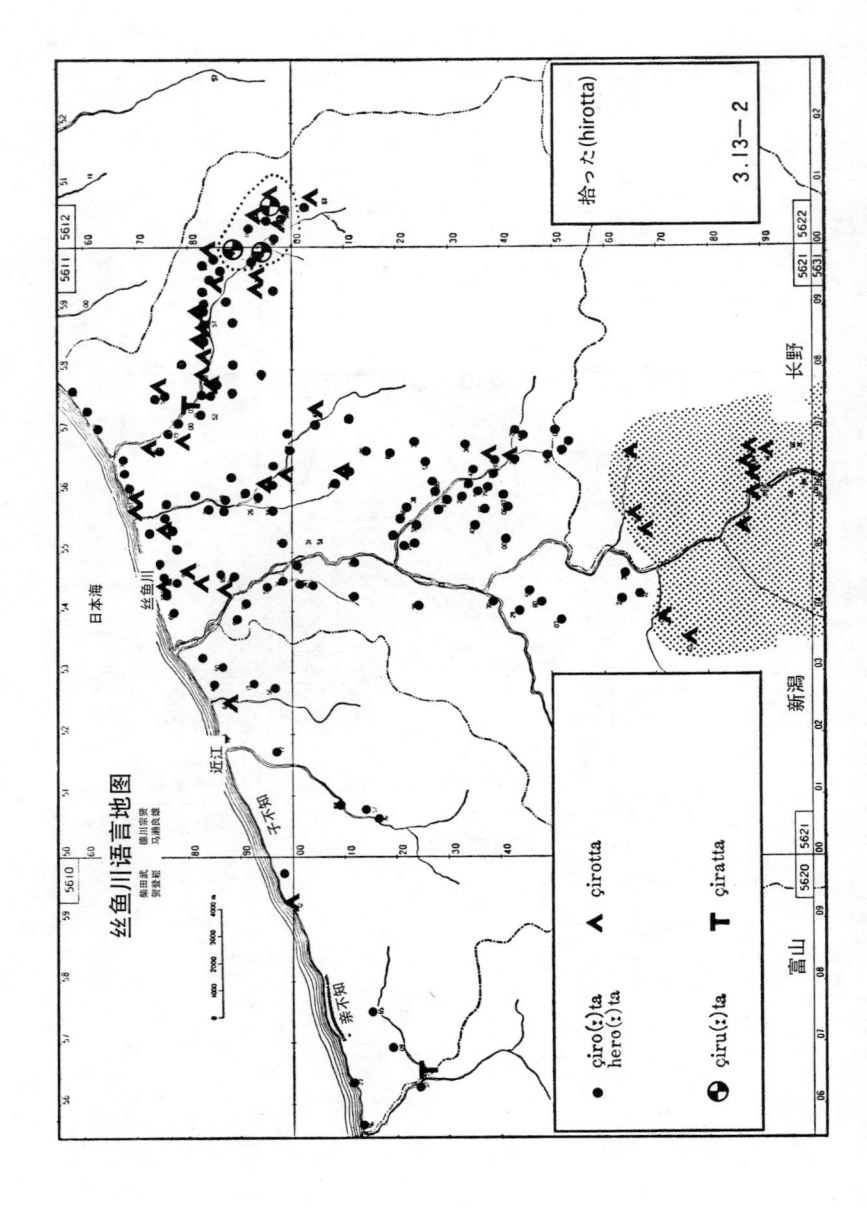

丝鱼川语言地图

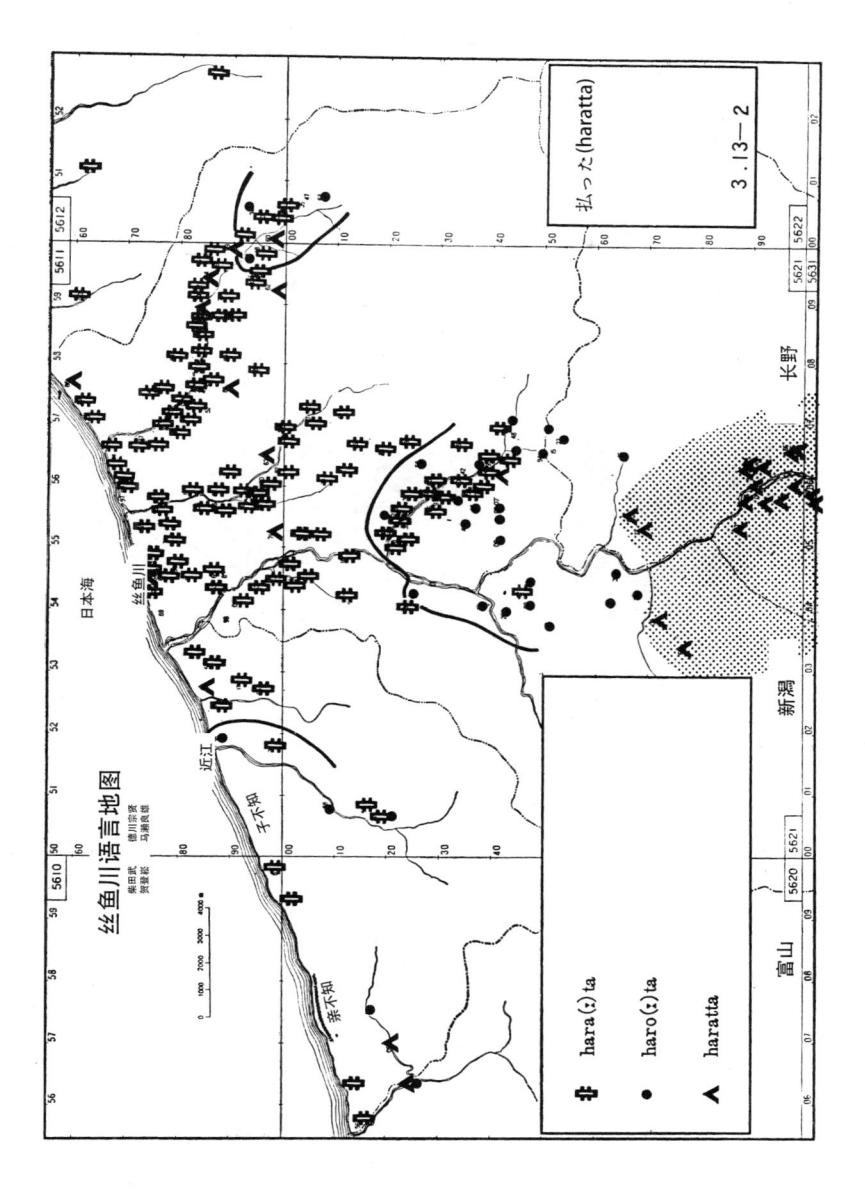

払った (haratta)

3.13−2

hara(ː)ta
haro(ː)ta
haratta

丝鱼川语言地图

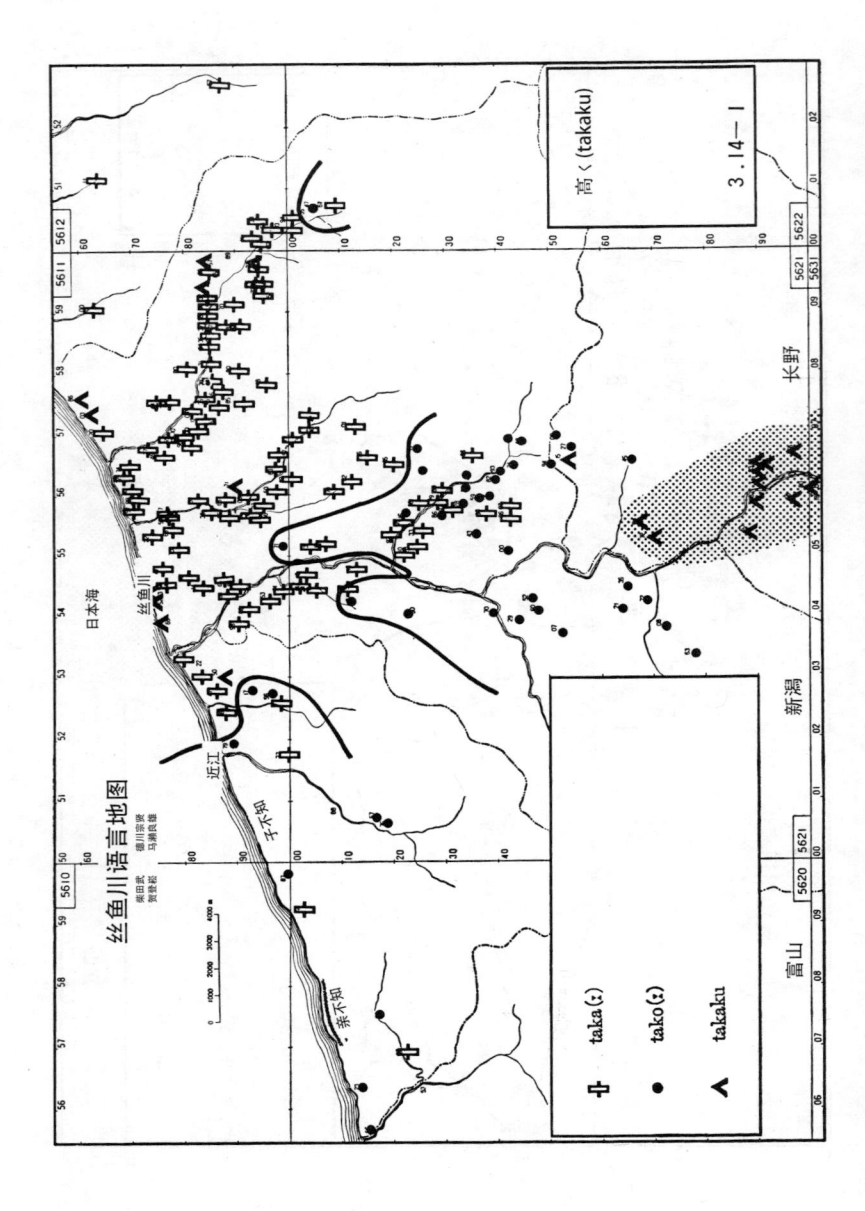

高く (takaku)

3.14-1

╬ taka(:)
● tako(:)
ㄑ takaku

白〈 (siroku)

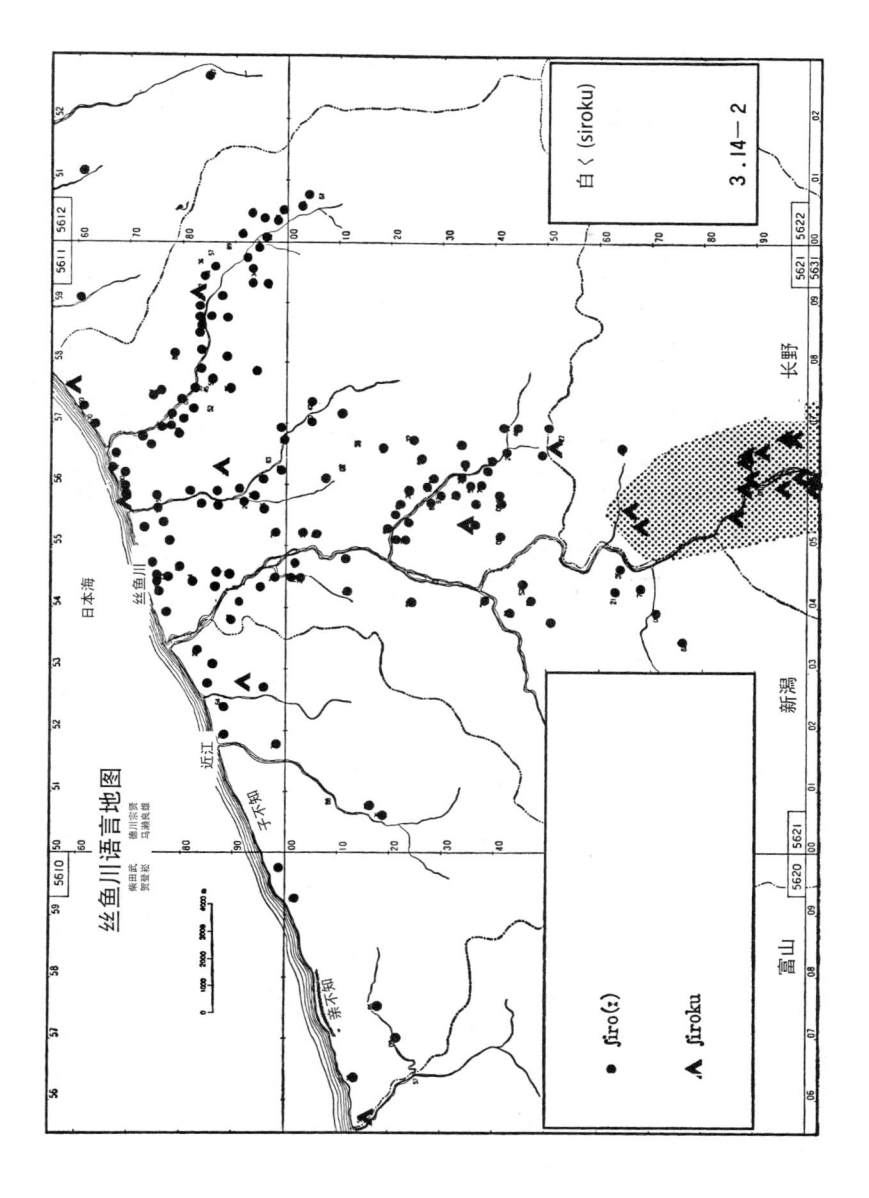

3.14—2

丝鱼川语言地图

日本海
丝鱼川
近江
长野
新潟
富山

● ʃiro(:)
▲ ʃiroku

丝鱼川语言地图

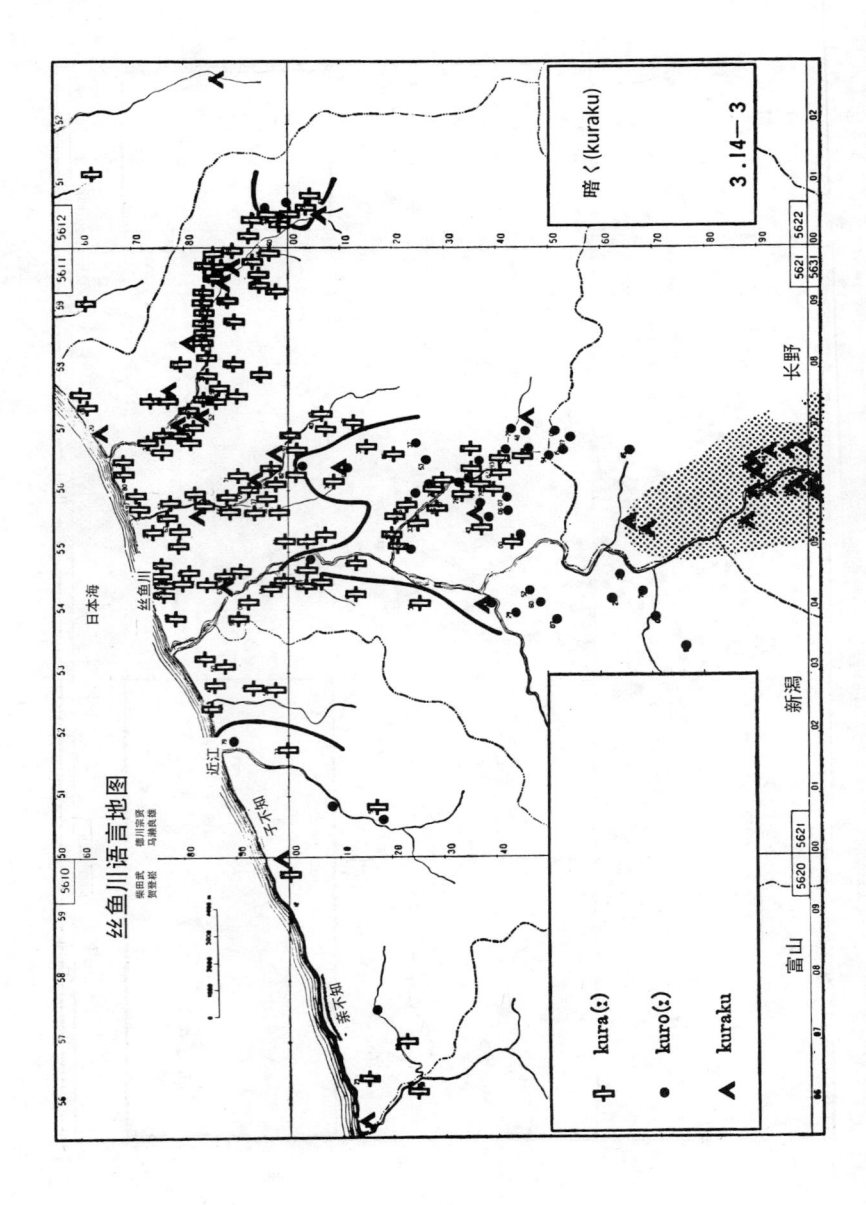

暗く (kuraku)

3.14—3

- ╪ kura(ː)
- ● kuro(ː)
- ∧ kuraku

丝鱼川语言地图

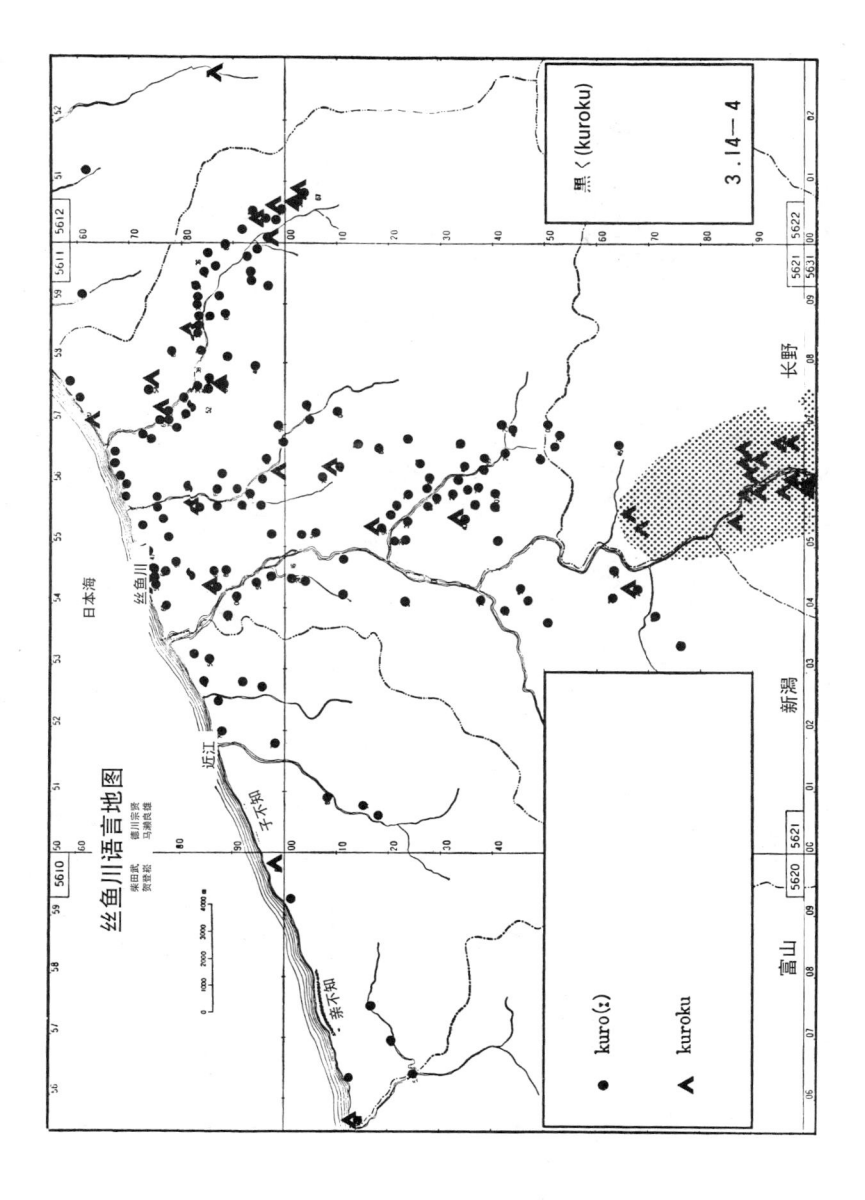

柴田武 德川宗贤
贺登崧 马濑良雄

黑く (kuroku)

3.14—4

● kuro(ː)
▲ kuroku

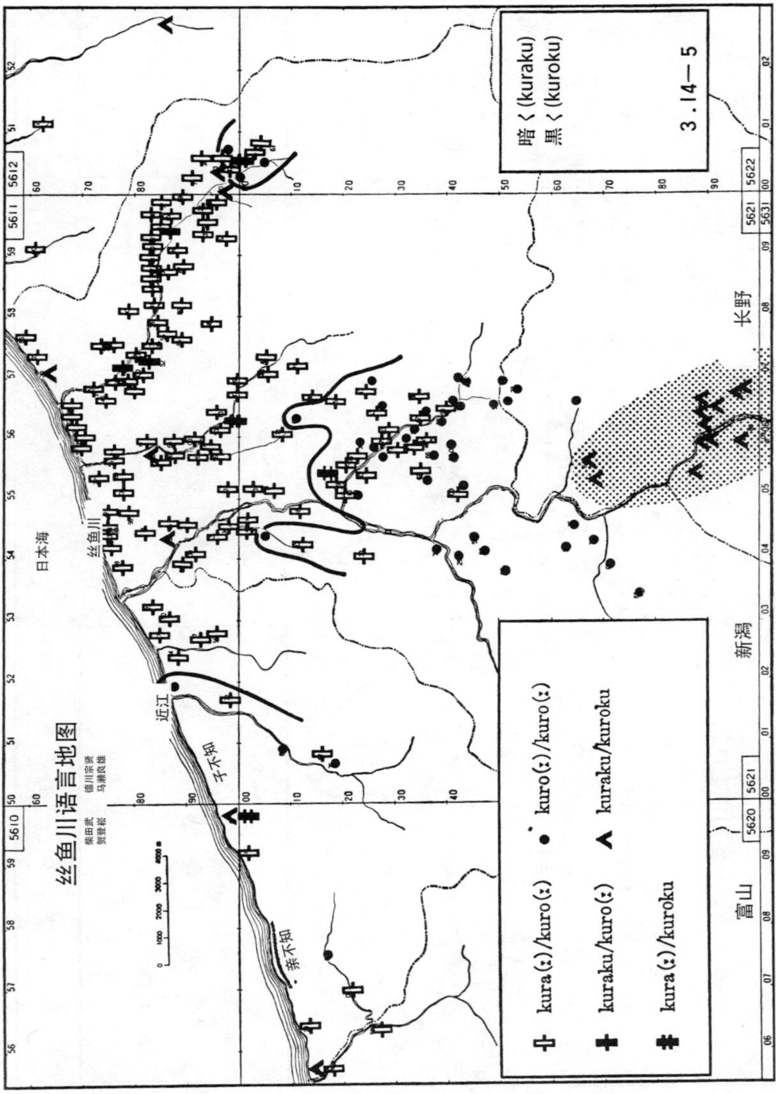
丝鱼川语言地图
柴田武
贺登崧
德川宗贤
马濑良雄
日本海
丝鱼川
近江
子不知
亲不知
富山
新潟
长野
kura(ː)/kuro(ː)
kuro(ː)/kuro(ː)
kuraku/kuro(ː)
kuraku/kuroku
kura(ː)/kuroku
暗く(kuraku)
黒く(kuroku)
3.14—5

丝鱼川语言地图

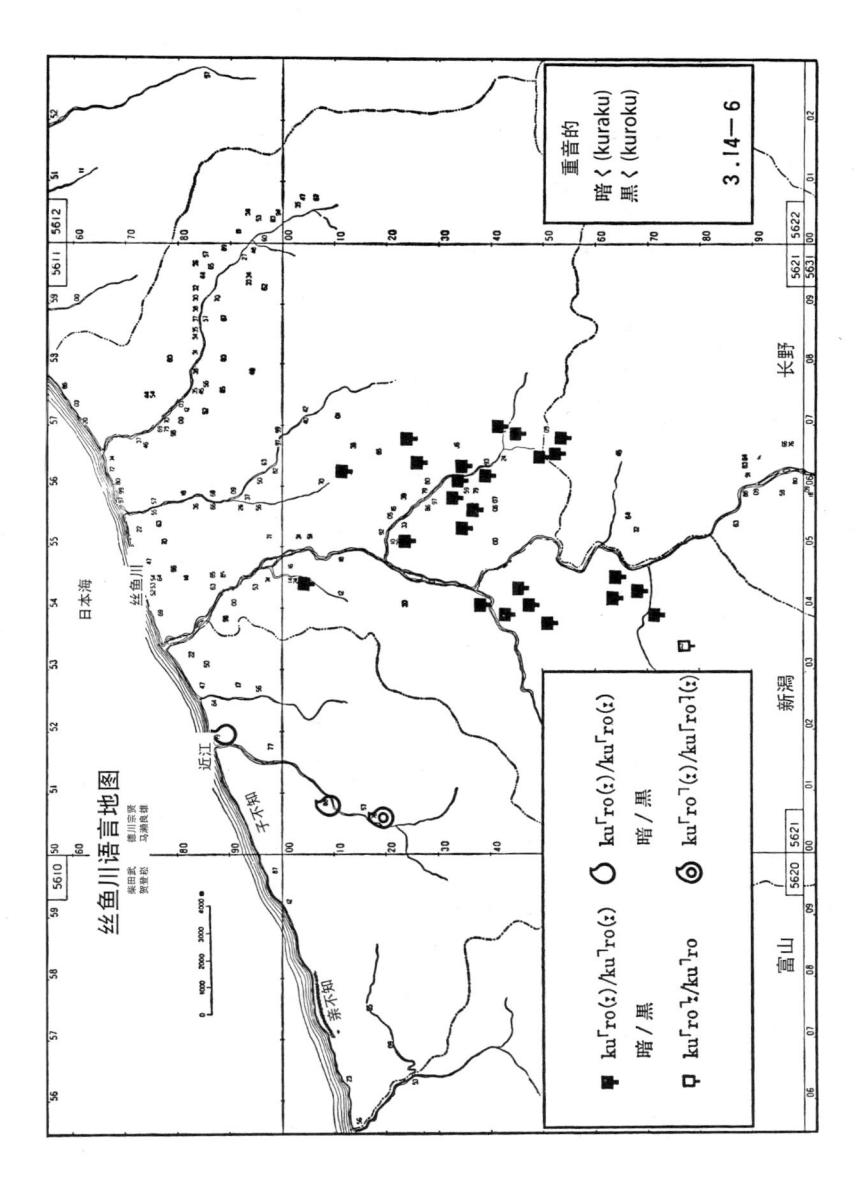

重音的
暗 < (kuraku)
黒 < (kuroku)

3.14—6

276

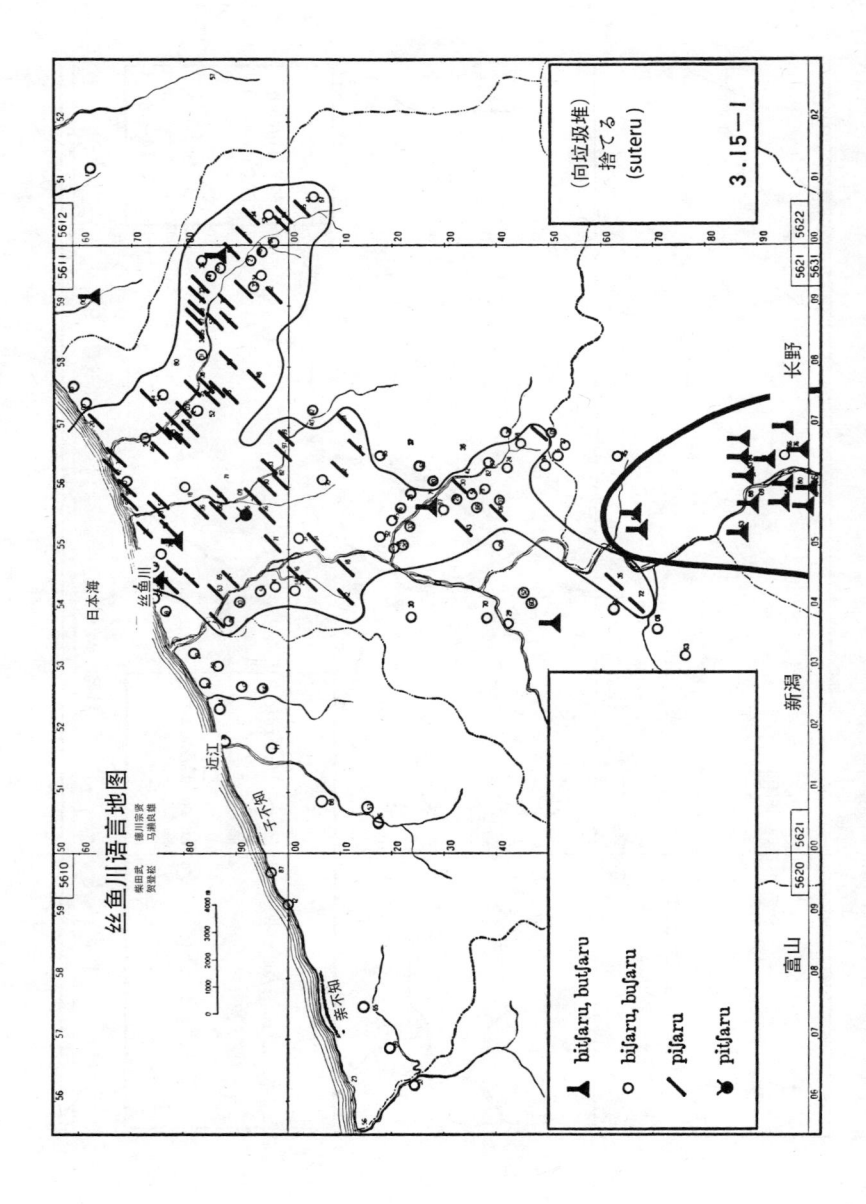

丝鱼川语言地图

(向垃圾堆)
捨てる
(suteru)

3.15—1

▼ buʃaru, butʃaru
○ biʃaru, buʃaru
／ piʃaru
● pitʃaru

丝鱼川语言地图

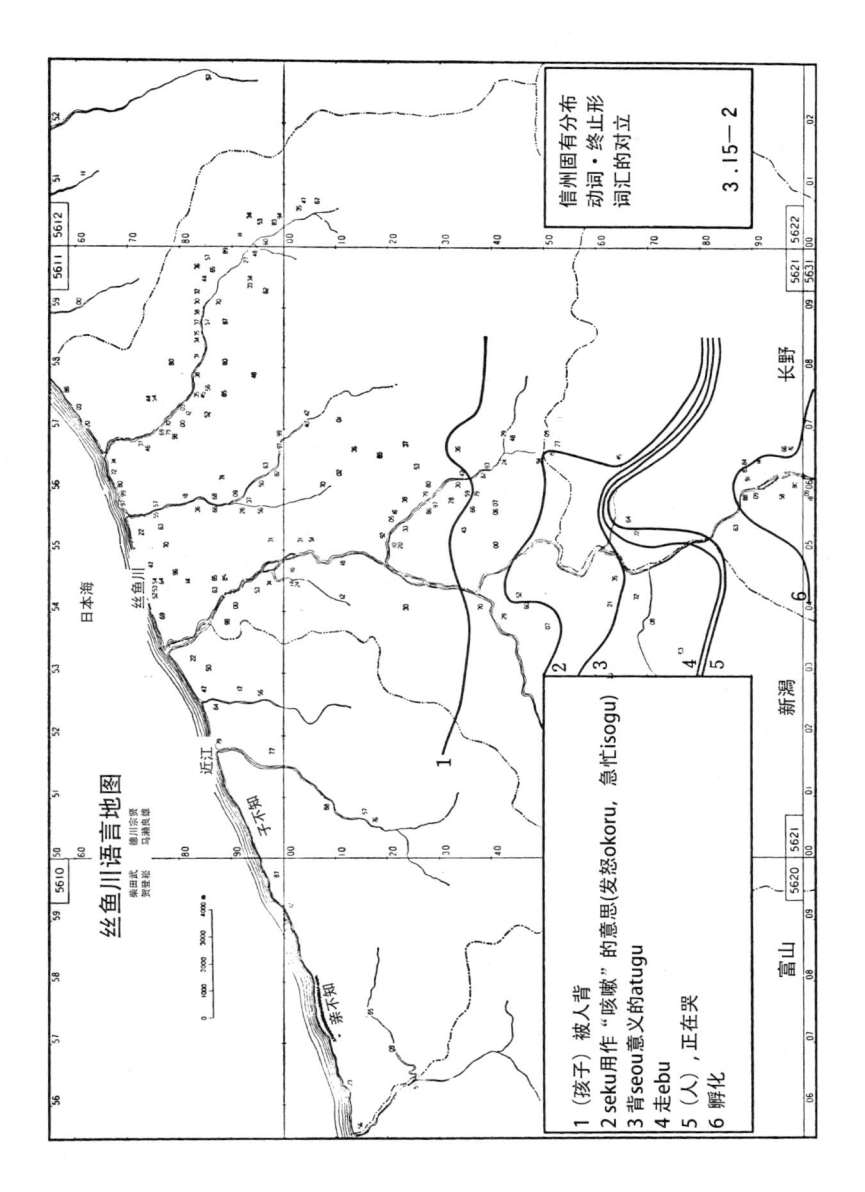

日本海

信州固有分布
动词・终止形
词汇的对立

3.15—2

富山　新潟　长野

1 (孩子) 被人背
2 seku用作"咳嗽"的意思(发怒okoru, 急忙isogu)
3 背seou的意义atugu
4 走ebu
5 (人), 正在哭
6 孵化

丝鱼川语言地图

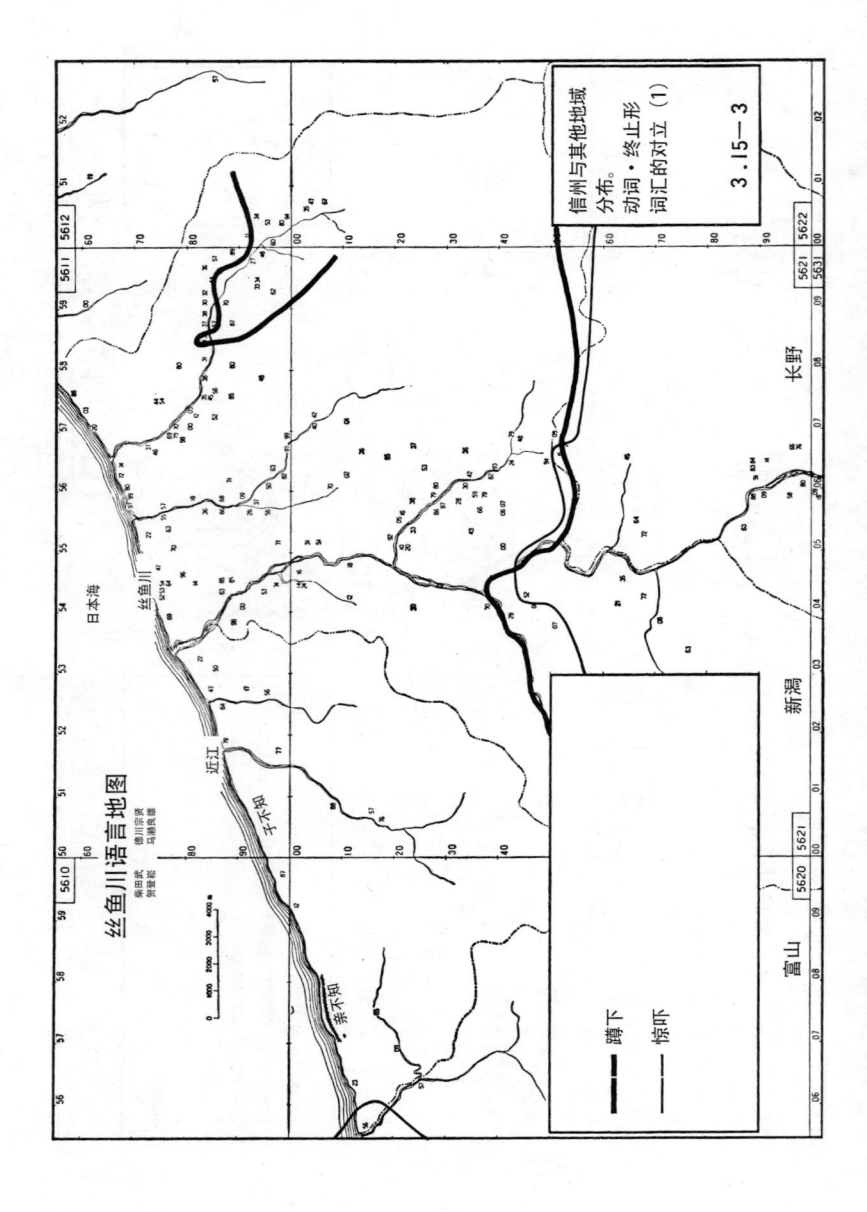

3.15—3

信州与其他地域分布。动词·终止形词汇的对立 (1)

- 蹲下
- 惊吓

丝鱼川语言地图

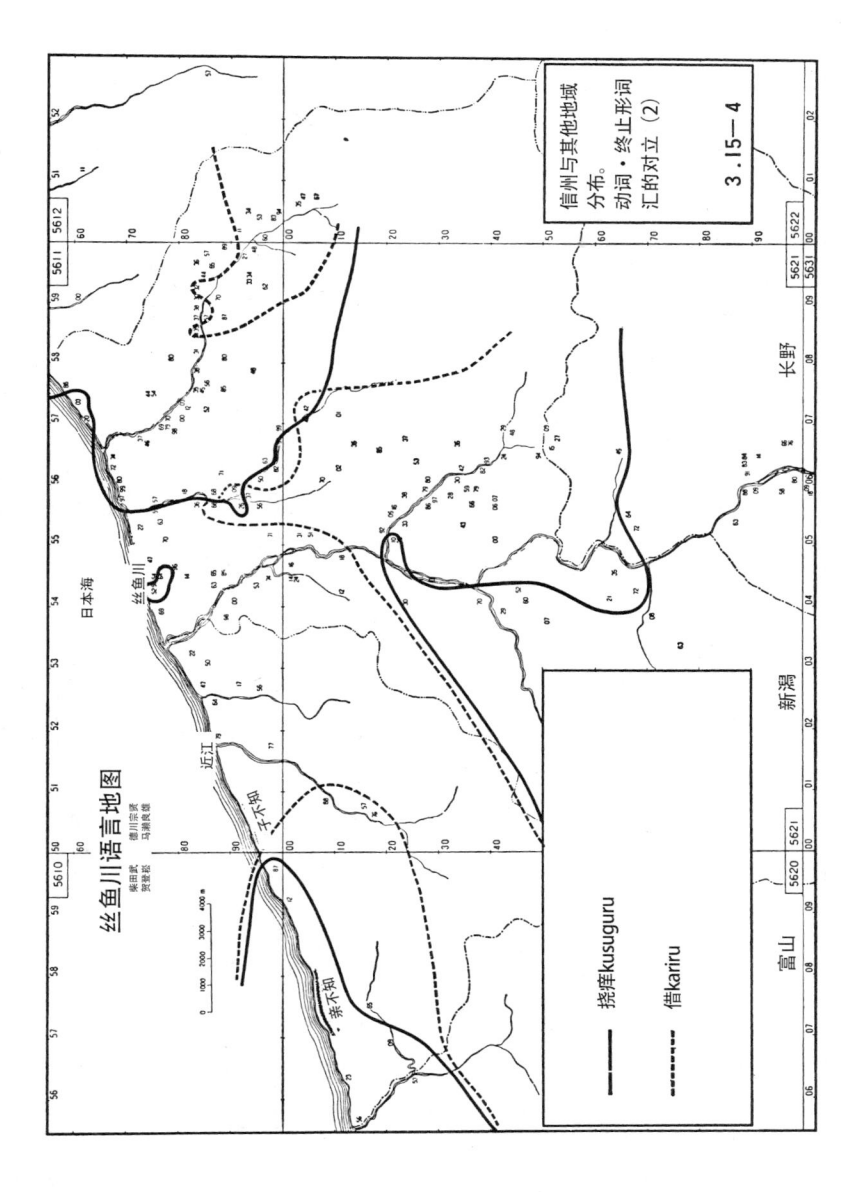

信州与其他地域
分布。
动词·终止形词
汇的对立 (2)

3.15—4

挠拌 kusuguru
借 kariru

丝鱼川语言地图

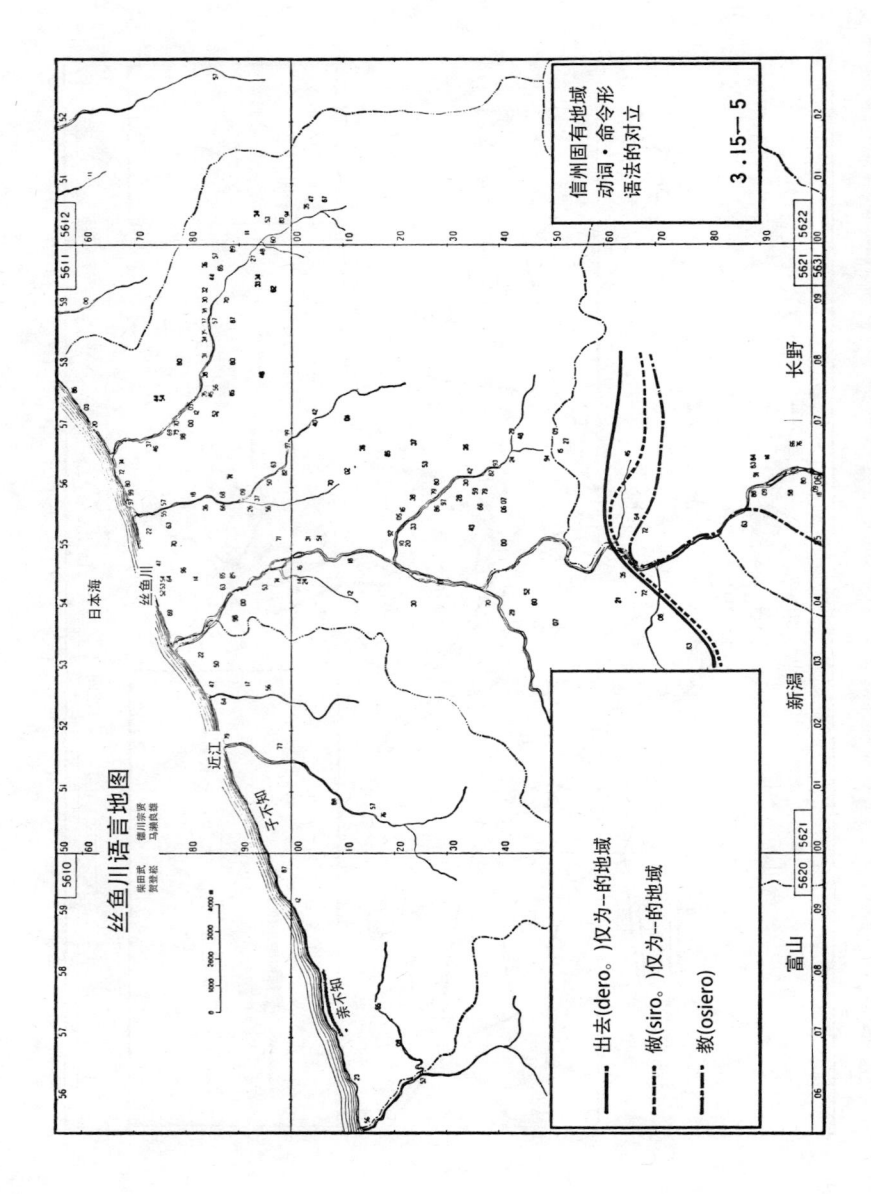

3.15—5
信州固有地域
动词・命令形
语法的对立

── 出去(dero。)(仅为…的地域)
──── 做(siro。)(仅为…的地域)
─·─·─ 教(osiero)

丝鱼川语言地图

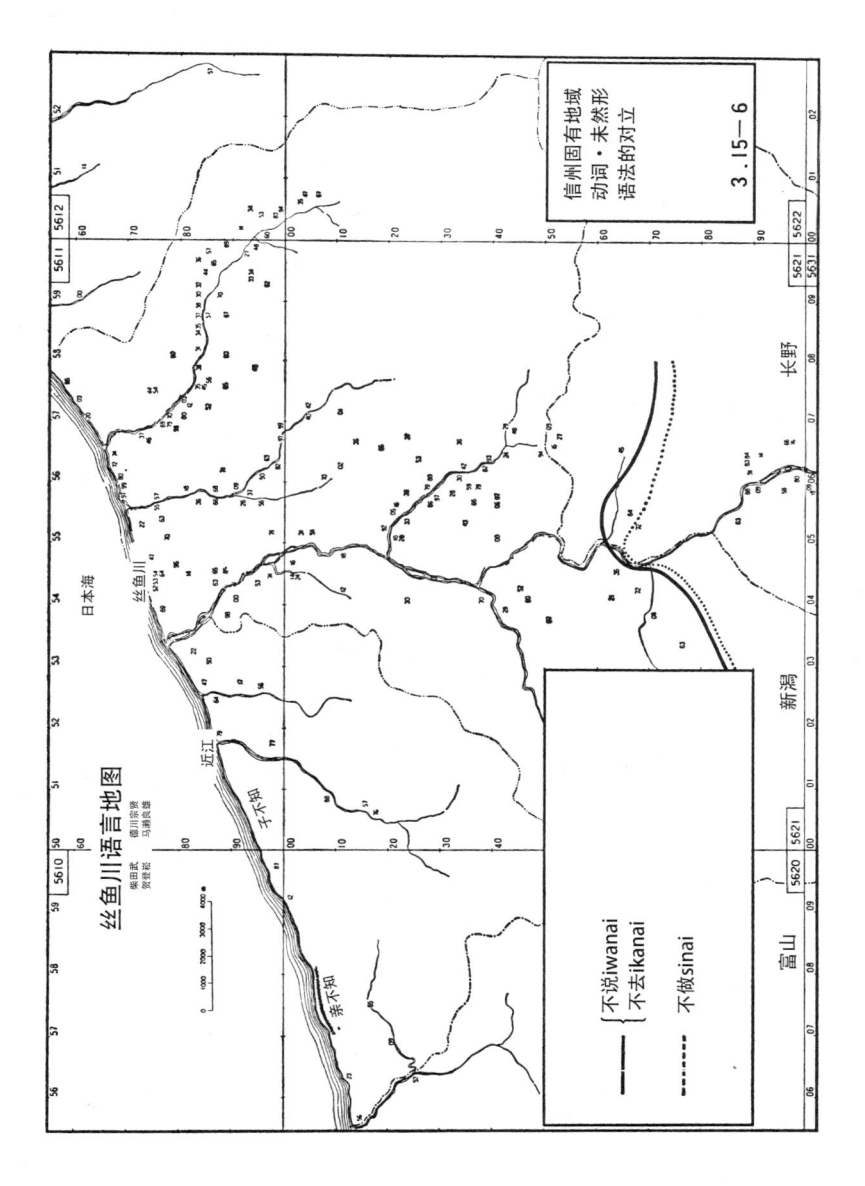

信州固有地域
动词・未然形
语法的对立

3.15—6

- ——— 不说 iwanai / 不去 ikanai
- ------ 不做 sinai

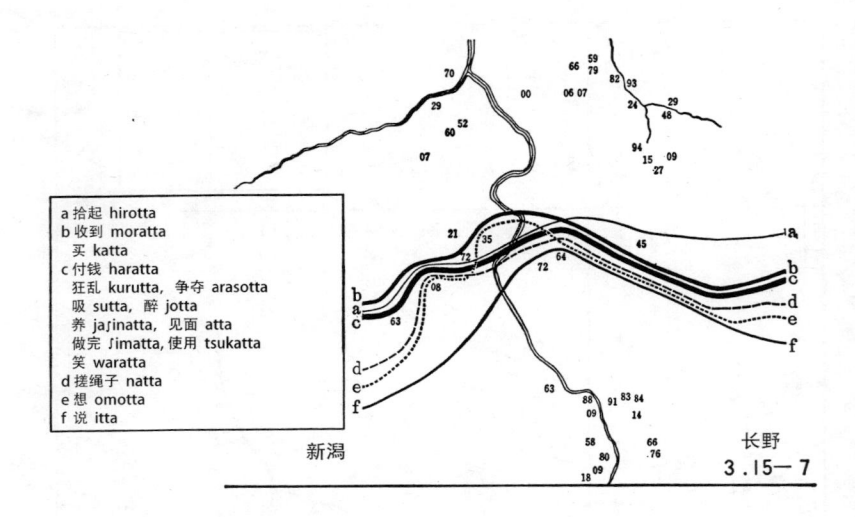

a 拾起 hirotta
b 收到 moratta
  买 katta
c 付钱 haratta
  狂乱 kurutta, 争夺 arasotta
  吸 sutta, 醉 jotta
  养 jaʃinatta, 见面 atta
  做完 ʃimatta, 使用 tsukatta
  笑 waratta
d 搓绳子 natta
e 想 omotta
f 说 itta

新潟　　　　　　　　　　　　　长野
3.15-7

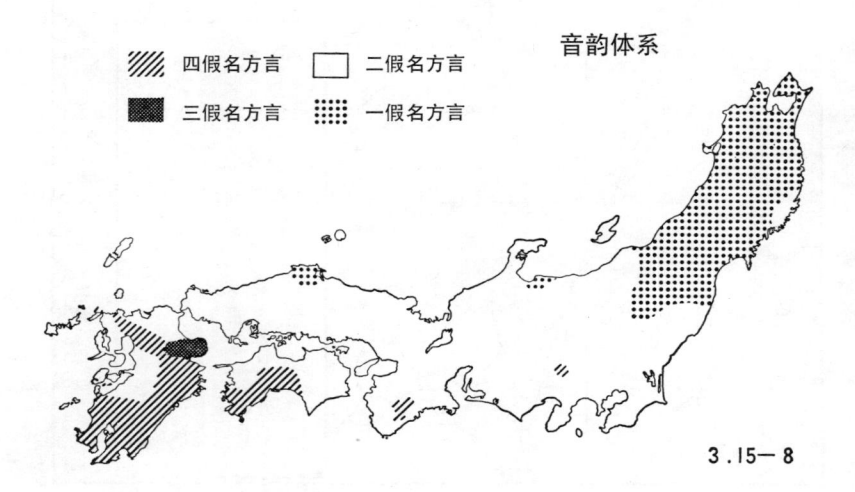

音韵体系

▨ 四假名方言　□ 二假名方言
■ 三假名方言　⋮ 一假名方言

3.15-8

丝鱼川语言地图

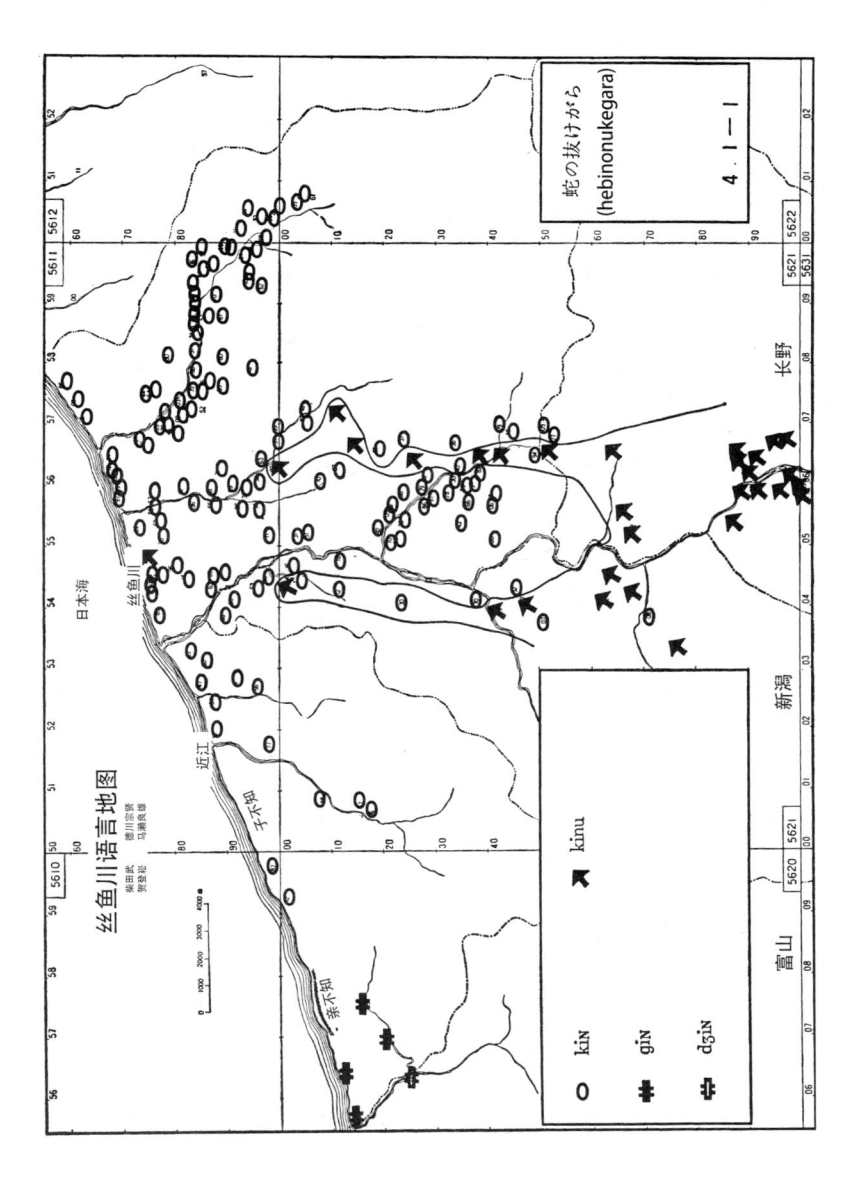

蛇の抜けがら (hebinonukegara)

4.1-1

	kinu
○	kiN
✚	giN
✥	dʒiN

284

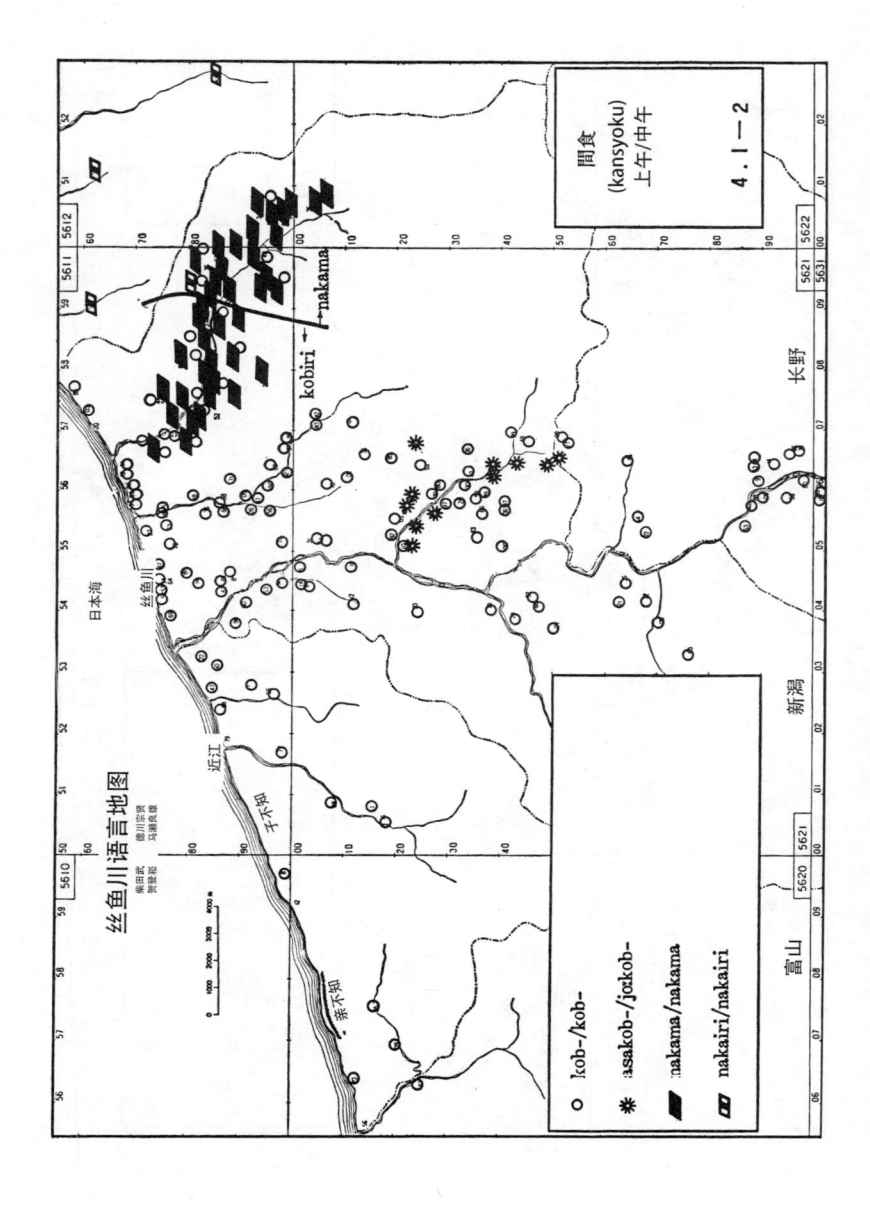

丝鱼川语言地图
柴田武 馬瀬良雄
賀登察

間食
(kansyoku)
上午/中午

4.1－2

日本海
丝鱼川
近江
亲不知
富山
新潟
长野

→nakama
→kobiri

○ kob-/kob-
✻ asakob-/jockob-
▰ nakama/nakama
▨ nakairi/nakairi

丝鱼川语言地图

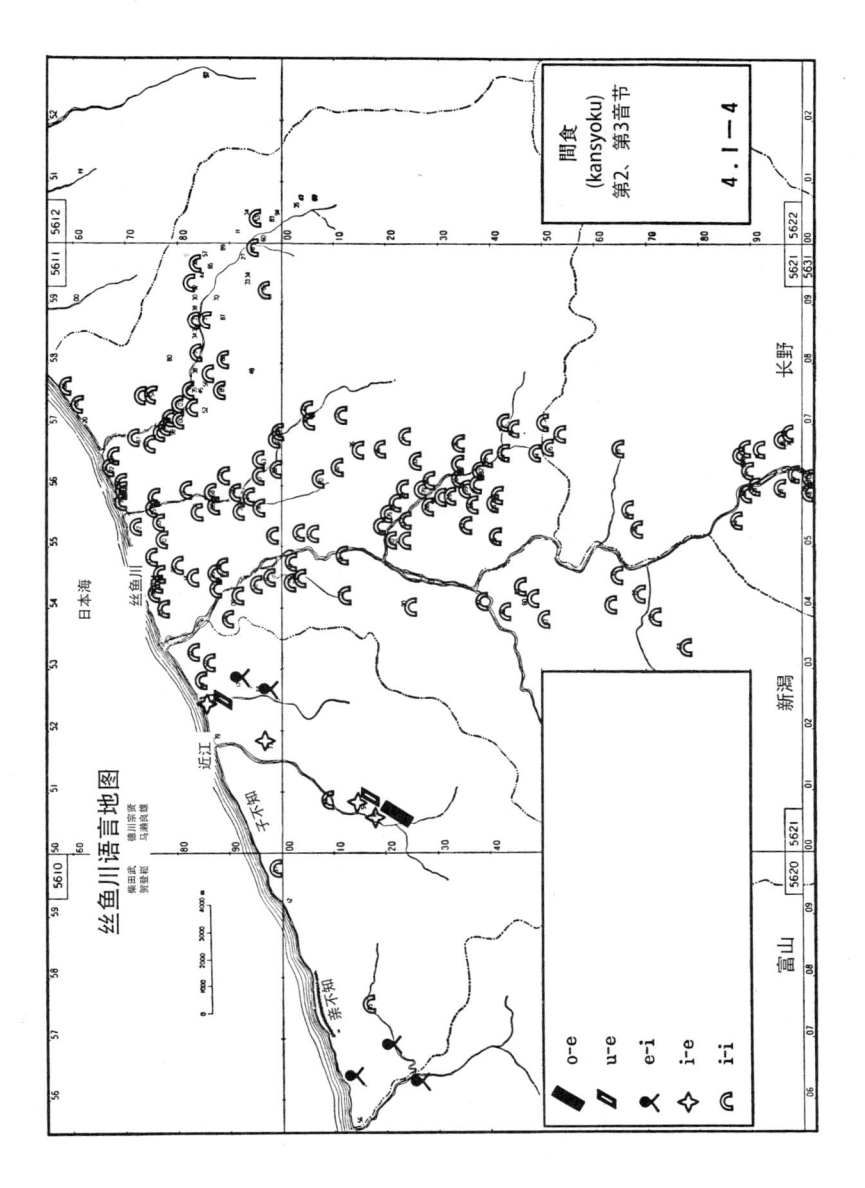

間食 (kansyoku)
第2. 第3音节

4.1-4

- o-e ▬
- u-e ▮
- e-i ✖
- i-e ✩
- i-i ⌒

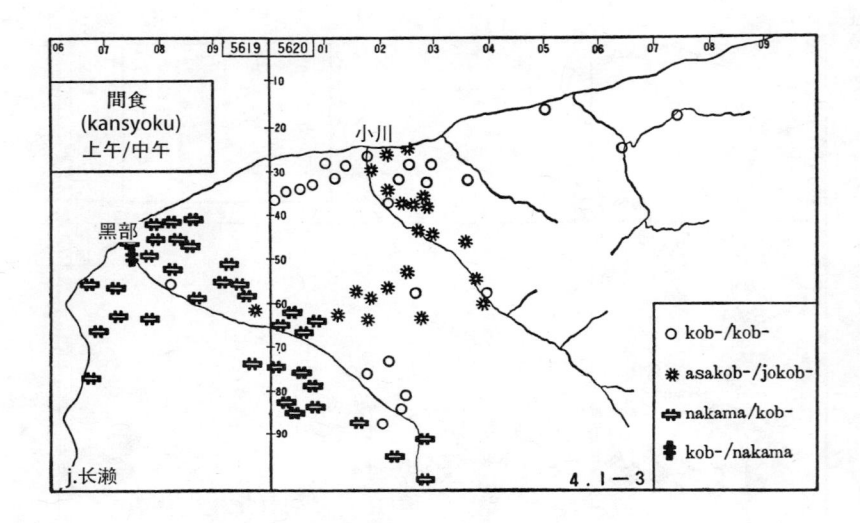

間食 (kansyoku)
上午/中午

○ kob-/kob-
✱ asakob-/jokob-
⚌ nakama/kob-
✺ kob-/nakama

4.1−3

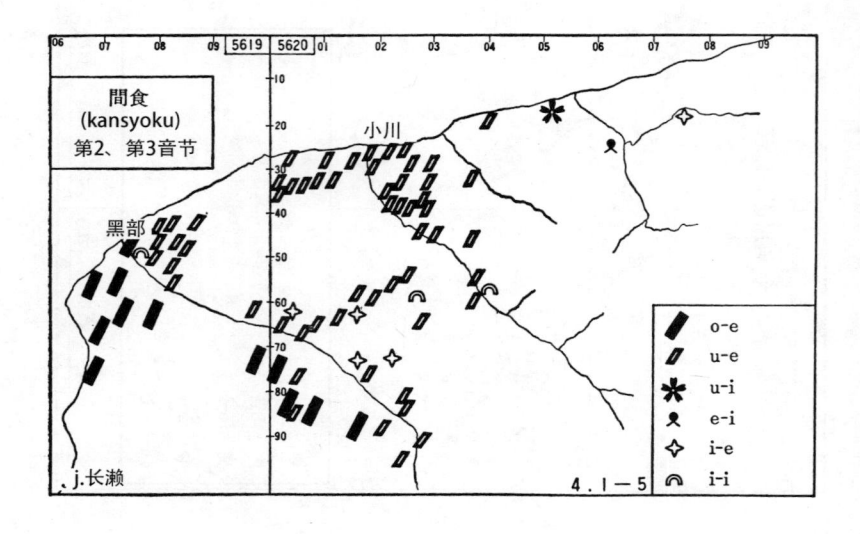

j.长濑 黑部 小川

間食 (kansyoku)
第2、第3音节

▐ o-e
▌ u-e
✱ u-i
♝ e-i
✧ i-e
⌒ i-i

4.1−5

j.长濑 黑部 小川

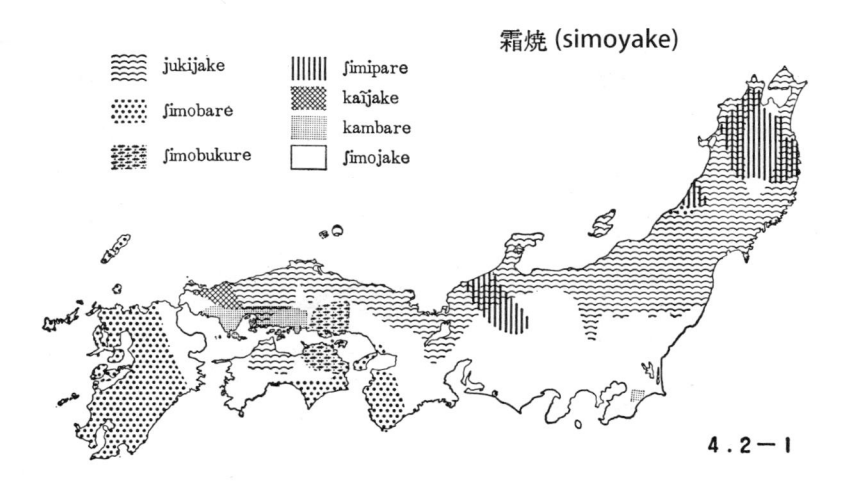

霜焼 (simoyake)

- 〰 jukijake
- ⋮⋮ ʃimobare
- ▒ ʃimobukure
- ||||| ʃimipare
- ▓ kaĩjake
- ░ kambare
- ☐ ʃimojake

4.2—1

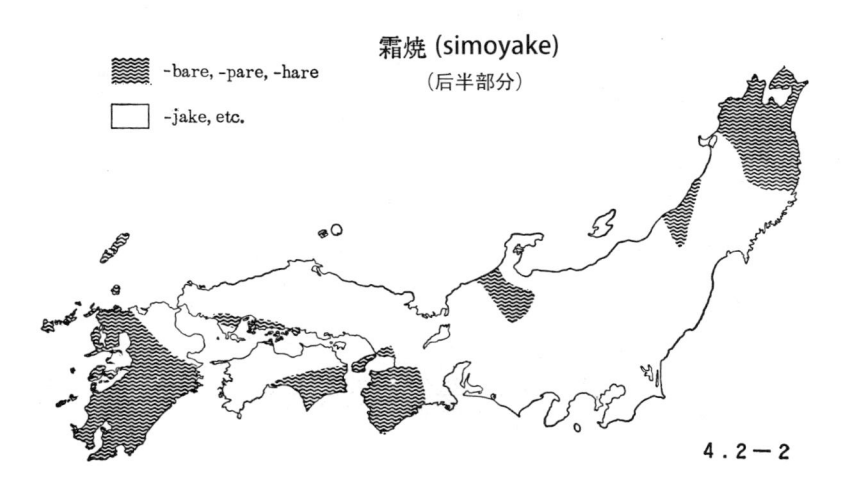

霜焼 (simoyake)
（后半部分）

- 〰 -bare, -pare, -hare
- ☐ -jake, etc.

4.2—2

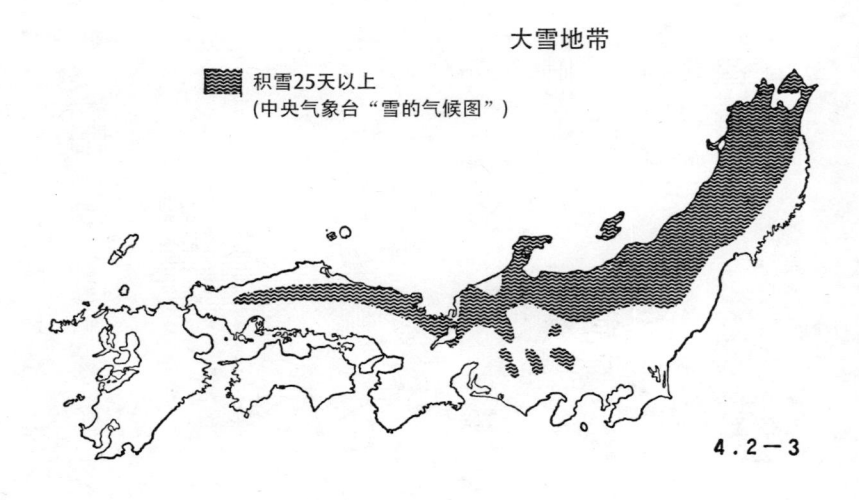

大雪地帯

■ 积雪25天以上
（中央气象台"雪的气候图"）

4.2－3

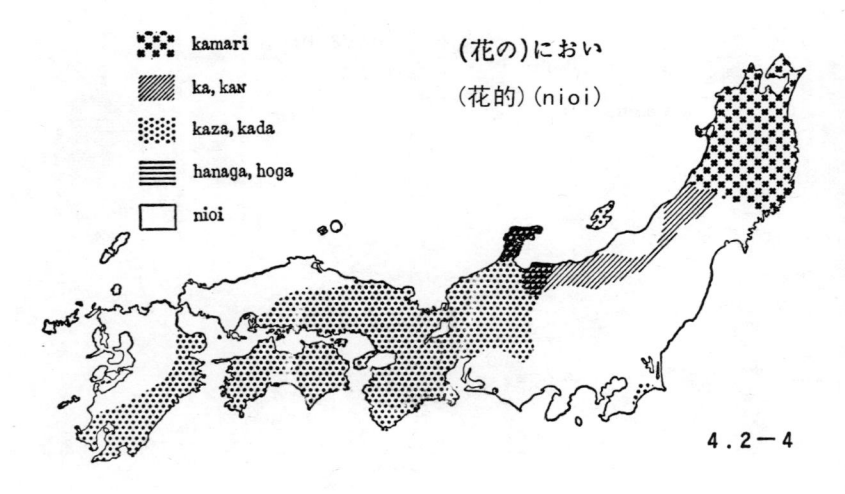

▨ kamari
▨ ka, kaN
▨ kaza, kada
▨ hanaga, hoga
□ nioi

（花の）におい
（花的）(nioi)

4.2－4

调查词日汉对照表[*]

日语	罗马字注音	汉语	所在章节
あぐら	agura	盘腿坐	3.12
あいの子モンペ	ai no ko monpe	两种形式结合的モンペ	3.1
蟻地獄	arijigoku	蚁狮	3.11
歩く	aruku	走	地图 3.15-2
厚い氷	atsui kouri	厚冰	地图 3.8-2
びっくりする	bikkurisuru	惊吓	地图 3.15-3
出ろ	dero	出去	地图 3.15-5
孵化する	fukasuru	孵化	地图 3.15-2
ふつうのモンペ	futsuu no monpe	普通モンペ	3.1
はげ頭	hageatama	秃头	3.12
歯茎	haguki	牙龈	3.12
払った	haratta	付钱了	1.3、3.13
稲架の棒	hasagi	稻架的杆	3.12
稲架の横棒	hasanoyokogi	稻架的横杆	3.12
蛇のぬけがら	hebi no nukegara	蛇蜕	4.1
東	higasi	东方	3.12
ひげ	hige	胡子	3.12
ひき蛙 ひきがえる	hikigaeru	蟾蜍	3.12
拾った	hirotta	捡了	3.13
額 ひたい	hitai	额头	3.7、3.12

---

[*] 本词表为译者整理，所选调查词为同时出现在正文和地图中的调查词，以及单独出现在地图中的词。有一种以上书写形式的调查词，汉字形式列在前面，假名形式在后。同时出现在正文和地图中的调查词，仅标出所在章节，单独出现在地图中的词标出所在地图。调查词按罗马字注音首字母排序。

行かない	ikanai	不去	地图 3.15-6
いる	iru	在	地图 3.15-2
急ぐ	isogu	急忙	地图 3.15-2
言った	itta	说了	3.13
言わない	iwanai	不说	地图 3.15-6
自在鈎 自在かぎ	jizaikagi	炉子上可自由移动的挂钩	3.12
蛙	kaeru	青蛙	3.9
鏡	kagami	镜子	3.12
影	kage	影子	3.12
嗅ぐ	kagu	闻,嗅	3.12
踵	kakato	脚跟	3.12
間食	kansyoku	间食	4.1
(花の)にわい	nioi	(花的)气味	4.2
借りる	kariru	借	地图 3.15-4
肩車	kataguruma	骑脖颈	3.5
傾く	katamuku	倾斜	3.12
蝸牛	katatsumuri	蜗牛	3.11
かつぐ	katsugu	背	地图 3.15-2
買った	katta	买了	1.3、3.13
着物	kimono	和服	4.1
きのこ	kinoko	蘑菇	3.4
絹	kinu	绢	4.1
こげくさい	kogekusai	焦臭	3.12
こけこっこう	kokekokkou	表示鸡叫声的拟声词	3.3
氷	kouri	冰	3.8
暗く	kuraku	暗	3.14
黒く	kuroku	黑	3.14
狂った	kurutta	失常了	3.13
くすぐる	kusuguru	挠痒	地图 3.15-4
薬指 くすりゆび	kusuriyubi	无名指	1.3
まぶしい	mabusii	耀眼	3.12
めだか	medaka	青鳉鱼	2.5、3.9
モモヒキ	momohiki	束带细筒裤	3.1
モンペ	monpe	扎腿式女子劳动裤	2.5、3.10
もらった	moratta	得到了	3.13
泣いている	naite iru	正在哭	地图 3.15-2
なった	natta	搓(绳子)了	3.13

调查词日汉对照表

日文	罗马字	中文	出处
匂い におい	nioi	气味	4.2
糠	nuka	糠	3.6
おでこの人	odeko no hito	额头突出的人	3.7
怒る	okoru	发怒	地图3.15-2
思った	omotta	想了	1.3,3.13
おにぎり	onigiri	饭团	3.12
おさぶる	osaburu	被人背	3.15
教えろ	osiero	教	地图3.15-5
おたまじゃくし	otamajyakusi	蝌蚪	1.3,3.5,3.9
咳く	seku	咳嗽	地图3.15-2
背負う	seou	背	地图3.15-2
しまった	simatta	完了	3.13
霜焼 しもやけ	simoyake	冻疮	4.2
しない	sinai	不做	地图3.15-6
しろ	siro	做	地图3.15-5
白く	siroku	白	3.14
七月	sitigatsu	七月	3.12
捨てる	suteru	扔掉,抛弃	3.15
吸った	sutta	吸了	3.13
しゃがむ	syagamu	蹲下	地图3.15-3
正月	syōgatsu	正月	3.12
高く	takaku	高	3.14
とげ	toge	刺	3.12
旋毛	tsumuji	发旋	3.11
つらら	tsurara	冰凌,冬天屋顶上垂下的冰柱	3.8
薄氷	usugouri	薄冰	2.6、3.8、3.12
笑った	waratta	笑了	3.13
養った	yasinatta	抚养了	3.13

译　后　记

　　2009年，我去日本金泽大学留学。此前我并没有系统学习过方言学，也没参加过田野调查。可以说，我迈进这个领域的第一步，是从日本方言学开始的，也是从那时起，我第一次接触到语言地理学。

　　当时，岩田礼教授在课上讲授《蜗牛考》、"方言周圈论""古老形式存于边境"等知识，听来只觉得趣味无穷，眼界大开。课堂里有一位专攻方言学的中国博士生，常常与岩田老师热烈讨论，我听得似懂非懂，便在课下找书来读。其中有柴田武教授和贺登崧神父共译的 E. Coseriu 的《语言地理学入门》和其他方言学著作，算是有了一些积累。后来跟岩田、新田两位老师一起去石川县白山市白峰地区做了方言调查，虽然现在只记得几个词和满山积雪，但那时激动的心情却始终难以忘怀。

　　回国后，我考入北京语言大学攻读博士学位，师从张维佳教授系统学习语言地理学和汉语方言学的理论方法。读博期间，张维佳教授将《言語地理学の方法》的日文原著借给我阅读，希望我能对经典的语言地理学有深入了解。这本书被日本学者称为语言地理学"划时代的里程碑"，在日本学界有极大的影响。读到这样久负盛名的著作，我在欣喜之余还萌生了将其译成汉语的念头。在导师的支持指导下，我开始着手翻译。这本书并不是厚重的大部头,加上另附的地图册也还不到三百页,可翻译却用了一年多的时间。一方面是我希望尽可能好而准确地表达出原文的精义,往往字斟句酌、沉吟再三;另一方面,对我来说,翻译这本书的过程也是一个难得的学习机会。我自己一边翻译一边理解学习,还经常将书中的理论与方法拿到师门沙龙里与导师和同学们一起讨论,碰撞出更多的火花。而在科学研究之外,这本书反映出的日本学者踏实严谨的治学风格和浓厚的人文情怀,更让我获益良多。

本书的翻译得到北京师范大学 2017 年教育部基本科研业务费支持项目"北京口传语言文化资源建设与研究"经费支持。此次出版也得到导师张维佳教授的大力支持,百忙之中精心审校多遍,提出了很多宝贵的修改意见,他严谨的作风和爱护之意令我感动。日本学者岩田礼教授、井口三重教授也提供了帮助,我的同学张驰博士对译文中的一些遣词造句也给予了很好的建议,在此深表感谢。2018 年是柴田武教授诞辰一百周年,希望本书的出版能成为对柴田教授的一分纪念,也能为中日两国学界的交流尽一份力。

当然,书中如有疏漏、错误之处,都是我学识不足、翻译失当的缘故,请前辈学者不吝批评赐教。

崔　蒙

2017 年 7 月 24 日

图书在版编目(CIP)数据

语言地理学方法/(日)柴田武著;崔蒙译.—北京：商务印书馆,2018
(国外语言学译丛.经典著作)
ISBN 978-7-100-16237-1

Ⅰ.①语… Ⅱ.①柴… ②崔… Ⅲ.①地理语言学一研究 Ⅳ.①H004

中国版本图书馆 CIP 数据核字(2018)第 132658 号

权利保留,侵权必究。

国外语言学译丛·经典著作
语言地理学方法
〔日〕柴田武 著
崔 蒙 译
张维佳 审订

商 务 印 书 馆 出 版
(北京王府井大街 36 号 邮政编码 100710)
商 务 印 书 馆 发 行
北京市艺辉印刷有限公司印刷
ISBN 978-7-100-16237-1

2018 年 9 月第 1 版　　开本 880×1230　1/32
2018 年 9 月北京第 1 次印刷　印张 9⅞
定价：28.00 元